本书系中央高校基本科研业务费专项资金项目『海外中国文献收藏历史与专题研究（项目编号：010814370114）』阶段性成果及《广州大典》与广州历史文化专题研究重点课题（2016GZZ06）

本书为『十四五』时期江苏省重点出版规划（古籍出版规划）项目

海外中国文献专题目录丛刊

谢欢 主编

北美东亚图书馆藏广州文献书目

周旖 李妍 编著

凤凰出版社

图书在版编目（ＣＩＰ）数据

北美东亚图书馆藏广州文献书目 / 周旖，李妍编著
. -- 南京 ：凤凰出版社，2023.12
　（海外中国文献专题目录丛刊 / 谢欢主编）
　ISBN 978-7-5506-4084-9

　Ⅰ．①北… Ⅱ．①周… ②李… Ⅲ．①地方文献－图
书目录－广州 Ⅳ．①Z812.265.1

中国国家版本馆CIP数据核字(2023)第245750号

书　　　　名	北美东亚图书馆藏广州文献书目
编 著 者	周　旖 李　妍
责 任 编 辑	张永堃
装 帧 设 计	陈贵子
责 任 监 制	程明娇
出 版 发 行	凤凰出版社(原江苏古籍出版社)
	发行部电话025-83223462
出版社地址	江苏省南京市中央路165号,邮编:210009
照　　　排	南京新洲印刷有限公司
印　　　刷	金坛古籍印刷厂有限公司
	江苏省金坛市晨风路186号,邮编:213200
开　　　本	787毫米×1092毫米　1/16
印　　　张	22.75
字　　　数	370千字
版　　　次	2023年12月第1版
印　　　次	2023年12月第1次印刷
标 准 书 号	ISBN 978-7-5506-4084-9
定　　　价	320.00元

(本书凡印装错误可向承印厂调换,电话:0519-82338389)

"海外中国文献专题目录丛刊" 总序

　　1925 年，王国维在一次演讲中指出："古来新学问起，大都由于新发见。"[1] 在王国维演讲后的十三年，1938 年 8 月 30 日，胡适在瑞士苏黎世举行的第八届国际历史科学大会上宣读的英文论文 *Newly discovered materials for Chinese history*（《新发现的有关中国历史的材料》）中也开宗明义指出："近三十年来，中国史研究经历了重大的变革，这部分归之于新的批判方法和观点之引入，部分归之于新的重要材料的发现……新材料的发现正不断地拓展对历史的认知，并据此构建起新的事实。"[2] 其实早在 1923 年，胡适在北京大学《国学季刊》发刊宣言中，就把"发现古书""发现古物"两者与"整理古书"列为明末以来旧学取得的三大成绩[3]。回顾 20 世纪以来的中国现代学术史，从 20 世纪早期的殷墟甲骨、敦煌文献，到 20 世纪后期的清华简、徽州文书、太行山文书等，每一次新材料的发现，都极大地推动了学术的发展以及对于历史的认知。改革开放以降，海外收藏的与中国有关的材料逐渐进入中国学界视域并发展成学术研究的热点，域外汉籍研究即是代表性一例。而随着近年来海外中国研究的发展以及中外交流的愈发频繁、密切，海外中国文献研究热度愈发增强（这从近年来立项的国家社科基金重

---

[1]　王国维：《最近二三十年中中国新发见之学问》，《学衡》1925 年第 45 期。

[2]　参见胡适著，季羡林主编：《胡适全集》（第 36 卷：英文著述二），合肥：安徽教育出版社，2003 年，第 631 页。

[3]　胡适：《〈国学季刊〉发刊宣言》，《国学季刊》1923 年第 1 期。

大项目也能看出[1]）。随着越来越多的海外中国文献的披露，许多传统的历史、文学、思想观念也在悄然发生着变化。那么，海外中国文献研究较之域外汉籍研究有何不同，它们主要研究什么问题、遵循何种理路、适用何种方法等等，都是值得学界探讨的。

一、从"域外汉籍"到"海外中国文献"

域外汉籍是指"在中国之外的用汉字撰写的各类典籍，其内容大多植根于中国的传统学术"，具体涵盖：（1）历史上域外文人用汉字书写的典籍，这些人包括朝鲜半岛、越南、日本、琉球、马来半岛等地的文人，以及17世纪以来欧美的传教士。（2）中国典籍的域外刊本或抄本，以及许多域外人士对中国古籍的选本、注本和评本。（3）流失在域外的中国古籍（包括残卷）[2]。中国现代意义的域外汉

---

[1] 仅以近三年国家社科基金重大项目选题为例，就有2019年度的"哥伦比亚大学图书馆藏顾维钧档案整理与研究""美国藏孔祥熙个人档案的整理研究与数字化建设""哈佛大学馆藏近代黑龙江历史资料整理研究（1906—1945）"等。2020年度的"东亚同文书院经济调查资料的整理与研究""海外藏回鹘文献整理与研究""中韩日出土简牍公文书资料分类整理与研究""17—20世纪国外学者研究中国宋元数理科学的历史考察和文献整理""英国藏汇丰银行涉华档案整理与研究（1865—1949）""抗战时期英国驻华大使馆档案文献整理与研究""1912年至1937年间日本驻华使领商务报告整理与研究""近代以来至二战结束期间日本涉华宣传史料的整理与研究""日藏巴黎统筹委员会档案文献的整理与研究""日韩所藏中国古逸文献整理与研究""日本天理图书馆藏汉籍调查编目、珍本复制与整理研究""海内外所藏汉族古代小说蒙古文译本整理与研究"等。2021年度的"俄罗斯西伯利亚远东地区藏1950年前中国共产党档案文献的整理与研究""共产国际联共（布）涉疆中共党员档案搜集整理编纂研究""海外藏中国糖业资料搜集、整理与研究""汉代海上丝绸之路沿线国家考古遗存研究及相关历史文献整理""韩国汉文史部文献编年与专题研究""外国历史教科书中的中国形象史料整理与研究""东南亚藏中国南海史料文献整理与研究""美国对朝鲜半岛政策档案文献整理与研究（1945—2001）""域外藏多语种民国佛教文献群的发掘、整理与研究""中国现代文学批评域外思想资源整理与研究（1907—1949）""日本馆藏中国共产党新闻宣传史料整理与研究（1921—1945）"等。

[2] 张伯伟：《域外汉籍研究入门》，上海：复旦大学出版社，2012年，第1-2页。

籍研究发轫于 20 世纪 80 年代中期的台湾[1]，20 世纪 90 年代开始，大陆学者奋起直追。2000 年，南京大学域外汉籍研究所（Institute for the Study of Asian Classics in Chinese，Nanjing University）的成立，标志着域外汉籍研究掀起了一个新的高潮，而大陆学者也逐渐取代台湾学者，成为中国域外汉籍研究的主力，相关研究成果不断涌现，域外汉籍研究正成长为一门崭新的学科[2]。从域外汉籍的定义及中国三十余年的域外汉籍研究史可知，域外汉籍的关注焦点在于"东亚"，特别是以汉字为核心的东亚汉文化圈，其内容侧重于"古典（classics）"的研究（这从南京大学域外汉籍研究所的英文名也能有所反映）。随着中国对外开放程度不断加大以及全球化进程的加快，在"域外汉籍"基础上发展而成的"海外中国文献"正逐渐成长为新的学术领域。

（一）海外中国文献的内涵及范围

所谓的海外中国文献，是指在中国以外的与中国有关的各类文献，具体而言，在以下方面与"域外汉籍"有所区别：

1. 语种。除了汉文文献，还包含英语、日语、法语、德语、俄语等语种书写的与中国有关的文献。

2. 文献类型。相较于域外汉籍侧重于图书（或古籍），海外中国文献所涵盖的文献类型更为广泛。如按照出版形式划分，除图书外，还包括档案、期刊、报纸、舆图、学位论文等各类文献；按照文献加工程度划分，除图书、期刊、报纸等一次文献之外，还有很多关于中国的书目、索引等二次文献；按照文献存储介质划分，可分为纸质文献、视听文献（如哥伦比亚大学收藏的近代中国人物口述档案），而随着信息化、数字化浪潮的加剧，在不久的将来，各种电子文献必将

---

[1] 通常以台湾联合报国学文献馆（文化基金会）1986 年起与日本、韩国、美国等有关机构发起的"中国域外汉籍国际学术会议"为标志，该会议从 1986 年开始每年举办一次，到 1995 年共召开了 10 次。相关可参见陈捷：《中国域外汉籍国际学术会议述略》，载《中国典籍与文化》1992 年第 1 期，第 125–127 页。

[2] 王勇：《从"汉籍"到"域外汉籍"》，《浙江大学学报（人文社会科学版）》2011 年第 6 期。

成为海外中国文献的重要组成部分。

3. 年限。现有的域外汉籍界定通常都是以20世纪为限，对于20世纪以后的文献基本不予关注，而海外中国文献的年限范围则较长，时间跨度可以从马可波罗—利玛窦时代，即西方开始相对有系统地关注中国以来，一直到当下，这一时期产生的文献都属于海外中国文献的研究范围。

4. 学科覆盖。海外中国文献的学科范围较之域外汉籍更为宽广，在传统人文科学的基础上，延伸至各类社会科学甚至自然科学。

（二）海外中国文献的特点

从上述对于海外中国文献的定义及范围的界定可知，海外中国文献具有四个特点：

其一，以中国为核心。海外中国文献范围广、类型多、时间跨度长，但是其核心特征必须是与中国有关。何为"中国"？这是近年来学界的一个热点话题。从主权归属来看，"中国"是包括34个省级行政区的独立主权国家；从文化来看，通常而言，凡是有中国人的地方，就有"中国"。而海外中国文献中的"中国"，更多的是从文化角度来定义的，凡是内容涉及中国的历史、地理交通、风土人情、生活方式、宗教信仰、文学艺术、制度法律、语言文字等都属于海外中国文献范畴。

其二，跨文化性。文献是文化的重要载体与表现形式，而海外中国文献，尤其是那些西人撰写的或者中国人用外文书写的文献，不仅是中国文化的延伸，更是中国文化与西方文化融合的结晶，具有跨文化的属性。即使那些纯粹的中文古籍，身处海外图书馆、档案馆，被用西方的方式进行收藏、分类、编目，其身上早也具备了所在区域的文化特征。

其三，多样性。从上述对于海外中国文献的语种、类型、年限的界定可知，海外中国文献具有多样性的特点，这一点自20世纪中后期以来尤为明显。美国乔治华盛顿大学（George Washington University）中国问题专家沈大伟（David Shambaugh）2010年在接受采访时曾指出，到2010年左右，美国大学和智库大概有 3000 人在研究中国问题[1]，这些人研究范围涉及中国的方方面面，其产生的文献无论是在数量还是在类型、涵盖范围等方面都是非常多样化的，而这仅仅是美国在 2010 年左右的数据。随着全球化、信息化的发展，海外中国文献多样性的特征将会愈发明显。

其四，零散性。伴随着多样性的另一个重要特征就是零散性，从上文对于海外中国文献文种、类型等界定来看，海外中国文献范围是非常广泛的，尤其是档案、舆图等，分布较为零散。除了明确以中国为主题的文献外，还有相当一部分内容是分散在各种文献类型中的，如图书章节、期刊文章、报纸文章等。以第二次世界大战期间的美国报纸为例，在二战期间刊发了大量的和中国有关的报道，这些新闻报道对于研究中国抗战以及二战时期的中美关系都有着非常重要的参考价值，但是这些新闻报道由于分布零散，给系统整理、研究带来了不小的困难。

（三）"域外汉籍"与"海外中国文献"的关系

从上文对于域外汉籍和海外中国文献的定义来看，域外汉籍无疑是海外中国文献的一部分，而域外汉籍研究同样也属于海外中国文献研究的重要组成部分，但是两者还是有所不同。域外汉籍研究，其研究对象主要为汉文典籍，更确切地说是东亚汉籍，属于传统汉学（Sinology）研究范畴，其重点在于探讨中国文化对于东亚汉文化圈的影响，其本质反映的是学术研究从"中国之中国"走向"亚洲之中国"。而随着全球化进程的加快以及中外各种交流的愈发频繁、紧密，传统汉学研究逐渐被更为广泛的"中国研究（Chinese Studies）"所取代，海外中国文献研究在域外汉籍研究的基础上更加注重档案、期刊、报纸、舆图等资料，关注的重心也从"古典的""单向式"的研究发展为"古今结合""中外双向互动式"的研究。从某种程度而言，海外中国文献研究兴起的背后，折射出的是全球化时

[1] 梁怡、王爱云：《西方学者视野中的国外中国问题研究——访美国乔治华盛顿大学教授沈大伟》，《中共党史研究》2010 年第 4 期。

代的学术研究，即所谓"世界之中国"[1]。

二、现有海外中国文献研究范式

就目前海外中国文献研究情况来看，主要有三种研究范式：第一，文学视角下的海外汉籍研究；第二，史学视角下的海外中国专题档案研究；第三，图书馆学视角下的海外中国文献目录编制研究。

（一）文学视角下的海外汉籍研究

海外汉籍研究自 20 世纪 80 年代至今，经历了从"海外汉籍的收集、整理与介绍"到"海外汉籍所蕴含问题的分析、阐释"再到"针对海外汉籍特色寻求独特研究方法"的阶段（这三个阶段并不是取代关系而是有所交叉）[2]，形成了比较成熟的海外汉籍研究范式，研究成果比较多[3]。

文学视角下的海外汉籍研究，其研究范围主要是以日本、韩国、朝鲜、越南等东亚汉文化圈国家所藏汉文典籍特别是传统经典为研究对象，探索各类典籍的内容、版本形态及流传，其关切点在于汉籍所承载的文化在东亚诸国之间的互动与交流。文学视角下的海外汉籍研究以南京大学域外汉籍研究所为代表，该所主

[1] 1901 年，梁启超在《清议报》第 90 期、第 91 期发表《中国史叙论》（署名"任公"），其中在第 91 期刊发的该文第八节"时代之区分"中，梁启超提出了中国历史时代的三段划分，即"第一上世史。自黄帝以迄秦之一统，是为中国之中国……第二中世史。自秦一统后至清代乾隆之末年，是为亚洲之中国……第三近世史。自乾隆末年以至于今日，是为世界之中国"。梁启超在《中国史叙论》中提出的"中国之中国""亚洲之中国""世界之中国"与本文所指含义有所区别，本文中只是借用梁启超提出的概念，表达中国学术研究之走向。

[2] 张伯伟：《新材料・新问题・新方法——域外汉籍研究三阶段》，《史学理论研究》2016年第 2 期。

[3] 相关成果介绍可参见：金程宇：《近十年中国域外汉籍研究述评》，《南京大学学报（哲学・人文科学・社会科学）》2010 年第 3 期。徐林平、孙晓：《近三十年来域外汉籍整理概况述略》，中国社会科学院历史研究所文化研究室编：《形象史学研究（2011）》，北京：人民出版社，2012 年，第 222-241 页。

编的"域外汉籍研究丛书"、"域外汉籍资料丛书"、学术期刊《域外汉籍研究集刊》以及主办的"域外汉籍国际学术研讨会",在海内外都产生了非常重要的影响。其他如上海师范大学域外汉文古文献研究中心、复旦大学文史研究院等机构,也都是中国海外汉籍研究领域的重要学术力量。

(二) 史学视角下的海外中国专题档案研究

史料是史学研究的基础与保障,因此,对于史学界而言,更多的是关注海外所藏文书档案的利用与研究。随着近代新史学的建立,中国学者逐渐开始重视对海外中国档案资料的利用,如早期王重民、向达等人对于欧洲所藏敦煌文书的研究与整理,王绳祖对于英国所藏中英关系外交档案的研究与利用等,不过总体而言,民国时期历史学者对于海外所藏中国文献资料的利用还处于"萌芽状态"。1949年,中华人民共和国成立以后,由于诸多原因,中国内地与海外特别是所谓资本主义阵营收藏的中国文献处于"隔绝状态",而这一时期,港台等地历史研究人员,则逐渐意识到海外所藏中国有关档案资料的重要性,竞相赴欧美档案馆、图书馆查阅、利用相关档案文献。

1978年,随着改革开放以及欧美与中国有关的机构或人员(如民国时期在华工作过的教师、外交人员、新闻记者等)将其收藏的与中国有关的档案资料捐赠给图书馆、档案馆,越来越多的历史学者开始赴欧美查访相关档案,如章开沅在20世纪八九十年代赴美国,对于贝德士档案、近代来华传教士档案的利用与介绍。但是中国历史学界真正有系统地对海外所藏中国档案进行整理、研究则是21世纪以后,如南京大学中华民国史研究中心对于海外有关南京大屠杀、钓鱼岛问题档案的整理与出版,华东师范大学沈志华教授对于苏联档案的研究与整理,华中师范大学马敏教授对于欧美所藏来华传教士档案的研究与利用,复旦大学吴景平教授对于美国所藏民国财金档案的搜集与整理,浙江大学陈红民教授对于海外国民党档案的整理与研究,以及2012年中国历史研究院启动的"海外近代中国珍稀文献搜集、整理与研究工程"等[1],都极大地推动了中国历史学特别是近

---

[1] 陈谦平:《民国史研究多国史料的运用与国际化视角》,《民国档案》2020年第3期。

现代史的研究。

就目前情况来看，当下中国史学界对于海外中国文献的研究正如火如荼地展开，其大致呈现出如下几个特点：第一，关注的文献年代以近代特别是民国时期为主；第二，除少数项目涉及跨机构档案资料外，大部分都是以某图书馆所藏某一类专题档案为主；第三，除沈志华等极少数人之外，大部分都依托于大型国家项目资助；第四，整理与出版并重，多卷本的档案史料汇编不断涌现（如《美国哈佛大学哈佛燕京图书馆藏蒋廷黻资料》[陈红民、傅敏主编，广西师大出版社2014年出版，24册]、《李顿调查团档案文献集[第一辑]》[张生主编，南京大学出版社2020年出版，14册]），出版呈现欣荣之势。

（三）图书馆学视角下的海外中国文献目录编制研究

中国图书馆学学者是较早关注到海外中国文献价值的群体，早在20世纪20年代，时在美国学习图书馆学的李小缘、袁同礼在国会图书馆中文部实习期间，就开始编纂有关书目，而李小缘先生更是把"西人论华书目"作为毕生的课题，编制了数万张卡片（不过由于一些特殊原因，这些卡片后来散佚了），1958年袁同礼在法国汉学家亨利·考狄（Henry Cordier）所编《汉学书目》（*Bibliotheca Sinica*）基础上出版的《西文汉学书目》（*China in Western Literature*：*A Continuation of Cordier's Bibliotheca Sinica*）早也成为欧美汉学研究的必备参考书之一。图书馆学视角下的海外中国文献研究主体是西方特别是美国国会图书馆及各大东亚图书馆中的中国研究员群体，如吴光清、钱存训、吴文津、郑炯文、沈津、李国庆、徐鸿、张海惠、王成志等，他们先后赴美学习图书馆学，毕业后留在各东亚图书馆工作，或出于职业需要，或出于中国认同，对于海外所藏有关中国的文献进行整理编目，并用中文或英文出版专门的目录。中文方面，近年来有《北美中国学——研究概述与文献资源》（张海惠主编，中华书局2010年版）、《美国哈佛大学哈佛燕京图书馆藏中文善本书志》（沈津，广西师大出版社2011年版）、《美国柏克莱加州大学东亚图书馆藏宋元珍本图录》（柏克莱加州大学东亚图书馆编，中华书局2014年版）等，英文方面近年来最主要的应该是2016年哥伦比亚大学出版社（Columbia University Press）出版的王成志（Chengzhi Wang）与陈肃

（Su Chen）两人合作编纂的《北美民国研究档案资源指要》（*Archival Resources of Republican China in North America*）。

　　而就目前图书馆学界对于海外中国文献的研究情况来看，哈佛、普林斯顿、加州大学洛杉矶分校等几所著名大学东亚图书馆是绝对主力，其中又以哈佛大学燕京图书馆为最。哈佛燕京图书馆一方面得益于丰富的馆藏文献资源，另一方面由于经费相对比较充裕，除了本馆职员外，每年还会邀请一部分中国图书馆馆员赴美协助从事馆藏文献的整理与编目。目录是揭示文献的重要工具，特别是很多用英文编纂的与中国有关的文献目录，国内尚缺乏全面、系统的了解，这也是未来学界需要注意的一个内容。

（四）现有海外中国文献研究评述

　　上述三种范式并不是绝对独立的，很多也都存在交叉，例如文学、史学领域的一些学者在研究海外中国文献时也会编纂书目，如北京大学严绍璗教授编辑的《日藏汉籍善本书录》（中华书局，2007 年）、中山大学黄仕忠教授编辑的《日藏中国戏曲文献综录》（广西师范大学出版社，2010 年）等。从上述简要回顾来看，目前海外中国文献研究正呈现出国际化、跨学科态势，虽然取得了很大的成就，但还是存在一些问题，包括最基本的海外中国文献存量、分布情况，即使以最早开始研究的海外中文古籍为例，目前也没有完全厘清海外到底有多少中国古籍，其分布情况如何。至于其他图书、期刊、档案、舆图等文献，那就更不甚明了。而从研究深度而言，目前总体还是停留在比较浅的层次，即重点在于对海外中国文献的介绍及内容研究，至于这些文献背后所承载的文化、中国文献流转过程、产生背景等还有待进一步深入。

三、海外中国文献研究路径

　　文献作为时代、文化的重要表现形式之一，其价值早已为学界所公认。文献研究也是各类学术研究的基点，如果离开了海外中国文献的研究，那么基于此的海外中国学的研究必将也是"无根之木、无源之水"（严绍璗语）[1]。上文回顾了海外中国文献的内涵、类型及研究现状，而从愈发欣荣的海外中国文献研究情况来看，其未来肯定是朝着跨学科、国际化协作的路径发展。具体而言，笔者认为可以遵循以下的路径：

（一）以目录为切入，摸清海外中国文献存量

目前虽然有文学、历史学、图书馆学等领域的学者在对海外中国文献进行研究，但是最基本的问题，即海外中国文献、海外中国学研究人员的数量、分布情况等问题，我们到现在仍然没有完全弄清楚，即使从最早开展海外中文古籍研究的域外汉籍研究共同体来看，对于海外有多少中国古籍、其分布情况如何、现状如何，目前也没有完全厘清，就更别提档案、期刊、报纸等专题文献了。当然，造成这一现状的重要原因之一是海外中国文献的零散性与多样性。海外中国文献的存量、分布情况、现状等问题的厘清是开展海外中国文献研究的基础，因此，在未来开展海外中国文献研究的过程中，我们必须将基础夯实，通过国际化、跨学科、跨机构的合作，尽快揭示海外中国文献的分布全貌，而各种目录就是很好的揭示工具之一。虽然，目前已经出版了很多目录，但是还有很多值得推进的地方，笔者认为，未来海外中国文献的目录编纂应该从如下三个方面开展：

一、从善本图书目录到各类专题文献目录。目前已经出版的海外中国文献目录中，绝大部分都是中文古籍或善本图书目录，2015 年中华书局牵头启动的"海外中文古籍总目"项目，主要也是针对海外中文古籍。然而，除了中文古籍，海外还有相当数量的其他类型文献，特别是大量的档案文献，这些都亟待整理编目，在编纂这些非善本类文献目录时，笔者认为，最好是以专题形式进行，如"海外所藏蒋廷黻档案目录""海外所藏宋子文档案目录""海外所藏中国教会大学档案目录"等。在这些已有的文献目录基础上，还可以进一步开发，编纂深层次的专题文献目录，例如"《纽约时报》所载中国专题报道目录""二战时期美国

---

[1] 严绍璗：《我对 Sinology 的理解和思考》，《国际汉学》2006 年第 4 期。

报刊刊载中国报道目录"等，这种深层次的专题目录其实带有很强的研究性质，对于目录编纂人员而言，要求也较高。但是，这些专题目录，特别是那些真正做到既有"目"又有"录"的专题目录，不仅能够精准揭示文献内容，对于学者的研究更是大有裨益。

二、从馆藏目录到联合目录。目前已经出版的很多海外中国文献目录，多是基于某一机构（主要是图书馆）的某种文献，如《美国哈佛大学哈佛燕京图书馆中文善本书志》《美国耶鲁大学图书馆中文古籍目录》《英国曼彻斯特大学约翰·赖兰兹图书馆中文古籍目录》等，而未来，联合目录是必然趋势。关于联合目录，早在 20 世纪 90 年代，中美就开始合作，普林斯顿大学图书馆曾联合哥伦比亚大学图书馆、北京图书馆（现中国国家图书馆）、中国科学院图书馆等启动中文善本书国际联合目录项目，后来还开发了"中华古籍善本国际联合书目系统"，但该系统主要针对中文善本，且在收录范围、用户体验方面存在诸多不足，因此并未大范围普及。未来海外中国文献联合目录的编纂，应该在中文善本目录的基础上朝着更加多样化的方向演进，如可以编纂《美国东亚图书馆馆藏中国近代报刊联合目录》《北美地区近代来华传教士档案联合目录》等，不过联合目录的编纂必须基于现有馆藏目录，包括美国东亚图书馆在内，海外不少机构或囿于经费，或囿于人力，尚未对馆藏中国文献进行充分的整理，而从近年来越来越多的中国学人利用重大课题或赴国外访学的机会，与国外机构联合整理编纂相关目录实践来看，国际化的协作应该是解决海外中国文献目录编纂问题的重要途径。

三、从纸质目录到数字化、智能化目录。信息技术的快速发展，不仅改变了人类日常生活，而且也改变了学术研究的范式。越来越多的信息技术被引入学术研究过程，就海外中国文献目录编纂发展来看，数字化应该也是大势所趋。目前很多国外机构如哈佛大学、普林斯顿大学、耶鲁大学等都将本馆所藏的一些中文古籍、中国有关档案免费开放供人们利用。与此同时，欧美很多机构也利用网络平台，在线合作开展相关中国文献的整理、编目，如笔者曾参与美国卡尔顿学院所藏有关中国照片的整理项目，该项目就是中美学者共同在一个平台上，对有关文献进行编目。虽然，目前尚缺少一个有效的揭示海外中国文献的专门平台，但是可以预见，在不久的将来，这类平台肯定会出现。这些平台，不仅具备传统纸质目录的最基本的检索功能，而且能够通过有关技术，实现目录数据的关联，让目录变得更加智能化，从而更加便利学者的研究。

以上所谈及的海外中国文献目录编纂的专题化、联合化、数字化/智能化路径，并不是谁取代谁、谁先谁后，三者很有可能是交叉融合、齐头并进。

（二）辨析"我者"与"他者"

掌握海外中国文献的数量、分布情况是海外中国文献研究的基础，在此基础上则可以进行海外中国文献的研究，而在从事海外中国文献研究时，首先需要区分"我者"与"他者"。在大部分海外中国文献中，尤其是西人撰写的与中国有关的文献中，"中国"都是作为"他者"存在的。这种"他者"或是西人为了彰显本国文化优势而予以批判的一个对象，或是西人对本国文化不满而寻求的"乌托邦式的想象"。不管是出于何种目的，可以明确的是，由于文化、语言等一些因素的制约，很多西人对于中国的认识都是非常片面的，"对于中国文化中的有些现象或意义会无端放大"[1]，对于中国文化有些重要价值观念也会故意视而不见。如汪荣祖先生曾就发现包括著名史家史景迁(Jonathan D. Spence)在内的很多西方汉学家，因为语言关系，在英文著作中存在"离谱的误读""严重的曲解""荒唐的扭曲""不自觉的概念偏差""颠倒黑白的传记""居心叵测的翻案"六大问题[2]。而中国学者在研究海外中国文献时，很多情况下都会情不自禁地将这些文献中的"中国"内化成一种"我者"的存在，如果不注意的话，很容易就会产生一些偏差。此外，一些中国学者在面对海外中国文献时，或会不自觉地"矮化"，觉得西人的中国研究就高人一等；或持有传统"殖民主义""侵略主义"观点，认为海外中国文献代表了西方对中国的"殖民"或"侵略"。以上都不是对待海外中国文献应有的态度。因此，中国学者在开展海外中国文献研究时，首先是要明确区分"我者"与"他者"，要尽量保持一种相对"超我"的状

---

[1]　王汎森：《天才为何成群地来》，北京：社会科学文献出版社，2019 年，第 250 页。
[2]　详细可参见汪荣祖：《海外中国史研究值得警惕的六大问题》，《国际汉学》2020 年第 2 期。

态，以一种客观的视角去与这些文献"平等对话"[1]。

（三）探寻"脉络性转换"路径

中国学者在面对海外中国文献时，在辨析"我者"与"他者"后，有时还需要探寻"脉络性转换"的路径。台湾学者黄俊杰曾指出文化交流中存在着一种"去脉络化（de-contextualization）"与"再脉络化（re-contextualization）"的现象，具体而言是指"原生于甲地（例如中国）的诸多概念或文本，在传播到乙地（例如朝鲜或日本）之际常被'去脉络化'，并被赋予新义而'再脉络化'于乙地的文化或思想风土之中。经过'脉络性的转换'之后，传入异域的人物、思想、信仰与文本，就会取得崭新的含义，也会具有新的价值"[2]。这种现象在海外中国文献中也非常普遍，尤其是那些产生于中国后流转至海外的中文文献，在研究这类文献时，我们不仅要研究其内容、现状，更要重视流转"过程"的研究。例如，美国弗吉尼亚大学图书馆收藏的马鉴藏书，就经历了北京—成都—香港—美国的流转历程[3]，而这一流转过程的背后其实是中国近代历史进程的一个缩影。又如中国文学的小说、戏曲、民歌等在西方分类体系中地位经历了由低到高的过程，而中国原有一些文体概念（如诗、词、曲等）在与西方文体对应过程中，外延被缩小或扩大，同时被植入西方内涵，转换生新，演变为现代文体概念[4]，这其实就是"脉络性转换"现象，而这也是海外中国文献研究时需要研究的问题。

厘清"脉络性转换"路径就要求我们重视对海外中国文献生产"过程"的研究，如利用概念史、观念史等方法对有关文本进行分析，探寻相关文献生产主体对于中国认识的演变历程；又如通过对海外华人图书馆员群体的研究，了解海外中国文献的流转情况以及华人图书馆员在海外中国研究中的媒介作用等，这些都

[1] 张西平：《游心书屋札记：问学寻思录》，北京：中华书局，2019年，第3页。
[2] 黄俊杰：《东亚文化交流中的"去脉络化"与"再脉络化现象"及其研究方法论问题》，《东亚观念史集刊》2012年第2期，台北：政大出版社，第59页。
[3] 李刚，谢欢：《美国维吉尼亚大学图书馆马鉴藏书研究》，《图书馆论坛》2016年第7期。
[4] 宋莉华：《西方早期汉籍目录的中国文学分类考察》，《中国社会科学》2018年第10期。

是探寻"脉络性转换"的好方法。

（四）以海外中国文献为基点，更好地理解中国

在区分"我者"与"他者"，完成"脉络性转换"探寻之后，就进入到海外中国文献研究的核心阶段，即如何通过这些海外文献来理解中国。程章灿教授曾指出中国古代的每一种文献形态都是了不起的文化创造，对于中国文化有着不可磨灭的文化功绩，并提出以文献为基点理解中国文化[1]。这一观点同样适用于海外中国文献，可以说存在的每一种海外中国文献，都是"中国"的表现形式之一。全球化时代的到来，不管是"一带一路"合作倡议，还是"人类命运共同体"的构建，当下的中国已经置身于全球化体系中，不可能"闭关锁国""一人独语"，我们必须在开放的系统中，打破以往的"东""西"二元对立，将中国真正置于全球中来认识、理解，将海外中国文献作为一种"他山之石"，作为一只"异域之眼"。

"一个国家之所以伟大，条件之一就是既能够吸引别人的注意力，又能够持续保有这种吸引力。当西方刚刚接触中国时，中国就明显表现出这种能力；几世纪以来，流行风潮的无常，政治情势的改变，也许曾使中国的光彩暂且蒙尘，但是中国的吸引力却从未完全消失过。"[2] 大量的海外中国文献，代表了西方国家对于中国的兴趣，不同时期，对于中国的认识、理解都会在同时期的文献上有所反映，我们应该以这些文献为起点，分析其背后的文化土壤，同时与同时期的中国相对比，找到其中的异同，更加客观、全面地认识中国、理解中国，找到中国文化对于世界文化的贡献，在世界体系中构建新的中国叙述模式。

---

[1] 程章灿：《以文献为基点理解中国文化》，《中国社会科学报》2012年3月21日B04版。

[2] 史景迁：《大汗之国：西方眼中的中国》，阮叔梅译，桂林：广西师范大学出版社，2013年，第7页。

四、南京大学海外中国文献研究传统

从上文的论述已经隐约可以看到南京大学在海外中国文献研究领域是得风气之先的，这或许也是得益于南京大学优良的学术传统。目前的南京大学是由两条学脉汇聚而成，一条是金陵大学，另一条则是南京高等师范学校—国立东南大学—中央大学一脉，而这两脉对于海外中国文献的关注都是比较早的。金陵大学以李小缘先生（1898—1959）为代表，1921 年李小缘赴美留学，他在国会图书馆及哥伦比亚大学兼职工作时，就已开始关注海外中国文献，并编纂相应的书目，1925年回国后也从未停止对海外中国文献的追踪，特别是后来担任金陵大学中国文化研究所主任以后，西方的东方学文献，一直都是中国文化研究所的重点收藏，而李小缘先生终其一生都未停止"西人论华书目"的编纂。另一学脉国立东南大学早在 1923 年拟定的《国立东南大学国学院整理国学计画书》中对于"国学"的范围就有如下界定："故今日国学之范围，当注目于用中国语言文字记录之书。不独中国旧有书籍遗落他邦者亟当收回，凡他邦人如近则日本、朝鲜、越南，远则欧美诸国，有用中国语言文字记录之书，亦当在整理之列。"[1] 虽然这一定义着眼点在于中文文献，但是其蕴含的世界学术眼光跃然纸上。两脉汇聚之后，这一学统并未断裂，2000 年成立的南京大学域外汉籍研究所更是引领了中国域外汉籍研究的潮流。如今，在南京大学，除了域外汉籍研究所，历史学、图书馆学等专业也有一批学者投入海外中国文献研究。2020 年 6 月南京大学组建了"海外中国文献收藏历史与专题研究"文科青年跨学科团队，并获得了南京大学专项经费资助，学科团队成员来自图书馆学、历史学、中文等学科专业，并与北京大学、美国加州大学圣地亚哥分校、中山大学有关学者展开了跨区域合作。

陈寅恪在《陈垣敦煌劫余录序》中曾写道："一时代之学术，必有其新材料与新问题。取用此材料，以研求问题，则为此时代学术之新潮流。治学之士，得预于此潮流者，谓之预流（借用佛教初果之名）。其未得预者，谓之未入流。此古今

---

[1] 南京大学校史研究室：《南京大学校史资料选编. 第二卷，南京高师与东南大学时期》，南京：南京大学出版社，2019 年，第 299 页。

学术史之通义，非彼闭门造车之徒，所能同喻者也。"[1] 从近年来的研究实践来看，作为跨学科、跨文化、跨语言的海外中国文献研究必将成为中国学术研究新潮流，但由于其零散、多样、跨文化等特性，海外中国文献研究需要更多的学者投身于其中。为此，基于上述的海外中国文献研究路径，我们决定从目录入手，推出"海外中国文献专题目录丛刊"，编辑出版相关专题文献目录，为推动后续的海外中国文献研究奠定基础。

　　是为序。

谢　欢
2022 年 2 月 26 日

[1]　陈寅恪：《金明馆丛稿二编》(第二版)，北京：生活·读书·新知三联书店，2009 年，第 266 页。

目　　录

前　言

1　绪论

1.1　本书背景与意义

　　海外藏广州文献调查与研究的肇始主要得益于《广州大典》的出版。这一以收录 1911 年前广州人士的著述、有关广州历史文化的著述及广州版丛书为目标的大型地方文献丛书项目，由中共广州市委宣传部、广东省文化厅策划组织，广东省立中山图书馆和中山大学图书馆整理编辑，旨在系统搜集整理和抢救保护广州文献典籍、传播广州历史文化。[1] 该项目于 2005 年 4 月启动，历时 10 年，于 2015 年 4 月底完成了全部的编辑出版工作，共收录 4064 种文献，编成 520 册。《广州大典》收录底本来自国内 55 家、国外 14 家藏书单位以及 6 位私人藏书家，其中，包括广东省立中山图书馆文献 2791 种，中山大学图书馆文献 352 种。[2]

　　从《广州大典》项目官方提供的数据可知，其底本征集的范围基本上囊括了海内外重要的中文古籍收藏机构，谓之为"汇寰宇万卷玉简"并不为过。然通过对《广州大典》底本征集机构的统计，可以发现海外收藏机构为 14 家，其中北美收藏机构包括美国哈佛大学哈佛燕京图书馆、美国国会图书馆、加拿大不列颠哥伦比亚大学图书馆（以下简称 UBC 亚洲图书馆）等 3 家，共计收录底本 15 种。[3] 较之北美地区主要的中文古籍收藏机构以及收藏量而言，目前《广州大典》来自该地区的底本数量实属有限，因此对北美地区的东亚图书馆开展更为广泛的广州文献调查和整理非常有必要。其意义一方面在于可以更为系统地掌握北美地区所藏广

　　[1][3]　倪俊明，林子雄，林锐. 汇寰宇万卷玉简，展广府沧桑文化：《广州大典》的特点、史料价值及其编撰意义[J]. 图书馆论坛，2015(7)：110-116.
　　[2]　《广州大典》简介［EB/OL］［2019-10-28］. http：//gzdd. gzlib. gov. cn/HRcanton/Introduct/Introduct.

州文献的总体情况及其馆藏的版本特色和价值，另一方面可以为《广州大典》项目后续的开展提供具有参考价值的书目信息。

1.2 海外中文古籍整理研究现状

1.2.1 海外收藏机构及国内研究者开展的整理工作

20 世纪中期以来，随着亚洲研究的发展，许多海外藏馆逐渐提高了对中文古籍的关注度，并陆续展开针对馆藏中文古籍的整理工作，延请华人专家对馆藏进行清点和编目，其间也产生了一些馆藏目录。

（1）美国国会图书馆

美国国会图书馆是海外收藏中国古籍数量较多的图书馆，是支撑美国中国学研究的重要资料基地。20 世纪中叶王重民辑录有《美国国会图书馆藏中国善本书录》[1]，1942 年朱士嘉编成《美国国会图书馆藏中国方志目录》[2]。据上述两种书目的记载，该馆藏有中文善本古籍五万多册，还有四千多种共六万余册的中国地方志。近年来，美国国会图书馆还开展了一系列围绕某个专题的整理工作，如 2004 年出版了李孝聪编著的《美国国会图书馆藏中文古地图叙录》[3]、2017 年出版了何红一撰写的《美国国会图书馆藏瑶族文献研究》[4]等。

（2）美国哈佛大学哈佛燕京图书馆

哈佛燕京图书馆是哈佛大学专门从事收藏与东亚相关文献的机构。其中文善本古籍特藏以质量高、数量多著称于世。哈佛燕京图书馆历来重视对馆藏文献的整理，目前出版的相关整理成果主要有：沈津《美国哈佛大学哈佛燕京图书馆中文善本书志》[5]，李坚等《美国哈佛大学哈佛燕京图书馆藏善本方志书志》[6]《哈佛燕京图书馆藏古籍珍本丛刊》[7]，乐怡等《美国哈佛大学哈佛燕

[1] 王重民. 美国国会图书馆藏中国善本书录[M]. 桂林：广西师范大学出版社，2014.
[2] 朱士嘉. 美国国会图书馆藏中国方志目录[M]. 桂林：广西师范大学出版社，2014.
[3] 李孝聪. 美国国会图书馆藏中文古地图叙录[M]. 北京：文物出版社，2004.
[4] 何红一. 美国国会图书馆藏瑶族文献研究[M]. 北京：中国社会科学出版社，2017.
[5] 沈津. 美国哈佛大学哈佛燕京图书馆中文善本书志[M]. 上海：上海辞书出版社，1999.
[6] 李坚等. 美国哈佛大学哈佛燕京图书馆藏善本方志书志[M]. 北京：国家图书馆出版社，2015.
[7] 李坚等. 哈佛燕京图书馆藏古籍珍本丛刊[M]. 北京：国家图书馆出版社，2016.

京图书馆藏稿钞校本汇刊》[1]，时文甲《美国哈佛大学哈佛燕京图书馆藏稀见类书汇刊》[2]，徐永明等《美国哈佛大学哈佛燕京图书馆藏明清善本总集丛刊》[3]《美国哈佛大学哈佛燕京图书馆藏明代善本别集丛刊》[4]等。

（3）美国其他主要大学东亚图书馆

除哈佛大学哈佛燕京图书馆，美国其他主要的大学东亚图书馆还有美国普林斯顿大学葛思德东方图书馆、斯坦福大学图书馆、加州大学伯克利分校东亚图书馆、俄亥俄州立大学图书馆等。其中普林斯顿大学葛思德东方图书馆中文古籍整理方面的成果主要有屈万里编写的《普林斯顿大学葛思德东方图书馆中文善本书志》[5]、葛思德东方图书馆编的《普林斯顿大学葛思德东方图书馆中文旧籍书目》[6]《普林斯顿大学图书馆藏中文善本书目》[7]。斯坦福大学方面则有马月华于2013年出版的《美国斯坦福大学图书馆藏中文古籍善本书志》[8]。加州大学伯克利分校东亚图书馆有该馆编的《柏克莱加州大学东亚图书馆中文古籍善本书志》[9]。俄亥俄州立大学图书馆则有李国庆主编的《美国俄亥俄州立大学图书馆

［1］　乐怡等. 美国哈佛大学哈佛燕京图书馆藏稿钞校本汇刊［M］. 桂林：广西师范大学出版社，2016.

［2］　时文甲. 美国哈佛大学哈佛燕京图书馆藏稀见类书汇刊［M］. 桂林：广西师范大学出版社，2017.

［3］　徐永明等. 美国哈佛大学哈佛燕京图书馆藏明清善本总集丛刊［M］. 桂林：广西师范大学出版社，2017.

［4］　徐永明等. 美国哈佛大学哈佛燕京图书馆藏明代善本别集丛刊［M］. 桂林：广西师范大学出版社，2017.

［5］　屈万里. 普林斯顿大学葛思德东方图书馆中文善本书志［M］. 台北：联经出版事业公司，1984.

［6］　葛思德东方图书馆. 普林斯顿大学葛思德东方图书馆中文旧籍书目［M］. 台北：台湾商务印书馆，1990.

［7］　葛思德东方图书馆. 普林斯顿大学图书馆藏中文善本书目［M］. 北京：国家图书馆出版社，2017.

［8］　马月华. 美国斯坦福大学图书馆藏中文古籍善本书志［M］. 桂林：广西师范大学出版社，2013.

［9］　柏克莱加州大学东亚图书馆. 柏克莱加州大学东亚图书馆中文古籍善本书志［M］. 上海：上海古籍出版社，2005.

中文古籍目录》[1]。

（4）加拿大主要大学东亚图书馆

加拿大主要有两所大学东亚图书馆，分别为不列颠哥伦比亚大学亚洲图书馆和多伦多大学郑裕彤东亚图书馆，其中文藏书数量在整个北美地区排名也很靠前。[2] 特别是加拿大作为一个移民国家，其移民的人口组成情况与广东地区有着深厚的渊源，因此这两所图书馆在广东文献的收藏方面，在整个北美地区占据翘楚。

多伦多大学郑裕彤东亚图书馆目前出版有余梁戴光、乔晓勤主编的《加拿大多伦多大学东亚图书馆馆藏中文古籍善本提要》[3]，赵清治、乔晓勤编的《加拿大多伦多大学东亚图书馆藏中文古籍善本提要（修订版）》[4]，慕学勋编的《加拿大多伦多大学慕氏藏书目（全五册）》[5]。

UBC 亚洲图书馆自 1959 年建馆以来，曾先后聘请王伊同、钱存训、潘铭燊、刘静、李直方、袁家瑜、沈迦、武亚民、戴联斌等学者或馆员对馆藏中文古籍进行整理工作。近年来，又通过参与美国研究图书馆（RLG）项目，进一步推进馆藏编目工作，并将书目信息上传至联机目录 WorldCat 中。2014 年至 2016 年，通过参与梅隆基金会（Mellon Foundation）及美国图书馆信息资源委员会（CLIR）资助的项目，对包括"蒲坂藏书"在内的近万册未整理藏书进行了清点。目前该馆中文古籍编目成果主要有：1959 年王伊同编撰的《加拿大英属哥伦比亚大学宋元明及旧抄善本书目》；潘铭燊所编的"蒲坂藏书目录"；袁家瑜、戴联斌编纂的《不列颠哥伦比亚大学亚洲图书馆藏中医古籍选目初编》；2018 年出版的《花叶婆娑——

［1］ 李国庆. 美国俄亥俄州立大学图书馆中文古籍目录［M］. 北京：中华书局，2017.

［2］ 李漓. 中文书在北美的收藏现状［N］. 新华书目报，2015-06-12（A08）.

［3］ 余梁戴光，乔晓勤. 加拿大多伦多大学东亚图书馆馆藏中文古籍善本提要［M］. 桂林：广西师范大学出版社，2009.

［4］ 赵清治，乔晓勤. 加拿大多伦多大学东亚图书馆藏中文古籍善本提要（修订版）［M］. 桂林：广西师范大学出版社，2019.

［5］ 慕学勋. 加拿大多伦多大学慕氏藏书目（全五册）［M］. 北京：国家图书馆出版社，2017.

华盛顿大学和不列颠哥伦比亚大学古籍珍本新录》[1]。

（5）中国国内机构及研究者开展的海外中文古籍整理工作

随着海内外更为密切的交流与合作、国内对于海外中文古籍关注度的提高，整理成果的公开出版主要集中在近十几年，其中又因寻访工作计划性的提高，如中国古籍保护中心"海外中华古籍书志书目"丛刊、中华书局"海外中文古籍总目"项目的开展，近三年集中涌现了许多成果。如 2015 年至 2017 年陆续出版的"海外中华古籍书志书目"丛刊收录了《文求堂书目》[2]《西班牙藏中国古籍书录》[3]《美国哈佛大学哈佛燕京图书馆藏善本方志书志》[4]等 5 种涉及美、日、西图书馆所藏的中文古籍目录或书志；2017 年至 2018 年陆续出版的"海外中文古籍总目"系列成果则包含美国、新西兰两国共 8 个大学图书馆所藏中文古籍的目录。

1.2.2 海外广州文献的整理情况

一般认为岭南学术肇始于明代中叶"白沙、甘泉之学"的出现，及至稍后黄佐及其弟子开始对百越先贤事迹的著述，对广东文物进行的整理、研究与表彰。此后历 400 年的人文积累，至清代嘉庆、道光年间，大儒阮元督粤，为岭南带来了治学新观念，广东学术在沉寂百年后风气为之一变，开"广东文献整理与挖掘"之风气，且此风下贯民国，蔚为大观。但是一直以来，有关广东本土文化、典籍与学术的研究大多有赖于广东学人，且期间也曾有过中断。但是广东学人对广东乃至广州文献的整理工作，从 20 世纪 70 年代开始就已注意到海外所藏的广州文献。

在专著方面，较具代表性的有黄荫普的《广东文献书目知见录·附补编》（黄氏忆江南馆，1978），李仲伟、林子雄和倪俊明等人主编的《广州文献书目提要》（广州：广东人民出版社，2000），以及骆伟领衔广东省图书馆团队在调查海内外 130 多家图书馆藏书情况的基础上编辑而成的《广东文献综录》（广州：中山大学

［1］ 沈志佳. 花叶婆娑——华盛顿大学和不列颠哥伦比亚大学古籍珍本新录［M］. 北京：
中华书局，2018.
［2］（日）田中庆太郎. 文求堂书目［M］. 北京：国家图书馆出版社，2015.
［3］ 杜文彬. 西班牙藏中国古籍书录［M］. 北京：国家图书馆出版社，2015.
［4］ 李坚. 美国哈佛大学哈佛燕京图书馆藏善本方志书志［M］. 北京：北京图书馆出版社，
2015.

出版社，2000）。上述成果对海内外广东文献进行了较为广泛的调查。

在项目方面，以《广州大典》项目为中心，2012 年由程焕文主持的广州市人文社会科学重点研究基地项目"《广州大典》与广州历史文化研究""《广州大典》海外底本调查与收集"立项。2014 年王蕾的"《广州大典》收录海外藏珍稀广州文献研究"获"《广州大典》与广州历史文化研究"项目的重点立项。

就影印成果而言，2015 年公开出版的《广州大典》已有选用海外藏本作为工作底本。《海外广东珍本文献丛刊·第一辑》则专门针对海外收藏的珍稀广东文献，选取了 10 个海外藏书机构的 71 种古籍进行影印出版，其中包括 UBC 亚图的 23 种文献。

综上所述，可以得出以下认识：

第一，从整理成果的形式来看，主要有目录、书志、影印、点校等类型。从整理单位来看，多为针对某个藏书机构专藏的整理，也有对某国甚至对海外所藏文献进行综合调查的成果。从整理内容来看，有对整体中文古籍馆藏或馆藏善本进行的整理；也有围绕某个专题进行的整理工作，如对海外藏中医古籍进行影印的《珍版海外回归中医古籍丛书》[1]；此外，近年也出现了以区域为单位进行的整理成果，如《海外广东珍本文献丛刊》[2]《日本藏巴蜀珍稀文献汇刊》[3]，但成果仍较少。

第二，广东文献的整理和研究工作传统悠久，研究的重点多在于对具体某种文献的整理、校点等研究工作，虽然也出版了一些广东文献或相关书目，但基本上是在古代流传下来的目录或对国内文献收藏机构调查的基础上形成的。

第三，有系统、有计划地对海外藏广州文献进行调查和研究工作开始于最近几年，且目前主要以海外广州文献的调查、寻访为主，而针对《广州大典》以及海外藏广州文献本身的文献学、版本学和目录学等方面的研究则还有很多值得拓展与深入的空间。

［1］　曹洪欣. 珍版海外回归中医古籍丛书第 1 册［M］. 北京：人民卫生出版社，2008.
［2］　广东省立中山图书馆. 海外广东珍本文献丛刊 第一辑［M］. 广州：广东人民出版社，2016.
［3］　李勇先，高志刚. 日本藏巴蜀珍稀文献汇刊 第 1 辑［M］. 成都：巴蜀书社，2017.

2 调查内容与方法

2.1 对"广州文献"的概念界定

广州地方文献，明清两代已有张邦翼、杨瞿崃、屈大均、罗学鹏、伍崇曜等学者对乡邦文献进行整理，近代以来也有冼玉清《广东文献丛谈》、黄荫普《广东文献书目知见录》《补编》、《广州文献书目提要》、骆伟《广东文献综录》《岭南文献综录》、罗志欢《岭南历史文献》、《广州大典》、《海外广东珍本文献丛刊》等整理和研究成果。受行政区域和文化意义的影响，各书虽有自身的范围界定，但对于"岭南""广东""广州"等词语的使用，尚未有严格的区分。

课题组在调查研究过程中所使用的"广州文献"的概念主要依从《广州大典》之《编例》的界定，即：

（1）在内容上，包括广州人士（含寓贤）著述、有关广州历史文化的著述及广州出版的丛书；

（2）在时间上，所收文献下限为 1911 年，个别门类延至民国；

（3）在地域上，包括清代中期广州府所辖南海、番禺、顺德、东莞、从化、龙门、增城、新会、香山、三水、新宁、新安、清远、花县，以及香港、澳门、佛冈、赤溪等地区。[1]

通过与编纂《广州大典》的倪俊明先生进行访谈，了解到为避免收书内容过于庞杂，同时考虑底本收集中的诸多现实问题，从可行性的角度考虑，《广州大典》目前只收录了广州出版的丛书，而对于在广州出版的非丛书，则暂未予以收录。

但本调查考虑到在广州出版的非丛书对于了解广州出版的文献情况以及流传海外的情况均有所助益，因此在调查过程中对在广州出版的所有文献，无论是否为丛书，都纳入调查范围。但在与《广州大典》进行比较时，为了确保可比性和客

---

[1]《广州大典》编例［EB/OL］［2019－10－28］. http：//gzdd. gzlib. gov. cn/HRcanton/Introduct/Introduct.

观性，则着重在《广州大典》对"广州文献"界定的概念下进行讨论。

2.2　调查对象的确定与数据来源

本课题综合考虑项目开展的时间进度和可行性的问题，在对北美东亚图书馆进行调研时，选取了中文古籍收藏较为丰富且具备一定古籍整理成果的收藏机构作为调查的对象，主要包括：

（1）美国：哈佛大学哈佛燕京图书馆、加州大学伯克利分校东亚图书馆、普林斯顿大学葛思德东方图书馆、俄亥俄州立大学东亚图书馆、斯坦福大学东亚图书馆；

（2）加拿大：多伦多大学东亚图书馆、不列颠哥伦比亚大学亚洲图书馆。

在确定了具体的调查对象和数据收集范围之后，课题组通过了解和梳理各收藏机构中文古籍的编目情况以及整理成果的出版情况，将馆藏广州文献的调查和检索途径确定为以下几个方面：

（1）各机构的在线书目检索系统；

（2）OCLC FirstSearch；

（3）各机构已出版的中文古籍书目，主要有：沈津《美国哈佛大学哈佛燕京图书馆中文善本书志》，李国庆《美国俄亥俄州立大学图书馆中文古籍目录》，陈先行《柏克莱加州大学东亚图书馆中文古籍善本书志》，余梁戴光、乔晓勤《加拿大多伦多大学东亚图书馆馆藏中文古籍善本提要》，沈志佳、刘静主编的《花叶婆娑——华盛顿大学和不列颠哥伦比亚大学古籍珍本新录》；

（4）骆伟主编的《广东文献综录》

根据上述数据来源获得各专藏中的书目信息，对所得书目信息按照专藏、文献时间先后、文献内容分类进行梳理。由于《广州大典》作为大型的广州历史文献丛书，收录了 4064 种广州文献，因此研究在梳理书目信息时，也同时注意与《广州大典》所收文献进行对比。最后，将成果整理为《北美东亚图书馆藏广州文献书目》，并在此基础上总结北美各东亚图书馆所藏广州文献的基本情况与藏书特色，同时通过与《广州大典》所收文献的对比，探讨同一种书不同版本的特点与价值，分析各馆馆藏中未被《广州大典》收录的广州文献之情况，以期为《广州大典》的后期编纂和相关学术研究提供参考。

2.3　调查与研究方法

本调查首先遵照"广州文献"在内容、时间和地域上的界定，在各馆已出版的善本书志、古籍目录中逐条筛选符合"广州文献"概念界定的文献进行著录；其次利用各机构的在线书目检索系统所提供的著者、出版地和出版时间等检索途径进行组合检索，具体方法如下：

（1）对已知的著名广州人士，以其姓名（包含字、号、别名等）作为关键词进行重点检索。

（2）考虑到《广州大典》所界定的"广州文献"在内容上的范围，课题组认为大多数内容上属于"广州文献"的文献一般都会在广州出版，因此分别将属于"广州文献"地域范围的 18 个地区名作为关键词，以"出版地"作为检索入口，限定时间范围的下限为 1911 年，进行组合检索。

（3）因北美东亚图书馆的在线馆藏检索系统多采用汉语拼音或威妥玛拼音作为著录文字，因此在检索时每个检索词分别使用汉字、汉语拼音和威妥玛拼音进行检索。

为了梳理各馆所藏广州文献的情况，本研究将借助目录学的方法，对通过上述途径挑选出来的文献进行分类编排，制成"广州文献书目信息表"。参考北美各东亚图书馆公开的书目信息中的著录项目，结合调查整理工作的需要，确定表格包含以下 29 个著录项目：

（1）序号；（2）索书号；（3）一级分类（经部、史部、子部、集部、丛部）；（4）二级分类；（5）中文题名卷数（中英文）；（6）著者（中英文）；（7）著者信息（著者生卒年、字号、籍贯等）；（8）版本（带补配）；（9）版本判断依据；（10）出版地；（11）出版机构；（12）版本年代；（13）版本类型；（14）版式；（15）装帧形式；（16）册数；（17）存卷；（18）钤印；（19）批校题跋；（20）所属丛书题名；（21）子目；（22）收藏机构；（23）书目来源：永久链接（Permalink）或实体书目及页数；（24）备注；（25）《广州大典》记录题名；（26）《广州大典》版本；（27）与《广州大典》版本是否一致；（28）《广州大典》分类；（29）《广州大典》对比备注。

款目分类与组织的基本原则如下：

（1）《广州大典》收录类目先后原则

① 按《广州大典》经、史、子、集、丛五大类目进行分类、排序，各二级类目同样依照《广州大典》辑录顺序分类、排序。

② 对比版本后，《广州大典》有收录且版本一致者，按《广州大典》所属类目分类，如有所属丛书，则归到丛部，不再根据书籍内容进行分类。

③ 对比版本后，《广州大典》有收录且版本一致者，按《广州大典》辑录顺序组织款目，如《皇清经解》所属书目，则按《广州大典》所著卷数顺序依次排列。

（2）著者生卒年先后、版本产生时间先后原则

① 著者（编者）信息明确的款目，按作者所在时代分类，并按朝代先后排序。

② 同一时代著者，按生年先后排序，生年不详者按卒年先后排序。

③ 生卒年皆不详者，按版本产生时代排序。

此外，研究在对书目进行收集与分析时，综合使用了目录学、历史研究、版本分析、比较研究、访谈等方法。对广东省立中山图书馆副馆长、研究馆员倪俊明先生进行了访谈。倪先生作为"广州大典编辑委员会"的编辑部主任，全程参与了《广州大典》的编纂工作，并主持了广州社科规划重点项目"广州大典书目索引"，主编了《广州大典总目》。因此，通过对倪先生进行访谈，能够进一步了解《广州大典》的收录范围与原则，以及项目中影印底本征集的具体情况。

3 北美东亚图书馆藏广州文献整体情况分析

3.1 总体收藏数量

通过对美国哈佛大学哈佛燕京图书馆、加州大学伯克利分校东亚图书馆、普林斯顿大学葛思德东方图书馆、俄亥俄州立大学东亚图书馆、斯坦福大学东亚图书馆，以及加拿大多伦多大学郑裕彤东亚图书馆、不列颠哥伦比亚大学亚洲图书馆7所收藏机构的调查，共发现广州文献1074种。各收藏机构的具体收藏数量如表3-1所示。

表 3-1　各收藏机构广州文献收藏数量表

国家	收藏机构		数量（种）	小计
美国	普林斯顿大学葛思德东方图书馆	246		645
	哈佛大学哈佛燕京图书馆/哈佛大学图书馆	229		
	加州大学伯克利分校东亚图书馆	127		
	俄亥俄州立大学东亚图书馆	29		
	斯坦福大学东亚图书馆	14		
加拿大	多伦多大学郑裕彤东亚图书馆	340		648
	不列颠哥伦比亚大学亚洲图书馆	308		

注：（1）因存在一种文献多馆有藏的情况，因此表中 7 所收藏机构的收藏数量相加后超过了 1074 种。（2）在对哈佛大学哈佛燕京图书馆的馆藏进行在线调研时发现该校所藏广州文献的馆藏地点分布于哈佛燕京图书馆和哈佛大学图书馆，因此表中"收藏机构"的填写为哈佛大学哈佛燕京图书馆/哈佛大学图书馆。

　　由表 3-1 可见，在所调查的 7 所机构中，多伦多大学郑裕彤东亚图书馆收藏的广州文献数量最为丰富，其次分别为不列颠哥伦比亚大学亚洲图书馆、普林斯顿大学葛思德东方图书馆。虽然本课题在立项的两年中开展的主要工作是进行广州文献的调查，并未就广州文献收藏数量分布情况的问题作深入探究。但是结合以往对北美各东亚图书馆成立的历史背景、藏书基础以及中文古籍的来源研究，大致也可推测出加拿大两所东亚图书馆广州文献收藏颇丰的原因。

　　北美各东亚图书馆的成立均与西方汉学、中国学研究的发展密切相关，而中文藏书基础大多来自相关学者因其自身研究与交游网络而获得的藏书捐赠或购买行为。因此各馆藏书的来源区域和内容很大程度上与主事之人以及社会背景相关。美国和加拿大这两个国家相比较，加拿大是典型的移民国家，且在其华人移民群体中，广东人士占很大的比例。大量的广东移民携带出来不少广东文献，同时因其人脉网络又可能进一步吸引广东的文献被捐赠或出售到加拿大，这就不难解释为什么加拿大的东亚图书馆较之美国同类东亚图书馆，有更为丰富的广州文献馆藏。

　　以不列颠哥伦比亚大学亚洲图书为例，其中文古籍收藏的基础与核心是

1958 年购入的"蒲坂藏书"[1]，藏书主人姚钧石为广州南海人士，其在广州经商致富后定居澳门，姚氏的藏书主体来自徐信符"南州书楼"[2]。从这一馆藏渊源观之，不列颠哥伦比亚大学亚洲图书馆拥有丰富的广州文献，完全在预料之中。

3.2 出版年代分布

按照文献出版时间的先后顺序对各东亚图书馆所藏广州文献进行梳理与统计（见表 3-2），可以发现馆藏以清代文献为主，占总体的 94.3%，其中尤以光绪时期刊刻的文献居多（311 种，占比 29.0%），其次为道光、咸丰、同治 3 个时期刊刻的文献（合计占比 49.3%）。

表 3-2 出版年代统计表

出版时间		数量（种）	比例
明（32 种）	景泰	1	3.0%
	成化	2	
	正德	2	
	嘉靖	6	
	隆庆	3	
	万历	8	
	天启	3	
	崇祯	4	
	明末	1	
	具体年号不详	2	

［1］ 武亚民，刘静. 加拿大不列颠哥伦比亚大学亚洲图书馆中文古籍与特藏的收集、整理、利用与保护［C］//中山大学图书馆. 中文古籍整理与版本目录学国际学术研讨会论文集，2016：42-43.

［2］ 沈迦. 普通人 甲乙堂收藏札记［M］. 济南：山东画报出版社，2009：269-271.

出版时间		数量（种）	比例
清（1 013 种）	康熙	25	5.1%
	雍正	3	
	乾隆	27	
	嘉庆	36	89.1%
	道光	186	
	咸丰	210	
	同治	133	
	光绪	311	
	宣统	42	
	清末	14	
	具体年号不详	26	
清末民初		9	0.8%
民国		6	0.6%
不详		14	1.3%
合计		1074	100%

此外，从出版年代的分布来看，明代及清初出版的广州文献，即通常意义上所讲的善本，从比例上来看数量也不算少，占比达到8.1%。其中明代文献32种，占比为3.0%；清初文献55种，占比为5.1%。这些善本广州文献主要保存在哈佛大学哈佛燕京图书馆、不列颠哥伦比亚大学亚洲图书馆、多伦多大学郑裕彤东亚图书馆和普林斯顿大学葛思德东方图书馆。

3.3 文献类目

按照文献类目对各东亚图书馆所藏广州文献进行梳理与统计（见表3-3），可以发现藏书以经部、集部和史部居多。从二级类目观之，则可以发现集部别集类的数量占所有二级类目文献之首，有159种，类目下的文献或为广东人士著述、辑录的文献，或为在广州刻印的文献。其次为集部总集类，主要出自《海山仙馆丛书》《粤雅堂丛书》《岭南遗书》《粤十三家集》等广州人士编辑或刻印的大型丛书。数量第三多的二级类目群经总义类的文献主要出自清道光九年(1829)广东学海堂刊咸丰十年(1860)补刻的《皇清经解》。由此可见广州刻书在海外的流传之广以及影响之远。在二级类目中，史部的地理类也是文献数量较多的类目，这与海外的东亚图书馆在进行藏书建设时一直重视采访中国地理、方志类的文献这一特点有关。

表 3-3　文献类目一览表　　　　　　　　（单位：种）

	经部	数量	史部	数量	子部	数量	集部	数量	丛部	数量
	总类	2	纪传类	27	儒家类	20	别集类	159		18
	易类	33	编年类	1	兵家类	1	总集类	73		
	书类	25	纪事本末类	2	医家类	35	诗文评类	23		
	诗类	27	杂史类	14	天文算法类	13	词类	8		
	礼类	39	诏令奏议类	4	术数类	6	曲类	9		
	乐类	4	传记类	41	艺术类	28				
类别	春秋类	39	史钞类	2	杂家类	31				
	孝经类	4	地理类	59	小说类	19				
	四书类	27	方志类	30	类书类	2				
	群经总义类	62	职官类	2	释家类	7				
	小学类	52	政书类	36	道家类	12				
			目录类	14	诸教类	14				
			金石类	15	蒙学类	24				
			史评类	11						
总计	11类	314	14类	258	13类	212	5类	272		18

3.4　出版方式

以出版方式观之，所调查的 7 所图书馆所藏广州文献 90% 以上为刻本，但是也有不少颇具特色的版本，具体如表 3-4 所示。

表 3-4　文献出版方式统计表　　　　　　　（单位：种）

出版方式	套印本	朱印本	石印本	活字本	抄本	稿本	写本	钤印本
数量	13	1	5	7	19	17	1	2

表 3-4 所示的活字本以铅活字为主。抄本的收藏主要在不列颠哥伦比亚大学亚洲图书馆和哈佛大学哈佛燕京图书馆，前者有抄本 15 种，后者有抄本 4 种。写本 1 种收藏于哈佛燕京图书馆，为清咸丰年间的《分析基塘及田产买卖契约汇约》1 册，墨书，无行格。钤印本 2 种，均收藏于不列颠哥伦比亚大学亚洲图书馆。

套印本 13 种，主要收藏于不列颠哥伦比亚大学亚洲图书馆和哈佛大学哈佛燕京图书馆。不列颠哥伦比亚大学亚洲图书馆藏有六色套印本 1 种，朱墨蓝三色套印本 1 种，均为广州翰墨园所印。其中六色套印本为清光绪二年（1876）刊印的《杜工部集　二十卷首一卷》10 册，朱墨蓝三色套印本为清光绪九年（1883）刊印的《昌黎先生诗集注　十一卷　年谱　一卷》。

不列颠哥伦比亚大学亚洲图书馆还藏有朱印本 1 种，为清光绪十六年（1890）广雅书局所印的《小尔雅训纂　六卷》1 册。

3.5　与《广州大典》所收文献的比较

课题组对北美 7 所东亚图书馆广州文献的调查主要通过在线书目检索系统以及各馆已出版的古籍整理成果，如果有中文古籍或善本的全文影像数据库，则通过全文数据库获取文献的全文影像开展研究。但是大多数调查所得的文献，无法通过数据库获得全文影像，在短短两年的项目开展时间里也无法目验调查所得的全部文献。因此在与《广州大典》所收文献进行比较时，主要依据书目信息中的题目卷数、著者信息、版本、版式、序跋等项目进行推断。根据调查所得文献的书目信息，比照《广州大典》所收文献，统计得到表 3-5。

表 3-5　调查所得广州文献与《广州大典》收录情况比较表　　　（单位：种）

收录情况	数量	占调查所得文献总数的百分比
《广州大典》收录且版本一致	574	53.5%
《广州大典》收录但版本不一致	110	10.2%
《广州大典》未收录	390	36.3%
合计	1074	100%

由表 3-5 可知，本次调查所得广州文献有超过 60% 的数量为《广州大典》所收录，特别是《广州大典》收录且版本一致的文献占到 53.5%，这其实从一个侧面反映出北美广州文献收藏数量之丰富、版本之精良。

此外有 36.3% 调查所得的广州文献未被《广州大典》收录，其中有前述《广州大典》收书范围的因素。本调查包括在广州刻印的所有类型文献，如果以《广州大典》收书标准严格界定，调查所得的这 390 种文献并不全部符合收入标准。但是如果从研究广州刻书历史及文化流播的角度观之，对这 390 种广州文献进行调查、整理也存在一定的学术价值。特别是这些文献中，也有不少文献按照《广州大典》收书标准是应该并值得收入的，在《广州大典》项目未来的开展中值得持续关注。

此外，如从出版方式特殊性和价值性的角度考量，表 3-4 中所统计的文献也值得在未来《广州大典》项目的开展中进行收录，因为这些别具特色的文献从一个侧面反映出广州刻书业的发展情况。在表 3-4 中所列的 19 种抄本中，《广州大典》收有 3 种相同的版本；2 种《广州大典》收录刻本或影印本；其余 14 种《广州大典》均未收入。17 种稿本中，《广州大典》收有 6 种；4 种《广州大典》收录抄本或刻本；其余 7 种未收。套印本中 2 种《广州大典》有收录，其他均无收录。不列颠哥伦比亚大学亚洲图书馆所藏的 1 种朱印本文献也是《广州大典》未收的。

4 结论与后续研究

4.1 研究结论

第一，掌握了北美主要的 7 所东亚图书馆广州文献收藏的基本情况。

课题组在遵循《广州大典》项目对"广州文献"概念界定的基础上，以各收藏机构的在线书目检索系统、OCLC FirstSearch 以及各机构已出版的中文古籍书目作为主要检索途径，对美国哈佛大学哈佛燕京图书馆、加州大学伯克利分校东亚图书馆、普林斯顿大学葛思德东方图书馆、俄亥俄州立大学东亚图书馆、斯坦福大学东亚图书馆，以及加拿大多伦多大学郑裕彤东亚图书馆、不列颠哥伦比亚大学亚洲图书馆 7 所收藏机构的馆藏中文古籍进行系统调查，共发现广州文献 1074 种。

调查发现，在地域分布上加拿大是北美地区广州文献收藏的重镇，2 所东亚图书馆所藏的广州文献数量占据鳌头，其所收藏的广州文献数量总和超过了美国 5 所东亚图书馆所藏广州文献数量的总和。推其原因，或许与加拿大拥有大量的广东移民这一社会背景有关。

按照收藏广州文献数量由多至少的顺序进行排名，7 所收藏机构依次为：多伦多大学郑裕彤东亚图书馆、不列颠哥伦比亚大学亚洲图书馆、普林斯顿大学葛思德东方图书馆、哈佛大学哈佛燕京图书馆、加州大学伯克利分校东亚图书馆、俄亥俄州立大学东亚图书馆、斯坦福大学东亚图书馆。

若综合考虑广州文献的收藏数量以及版本价值等因素，则不列颠哥伦比亚大学亚洲图书馆、哈佛大学哈佛燕京图书馆和多伦多大学郑裕彤东亚图书馆的收藏更值得关注。

第二，总结了北美主要的 7 所东亚图书馆广州文献收藏的总体特点。

在广州文献的出版年代方面，北美 7 所东亚图书馆收藏的广州文献 90% 以上都是清代文献，尤其以道光、咸丰、同治、光绪 4 个时期的文献居多。也有为数不少的明代及清初文献，这些善本广州文献主要保存在哈佛大学哈佛燕京图书馆、不列颠哥伦比亚大学亚洲图书馆、多伦多大学郑裕彤东亚图书馆。

在文献类目方面，北美 7 所东亚图书馆所藏的广州文献以经部、集部和史部居多。清代广州人士编辑、刊刻的大型丛书在北美地区流传相当广泛。

同时，所调查的 7 所图书馆也收藏了不少颇具特色、具有重要版本价值的文献，收藏文献的版本类型除了常见的刻本，还涵盖套印本、朱印本、石印本、活字本、抄本、稿本、写本和铅印本。这些具有特色的版本主要收藏在不列颠哥伦比亚大学亚洲图书馆和哈佛大学哈佛燕京图书馆。

第三，通过与《广州大典》所收文献的比较，反映出北美 7 所东亚图书馆所藏广州文献的价值，同时也发现了一批《广州大典》项目在未来开展过程中值得高度关注的广州文献。

本次调查所得广州文献有超过 60% 的数量为《广州大典》所收录，其中版本一致的文献占 53.3%，这从一个侧面反映出北美广州文献收藏数量之丰富、版本之精良。

此外还有 390 种（约占调查总数的四成）广州文献未被《广州大典》收录。笔者认为这些文献反映了广州刻书历史及文化流播的情况，对于相关研究实有重要价值。对于其中符合《广州大典》收录标准却未收入的文献，今后在条件具备的情况下值得进行补遗出版。

第四，通过调查工作发现，海外广州文献乃至中文古籍整理的工作还有许多有待深化的空间。

在调查过程中发现，北美各东亚图书馆存在大量尚未整理、编目的中文古籍，而已编目的中文古籍，在其在线书目检索系统中也多有错漏、讹误。只有少数东亚图书馆出版了优质的中文古籍或善本目录、书志，在古籍整理方面还有许多基础工作亟待开展。

以在线编目数据为例，在调查的 7 所图书馆中，只有不列颠哥伦比亚大学亚洲图书馆和哈佛大学哈佛燕京图书馆的中文古籍在线书目数据以中文与英文或拼音对照的方式呈现信息，并基本著录全了重要的版本信息和数据（如图 4-1 和图 4-2 所示）。所调查的其他图书馆，中文古籍的在线书目信息均用汉语拼音、威妥玛拼

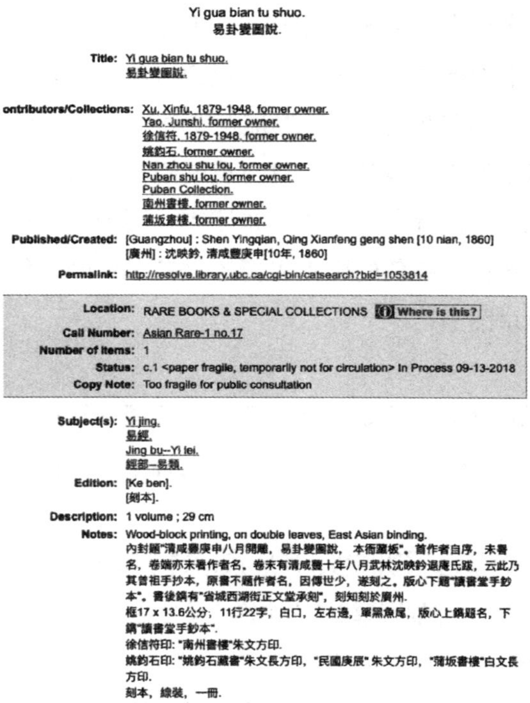

图 4-1　不列颠哥伦比亚大学亚洲图书馆
在线书目信息截图

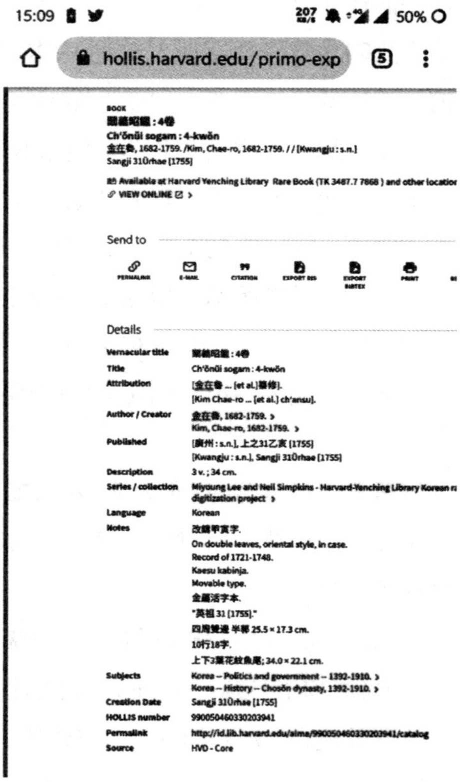

图 4-2　哈佛大学哈佛燕京图书馆
在线书目信息截图

音或英文进行著录，有些机构的著录信息十分简略，即使像多伦多大学郑裕彤东亚图书馆这样中文古籍以及广州文献收藏丰富的机构也是如此（如图4-3所示）。这种情况客观上增加了本课题研究的难度。

图4-3 多伦多大学郑裕彤东亚图书馆
在线书目信息截图

4.2 创新与不足

本课题系国内为数不多的系统对北美所藏广州文献进行广泛调查的研究，其创新点主要体现在较为全面、系统地调查和搜集了北美7所主要东亚图书馆藏广州文献的基本目录及其存藏状况。尽管在《广州大典》项目启动之初就开展了"《广州大典》海外底本调查与收集""《广州大典》收录海外藏珍稀广州文献研究"

等课题研究，但目前为止尚未有一部较为系统地汇聚北美重要东亚图书馆藏广州文献的目录，《北美东亚图书馆藏广州文献书目》一定程度上填补了该空白。

本课题的研究也存在着不足。首先表现在调查的范围，并未涵盖北美所有的东亚图书馆，如美国国会图书馆这一中文古籍收藏的重镇，受现实条件的影响，未能纳入调查范围。其次，因所有信息均来自馆藏在线目录及已出版的相关书目，加之多数著录信息需要对原著录所用的拼音和英文信息进行拼写和翻译，本书中一定存在各种错漏信息。通过在线书目系统检索的方式获取数据，也会导致调查数据挂一漏万，或有个别误收问题。以上种种，恳请方家指正。

4.3　后续研究计划

在课题组目前所获得的研究成果基础上，后续研究计划在以下几个方面取得突破：

（1）将北美所有收藏机构都纳入调查的范围，编制一份更为全面的北美藏广州文献书目。

（2）对已调查的机构，未来通过访学等方式获得到馆目验原书甚至翻阅未编目中文古籍的机会，从而对目前编成的书目进行补遗和校正。

（3）挑选具有重要价值的广州文献进行深入研究，开展广泛的版本调查和比较，编写长书志。

（4）以广州文献的收藏为中心，研究广州刻书的历史和文化流播问题。

凡　例

一、本书目收录加拿大不列颠哥伦比亚大学亚洲图书馆、多伦多大学郑裕彤东亚图书馆，以及美国哈佛大学哈佛燕京图书馆、普林斯顿大学葛思德东方图书馆、斯坦福大学东亚图书馆、加州大学伯克利分校东亚图书馆、俄亥俄州立大学图书馆等 7 所机构所藏广州文献。

二、本书目所指"广州文献"主要依照《广州大典》之《编例》的界定，即：

1. 在内容上，包括广州人士（含寓贤）著述、有关广州历史文化的著述及广州出版的丛书；

2. 在时间上，所收文献下限为 1911 年，个别门类延至民国；

3. 在地域上，包括清代中期广州府所辖南海、番禺、顺德、东莞、从化、龙门、增城、新会、香山、三水、新宁、新安、清远、花县，以及香港、澳门、佛冈、赤溪等地区。

考虑到广州出版的非丛书对于了解广州出版的文献情况以及流传海外情况有所助益，因此本书目也包含广州出版的非丛书书目信息。

三、条目著录项目与格式一般如下：

序号

题名 卷数

（朝代）作者姓名

刊刻年代；刊刻地；刊刻机构；册数

底本情况；钤印信息；批校题跋；版式等［如无明确著录则从略］

【丛书题名】

子目信息

【收藏机构及索书号】

四、因多数收藏机构在线书目检索系统中使用拼音或英文著录各项信息，本书目编者在逐条查证后用中文著录；对于个别在未目验原书的情况下难以翻译成中文者，则照录原文的拼音或英文信息，留待未来进一步查考。

五、《广州大典》有收录且版本一致的文献以▲标志；有收录但是版本不一致的文献以△标志。

六、款目分类与组织的基本原则如下：

1.《广州大典》收录类目先后原则

① 按《广州大典》经、史、子、集、丛五大类目进行分类、排序，各二级类目同样依照《广州大典》辑录顺序分类、排序。

②《广州大典》有收录且版本一致者，按《广州大典》所属类目分类，如有所属丛书，则归到丛部，不再根据书籍内容进行分类。

③《广州大典》有收录且版本一致者，按《广州大典》辑录顺序组织款目，如《皇清经解》所属书目，则按《广州大典》所著卷数顺序依次排列。

2. 著者生卒年先后、版本产生时间先后原则

① 著者(编者)信息明确的款目，按作者所在时代分类，并按朝代先后排序。

② 同一时代著者按生年先后排序，生年不详者按卒年先后排序。

③ 生卒年皆不详者，按版本产生时代排序。

经

部

经部·总类

▲0001 皇清经解 一千四百零八卷

(清)严杰编辑；(清)阮元编；

(清)王先谦续编；(清)劳崇光等补刊

清道光九年(1829)广东学海堂咸丰十年(1860)补刻本

【收藏机构及索书号】

美国加州大学伯克利分校东亚图书馆：110.7111.2

美国普林斯顿大学图书馆：1107111

美国加州大学伯克利分校东亚图书馆：PL2461.Z6 H83 1861

加拿大不列颠哥伦比亚大学亚洲图书馆：Asian Rare-1 no.6

▲0002 古经解汇函 附小学汇函

清同治十二年(1873)广州粤东书局

25厘米

【收藏机构及索书号】

美国哈佛大学哈佛燕京图书馆：1108108

经部·易类

▲0003 子夏易传 二卷

(周)卜商撰

清同治十二年(1873)广州粤东书局刻本

【丛书题名】通志堂经解

【收藏机构及索书号】

加拿大多伦多大学郑裕彤东亚图书馆：PL2464.Z6 P86 1873

▲0004 郑氏周易注 三卷 附补遗 一卷

(汉)郑玄撰；(宋)王应麟辑；(清)惠栋增补

清同治十二年(1873)广州粤东书局刻本《古经解汇函》

平湖孙氏廿一家注本，菊坡精舍藏板

【丛书题名】古经解汇函 1-2

【收藏机构及索书号】

美国普林斯顿大学图书馆：A137/45v. 1-12

加拿大多伦多大学郑裕彤东亚图书馆：PL2464. B77 1873

▲0005　易纬八种 十二卷

（汉）郑玄注

清同治十二年(1873)广州粤东书局刻本

菊坡精舍藏板，武英殿聚珍版本

【丛书题名】古经解汇函 12-13

【收藏机构及索书号】

美国普林斯顿大学图书馆：A137/45v. 1-12

加拿大多伦多大学郑裕彤东亚图书馆：PL2464. Z7 I2 1873

▲0006　陆氏周易述 一卷

（吴）陆绩撰；（明）姚士粦辑

清同治十二年(1873)广州粤东书局刻本

平湖孙氏廿一家注本，菊坡精舍藏板

【丛书题名】古经解汇函 2

【收藏机构及索书号】

美国普林斯顿大学图书馆：A137/45v. 1-12

美国哈佛大学哈佛燕京图书馆：1108108（2）

▲0007　周易集解 十七卷

（唐）李鼎祚撰

清同治十二年(1873)广州粤东书局刻本

【丛书题名】古经解汇函 3

【收藏机构及索书号】

加拿大多伦多大学郑裕彤东亚图书馆：PL2464. A54 1873

▲0008　周易口诀义 六卷

（唐）史征撰

清同治十二年（1873）广州粤东书局刻本

【丛书题名】古经解汇函 4

【收藏机构及索书号】

加拿大多伦多大学郑裕彤东亚图书馆：PL2464. Z6 S54 1873

美国哈佛大学哈佛燕京图书馆：1108108（8）

▲0009　汉上易传 十一卷

（宋）朱震撰

清同治十二年（1873）广州粤东书局刻本

【收藏机构及索书号】

加拿大多伦多大学郑裕彤东亚图书馆：PL2464. Z6 C53 1873

▲0010　西溪易说 十二卷 序说 一卷

（宋）李过撰

清末广州孔氏岳雪楼抄本

首叶朱文印有"孔氏岳雪楼影钞本"，卷前录四库提要。

徐信符印："南州书楼"朱文方印。姚钧石印："姚钧石藏书"朱
文长方印，"民国庚辰"朱文方印，"蒲坂书楼"白文长方印。

【收藏机构及索书号】

加拿大不列颠哥伦比亚大学亚洲图书馆：Asian Rare-1 no. 61

▲0011　周易爻物当名 二卷

（明）黎遂球撰

清道光三十年（1850）南海伍氏粤雅堂文字欢娱室刻本

【丛书题名】岭南遗书 第3辑

【收藏机构及索书号】

加拿大多伦多大学郑裕彤东亚图书馆：BF1623. P9 L53 1850

▲0012　仲氏易 三十卷

（清）毛奇龄撰

清道光九年(1829)广东学海堂咸丰十年(1860)补刻本

【丛书题名】皇清经解卷 90-119

【收藏机构及索书号】

加拿大多伦多大学郑裕彤东亚图书馆：PL2464. Z6 M36 1860A

美国普林斯顿大学图书馆：A137/33v. 19-27

▲0013　周易本义注

（清）胡方撰

清道光三十年(1850)南海伍氏粤雅堂文字欢娱室刻本

【丛书题名】岭南遗书 第4辑

【收藏机构及索书号】

加拿大多伦多大学郑裕彤东亚图书馆：PL2464. Z6 H8 1850

▲0014　易说 六卷

（清）惠士奇撰

清道光九年(1829)广东学海堂咸丰十年(1860)补刻本

【丛书题名】皇清经解卷 208-213

【收藏机构及索书号】

美国普林斯顿大学图书馆：A137/33v. 46-54

加拿大多伦多大学郑裕彤东亚图书馆：PL2464. Z6 H845 1860A

▲0015　周易述 二十一卷

（清）惠栋撰

清道光九年(1829)广东学海堂咸丰十年(1860)补刻本

【丛书题名】皇清经解卷330-350

【收藏机构及索书号】

美国哈佛大学哈佛燕京图书馆：1107111(75-78)

加拿大多伦多大学郑裕彤东亚图书馆：PL2464. Z6 H848 1860A

▲0016　　易大义 一卷

（清）惠栋撰

清道光二十九年(1849)番禺潘氏海山仙馆刻本

【丛书题名】海山仙馆丛书

【收藏机构及索书号】

加拿大多伦多大学郑裕彤东亚图书馆：PL2473. Z6 H84 1849

▲0017　　周易述补 四卷

（清）江藩撰

清道光九年(1829)广东学海堂咸丰十年(1860)补刻本

【丛书题名】皇清经解卷1166-1169

【收藏机构及索书号】

美国哈佛大学哈佛燕京图书馆：1107111(256)

美国普林斯顿大学图书馆：A137/33v. 280-288

加拿大多伦多大学郑裕彤东亚图书馆：PL2464. Z6 C3467 1860A

▲0018　　周易虞氏义 九卷

（清）张惠言撰

清道光九年(1829)广东学海堂咸丰十年(1860)补刻本

【丛书题名】皇清经解卷1218-1226

【收藏机构及索书号】

美国哈佛大学哈佛燕京图书馆：1107111(274-276)

美国普林斯顿大学图书馆：A137/33v. 307-315

加拿大多伦多大学郑裕彤东亚图书馆：PL2464. Z6 C2443 1860A

▲0019　周易虞氏消息 二卷
（清）张惠言注
清道光九年(1829)广东学海堂咸丰十年(1860)补刻本
【丛书题名】皇清经解卷 1227
【收藏机构及索书号】
美国普林斯顿大学图书馆：A137/33v. 307－315

▲0020　虞氏易礼 二卷
（清）张惠言撰
清道光九年(1829)广东学海堂咸丰十年(1860)补刻本
【丛书题名】皇清经解卷 1227－1228
【收藏机构及索书号】
美国普林斯顿大学图书馆：A137/33v. 307－315
加拿大多伦多大学郑裕彤东亚图书馆：PL2464. Z6 C24434 1860A

▲0021　周易郑氏义 二卷
（清）张惠言撰
清道光九年(1829)广东学海堂咸丰十年(1860)补刻本
【丛书题名】皇清经解卷 1231－1233
【收藏机构及索书号】
加拿大多伦多大学郑裕彤东亚图书馆：PL2464. Z6 C244 1860A
美国普林斯顿大学图书馆：A137/33v. 307－315

▲0022　周易荀氏九家义 一卷
（清）张惠言注
清道光九年(1829)广东学海堂咸丰十年(1860)补刻本
【丛书题名】皇清经解卷 1233

【收藏机构及索书号】

美国普林斯顿大学图书馆：A137/33v. 307-315

▲0023　易义别录 十四卷

（清）张惠言撰

清道光九年（1829）广东学海堂咸丰十年（1860）补刻本

【丛书题名】皇清经解卷 1234-1247

【收藏机构及索书号】

加拿大多伦多大学郑裕彤东亚图书馆：PL2464. Z6 C24432 1860A

美国普林斯顿大学图书馆：A137/33v. 307-315

▲0024　易章句 十二卷

（清）焦循撰

清道光九年（1829）广东学海堂咸丰十年（1860）补刻本

【丛书题名】皇清经解卷 1077-1088

【收藏机构及索书号】

加拿大多伦多大学郑裕彤东亚图书馆：PL2464. Z6 C347 1860A

美国哈佛大学哈佛燕京图书馆：1107111（240）

▲0025　易通释 二十卷

（清）焦循撰

清道光九年（1829）广东学海堂咸丰十年（1860）补刻本

【丛书题名】皇清经解卷 1089-1108

【收藏机构及索书号】

美国哈佛大学哈佛燕京图书馆：GEN9100615（0027）

加拿大多伦多大学郑裕彤东亚图书馆：1107111（241-245）

▲0026　易图略 八卷

（清）焦循撰

清道光九年(1829)广东学海堂咸丰十年(1860)补刻本

【丛书题名】皇清经解卷 1109-1116

【收藏机构及索书号】

美国哈佛大学哈佛燕京图书馆：1107111(246)

美国普林斯顿大学图书馆：A137/33v. 271-279

加拿大多伦多大学郑裕彤东亚图书馆：PL2464. Z6 C3472 1860A

▲0027　周易补疏 二卷

(清)焦循撰

清道光九年(1829)广东学海堂咸丰十年(1860)补刻本

【丛书题名】皇清经解卷 1147-1148

【收藏机构及索书号】

加拿大多伦多大学郑裕彤东亚图书馆：PL2464. Z6 C3465 1860A

美国哈佛大学哈佛燕京图书馆：1107111(253)

美国普林斯顿大学图书馆：A137/33v. 280-288

▲0028　周易校勘记 十一卷

(清)阮元撰

清道光九年(1829)广东学海堂咸丰十年(1860)补刻本

【丛书题名】皇清经解卷 807-817

【收藏机构及索书号】

美国哈佛大学哈佛燕京图书馆：1107111(195-196)

▲0029　李氏易解剩义 三卷

(清)李富孙撰

清光绪十六年(1890)新会刘氏藏修堂刻本

【丛书题名】藏修堂丛书

【收藏机构及索书号】

加拿大多伦多大学郑裕彤东亚图书馆：PL2464. H6 1890

▲*0030*　**周易解故 一卷**

（清）丁晏撰

清光绪十九年（1893）广州广雅书局刻本

29 厘米

【收藏机构及索书号】

美国加州大学伯克利分校东亚图书馆：235. 1060 1893

▲*0031*　**周易略解 八卷 附群经互解 一卷 算略 一卷**

（清）冯经撰

清嘉庆十八年（1813）广州楠堂刻本内封叶题"嘉庆十八年癸酉六月镌，周易略解，群经互解、算略附后，楠堂藏板"，首冯经自序，末清嘉庆十七年（1812）谢兰生撰"耒庐先生传"，十八年（1813）周有经、黄待聘跋，言刻书事。徐信符印："南州书楼"朱文方印。姚钧石印："姚钧石藏书"朱文长方印，"民国庚辰"朱文方印，"蒲坂书楼"白文长方印。框 17. 3 厘米×14 厘米，半叶 11 行 22 字，白口，左右双边，单黑鱼尾，版心上镌题名，中镌卷次。

【收藏机构及索书号】

加拿大不列颠哥伦比亚大学亚洲图书馆：Asian Rare-1 no. 42

▲*0032*　**周易略解 八卷**

（清）冯经撰

清道光三十年（1850）南海伍氏粤雅堂文字欢娱室刻本

【丛书题名】岭南遗书 第 4 辑

【收藏机构及索书号】

加拿大多伦多大学郑裕彤东亚图书馆：PL2464. Z6 F45 1850

▲0033 | 易卦变图说 一卷

（清）□□撰

清咸丰十年（1860）广州刻本

内封题"清咸丰庚申八月开雕，易卦变图说，本衙藏板"。首作者自序，未署名，卷端亦未署作者名。卷末有清咸丰十年八月武林沈映钤退庵氏跋，云此乃其曾祖手抄本，原书不题作者名，因传世少，遂刻之。版心下题"读书堂手钞本"。书后镌有"省城西湖街正文堂承刻"，刻于广州。徐信符印："南州书楼"朱文方印。姚钧石印："姚钧石藏书"朱文长方印，"民国庚辰"朱文方印，"蒲坂书楼"白文长方印。

【收藏机构及索书号】

加拿大不列颠哥伦比亚大学亚洲图书馆：Asian Rare-1 no. 17

▲0034 | 玩易四道 十三卷首一卷

（清）黄寅阶辑

清同治十二年（1873）广州黄寅阶寡过未能斋刻本

内封叶正面题"同治癸酉年新镌，玩易四道，寡过未能斋藏板"，背面有黄寅阶启文，首同治丙寅黄寅阶序。案据黄氏启文，此书当由广州青云楼书坊承刻。徐信符印："南州书楼"朱文方印。姚钧石印："姚钧石藏书"朱文长方印，"民国庚辰"朱文方印，"蒲坂书楼"白文长方印。框 19.8 厘米×14.5 厘米，半叶 8 行 20 字，小字双行同，白口，四周双边，单黑鱼尾，版心上镌题名，中镌卷次。

【收藏机构及索书号】

加拿大不列颠哥伦比亚大学亚洲图书馆：Asian Rare-1 no. 68

▲0035 | 古香斋周易

清光绪九年（1883）南海刻本孔氏三十有三万卷堂藏板

【丛书题名】古香斋袖珍十种

经部·书类

▲0036　尚书大传 五卷

（汉）伏生撰；（汉）郑玄注；（清）陈寿祺辑校

清道光十年（1830）广州刻本

内封叶正面篆字题"尚书大传"，背面牌记云"道光庚寅门人刊于广州"，各卷末皆题有"受业嘉应吴兰修校"案，无序跋，唯卷一下之卷端题有作者名。徐信符印："南州书楼"朱文方印。姚钧石印："姚钧石藏书"朱文长方印，"民国庚辰"朱文方印，"蒲坂书楼"白文长方印。框 17.6 厘米×13.7 厘米，半叶 10 行 20 字，黑口，左右双边，单黑鱼尾，版心中镌"传"及卷次。

【收藏机构及索书号】

加拿大不列颠哥伦比亚大学亚洲图书馆：Asian Rare-1 no. 94

▲0037　尚书大传 四卷

（汉）伏胜撰；（汉）郑玄注；（清）陈寿祺辑

清同治十二年（1873）广州粤东书局刻本

【丛书题名】古经解汇函 13

【收藏机构及索书号】

加拿大多伦多大学郑裕彤东亚图书馆：PL2465. Z6 F8 1873

▲0038　尚书详解 五十卷

（宋）陈经撰

清光绪二十五年（1899）广州广雅书局武英殿聚珍版全书本

【丛书题名】武英殿聚珍版全书

【收藏机构及索书号】

加拿大不列颠哥伦比亚大学亚洲图书馆：Asian Rare-3 no.1

▲0039 书义主意 六卷

（元）王充耘撰

清道光五年（1825）广州叶梦龙友多闻斋刻本

内封叶题"书义主意，道光五年友多闻斋重雕"，首元至正七年（1347）谢升孙序，八年（1348）刘锦文序，末清道光六年（1826）南海叶梦龙重刻书识语，卷末叶牌记云"道光五年岁在旃蒙作噩仲春上浣，重雕于广州之友多闻斋"。案据叶氏识语云，同时所刻者尚有"群英书义"二卷。钤印：陈百斯印："陈百斯书库印"，"陈百斯藏书印"朱文方印。姚钧石印："姚钧石藏书"朱文长方印，"民国庚辰"朱文方印，"蒲坂书楼"白文长方印。

【收藏机构及索书号】

加拿大不列颠哥伦比亚大学亚洲图书馆：Asian Rare-1 No.97、Asian Rare-1 No.98

▲0040 禹贡锥指

（清）胡渭撰

清道光九年（1829）广东学海堂咸丰十年（1860）补刻本

【丛书题名】皇清经解卷 27-47

【收藏机构及索书号】

加拿大多伦多大学郑裕彤东亚图书馆：DS707. H83 1860A

▲0041 尚书地理今释 一卷

（清）蒋廷锡著

清道光九年（1829）广东学海堂咸丰十年（1860）补刻本

【丛书题名】皇清经解卷 207

【收藏机构及索书号】

美国普林斯顿大学图书馆：A137/33v.46－54

▲0042　尚书小疏 一卷

（清）沈彤撰

清道光九年（1829）广东学海堂咸丰十年（1860）补刻本

【丛书题名】皇清经解卷 319

【收藏机构及索书号】

加拿大多伦多大学郑裕彤东亚图书馆：PL2465.Z6 S43 1860A

美国普林斯顿大学图书馆：A137/33v.73－81

▲0043　古文尚书考 一卷

（清）陆陇其撰

清道光九年（1829）广东学海堂咸丰十年（1860）补刻本

【丛书题名】皇清经解卷 351－352

【收藏机构及索书号】

加拿大多伦多大学郑裕彤东亚图书馆：PL2465.Z6 H853 1860A

▲0044　古文尚书考 二卷

（清）惠栋撰

清道光九年（1829）广东学海堂咸丰十年（1860）补刻本

【丛书题名】皇清经解卷 351－352

【收藏机构及索书号】

美国哈佛大学哈佛燕京图书馆：1107111（79）

美国普林斯顿大学图书馆：A137/33v.82－90

加拿大多伦多大学郑裕彤东亚图书馆：PL2465.Z6 H853 1860A

▲0045　尚书集注音疏 十四卷

（清）江声撰

清道光九年（1829）广东学海堂咸丰十年（1860）补刻本

【丛书题名】皇清经解卷 390-403

【收藏机构及索书号】

美国普林斯顿大学图书馆：A137/33v. 91-99

加拿大多伦多大学郑裕彤东亚图书馆：PL2465. Z6 C4686 1860A

▲0046　尚书后案 三十一卷

（清）王鸣盛撰

清道光九年（1829）广东学海堂咸丰十年（1860）补刻本

【丛书题名】皇清经解卷 404-434

【收藏机构及索书号】

加拿大多伦多大学郑裕彤东亚图书馆：PL2465. Z6 W325 1860A

▲0047　尚书释天 六卷

（清）盛百二撰

清道光九年（1829）广东学海堂咸丰十年（1860）补刻本

【丛书题名】皇清经解卷 485-490

【收藏机构及索书号】

加拿大多伦多大学郑裕彤东亚图书馆：PL2465. Z7 S45 1860A

美国普林斯顿大学图书馆：A137/33v. 118-126

▲0048　禹贡三江考 三卷

（清）程瑶田撰

清道光九年（1829）广东学海堂咸丰十年（1860）补刻本

【丛书题名】皇清经解卷 542-544

【收藏机构及索书号】

加拿大多伦多大学郑裕彤东亚图书馆：DS707. C435 1860A

美国普林斯顿大学图书馆：A137/33v. 136-144

▲0049　古文尚书撰异 三卷

（清）段玉裁撰

清道光九年（1829）广东学海堂咸丰十年（1860）补刻本

【丛书题名】皇清经解卷 567—599

【收藏机构及索书号】

美国哈佛大学哈佛燕京图书馆：1107111（134—139）

加拿大多伦多大学郑裕彤东亚图书馆：PL2465. Z7 T83 1860A

▲0050　尚书今古文注疏

（清）孙星衍撰

清道光九年（1829）广东学海堂咸丰十年（1860）补刻本

【丛书题名】皇清经解卷 735—773

【收藏机构及索书号】

加拿大多伦多大学郑裕彤东亚图书馆：PL2465. Z6 S8 1860Av. 4—5

▲0051　尚书补疏 二卷

（清）焦循著

清道光九年（1829）广东学海堂咸丰十年（1860）补刻本

【丛书题名】皇清经解卷 1149—1150

【收藏机构及索书号】

美国普林斯顿大学图书馆：A137/33v. 280—288

▲0052　禹贡说 二卷

（清）魏源撰

清同治六年（1867）广州碧玲珑馆

24 厘米

【收藏机构及索书号】

美国加州大学伯克利分校东亚图书馆：345. 2139v. 1

▲0053　　禹贡说 二卷

（清）魏源撰

清同治六年（1867）广州方浚颐碧玲珑馆刻本

内封叶题"同治六年开雕，禹贡说，碧玲珑馆藏板"，首同治六年陈澧序，言及方氏刻书事。卷末镌有"粤东省城西湖街富文斋承接刊印"。姚钧石印："姚钧石藏书"朱文长方印，"民国庚辰"朱文方印，"蒲坂书楼"白文长方印。框17.8厘米×14厘米，半叶11行24字，白口，左右双边，单黑鱼尾，版心上镌题名，中镌卷次。

【收藏机构及索书号】

加拿大不列颠哥伦比亚大学亚洲图书馆：Asian Rare-1 no. 100

▲0054　　禹贡川泽考 二卷

（清）桂文灿撰

清光绪十三年（1887）广州森宝阁铅印本

内封叶题"光绪丁亥年春，禹贡川泽考，粤东十八甫森宝阁校印"，首朱印光绪十一年上谕，光绪十一年卞宝、彭祖贤奏疏，咸丰六年桂文灿自序，卷下附有作者事略。徐信符印："南州书楼"朱文方印。姚钧石印："姚钧石藏书"朱文长方印，"民国庚辰"朱文方印，"蒲坂书楼"白文长方印。框13.5厘米×9厘米，半叶11行27字，白口，四周双边，单黑鱼尾，版心上印题名，中印卷次，下印"森宝阁校印"。

【收藏机构及索书号】

加拿大不列颠哥伦比亚大学亚洲图书馆：Asian Rare-1 no. 105

▲0055　　尚书集注述疏 三十二卷 首一卷 末二卷 附读书堂答问 一卷

（清）简朝亮撰；（清）张子沂编

清光绪三十三年（1907）顺德简氏读书堂刻本

内封叶正面题"尚书集注述疏三十五卷"，背面题"门弟子离读校刊，读书堂答问附后"，首光绪二十九年简朝亮序，三十三年简朝

亮后序，各卷末行题"门弟子校刊于读书堂"。读书堂答问卷端题
"门弟子张子沂谨编"，卷末行题"尚书集注述疏后附刊"。徐信符
印："南州书楼"朱文方印。姚钧石印："姚钧石藏书"朱文长方
印，"民国庚辰"朱文方印，"蒲坂书楼"白文长方印。框 19 厘米×
13.5 厘米，半叶 11 行 24 字，白口，左右双边，单黑鱼尾，版心上
镌题名，中镌卷次及篇名。

【收藏机构及索书号】

加拿大不列颠哥伦比亚大学亚洲图书馆：Asian Rare-1 no. 82

▲0056　禹贡新图说 二卷

（清）杨懋建撰

清同治六年(1867)广州方浚颐碧玲珑馆刻本

【收藏机构及索书号】

美国加州大学伯克利分校东亚图书馆：345. 2139v. 2-3

▲0057　禹贡新图说 二卷 叙录 一卷

（清）杨懋建撰

清同治六年(1867)广州方浚颐碧玲珑馆刻本

内封叶题"同治六年开雕，禹贡新图说，碧玲珑馆藏板"，首同治
六年陈澧序，言及方氏刻书事。卷末镌有"粤东省城西湖街富文斋
承接刊印"。姚钧石印："姚钧石藏书"朱文长方印，"民国庚辰"
朱文方印，"蒲坂书楼"白文长方印。框 17.8 厘米×14 厘米，半叶
11 行 24 字，白口，左右双边，单黑鱼尾，版心上镌题名，中镌
卷次。

【收藏机构及索书号】

加拿大不列颠哥伦比亚大学亚洲图书馆：Asian Rare-1 no. 103

▲0058　古香斋尚书

清光绪九年(1883)南海刻本孔氏三十有三万卷堂藏板

【丛书题名】古香斋袖珍十种

【收藏机构及索书号】

加拿大多伦多大学郑裕彤东亚图书馆：PL2465. N28 1883

▲0059　　禹贡班义述 三卷

(清)成蓉镜撰

清光绪十四年(1888)广州广雅书局刻本

30 厘米

【收藏机构及索书号】

美国加州大学伯克利分校东亚图书馆：345. 5012 1888

▲0060　　尚书句解考正 不分卷

(清)徐天璋撰

清光绪二十七年(1901)广州云麓山馆刻本

【收藏机构及索书号】

美国哈佛大学哈佛燕京图书馆：338 2911

经部·诗类

▲0061　　韩诗外传 十卷

(汉)韩婴撰；(清)周廷采校注

清同治十二年(1873)广州粤东书局刻本

【丛书题名】古经解汇函 14-15

【收藏机构及索书号】

加拿大多伦多大学郑裕彤东亚图书馆：PL2466. Z6 H3 1873

▲0062　　毛诗草木鸟兽虫鱼疏 二卷

(吴)陆玑撰

清同治十二年(1873)广州粤东书局刻本

山阳丁氏校本，菊坡精舍藏板

【丛书题名】古经解汇函 20

【收藏机构及索书号】

美国普林斯顿大学图书馆：A137/45v. 13-24

美国哈佛大学哈佛燕京图书馆：110 8108（14）

▲0063　诗缉 三十六卷

（宋）严粲述

清光绪三年（1877）广州述古堂刻本

【收藏机构及索书号】

加拿大不列颠哥伦比亚大学亚洲图书馆：Asian Rare-1 no. 125

▲0064　诗演义 十五卷

（明）梁寅演义

清道光年间广州孔氏岳雪楼抄本

岳雪楼早期抄本，已收入"岳雪楼藏书目初稿"中。首四库提要，
洪武十六年梁寅自序，凡例，末洪武十七年李乐后序。梁氏自序首
叶印有朱文"孔氏岳雪楼影钞"，并钤有"南州书楼"印。卷端惟
题"诗"及"后学梁寅演义"，此据凡例、序、版心、四库提要及
岳雪楼藏书目初稿等著录为"诗演义"。徐信符印："南州书楼"
朱文方印。姚钧石印："姚钧石藏书"朱文长方印，"民国庚辰"
朱文方印，"蒲坂书楼"白文长方印。

【收藏机构及索书号】

加拿大不列颠哥伦比亚大学亚洲图书馆：Asian Rare-1 no. 117

▲0065　诗本音 十卷

（清）顾炎武著

清道光九年（1829）广东学海堂咸丰十年（1860）补刻本

【丛书题名】皇清经解卷 8-17

【收藏机构及索书号】

美国普林斯顿大学图书馆：A137/33v. 1-9

▲0066　　毛诗稽古编 三十卷

（清）陈启源撰

清道光九年（1829）广东学海堂咸丰十年（1860）补刻本

【丛书题名】皇清经解卷 60-89

【收藏机构及索书号】

加拿大多伦多大学郑裕彤东亚图书馆：PL2466. Z6 C48 1860A

美国哈佛大学哈佛燕京图书馆：1107111（20-25）

▲0067　　诗说 四卷

（清）惠周惕撰

清道光九年（1829）广东学海堂咸丰十年（1860）补刻本

【丛书题名】皇清经解卷 190-192

【收藏机构及索书号】

美国哈佛大学哈佛燕京图书馆：1107111（40）

美国普林斯顿大学图书馆：A137/33v. 37-45

▲0068　　毛郑诗考正 四卷

（清）戴震撰

清道光九年（1829）广东学海堂咸丰十年（1860）补刻本

【丛书题名】皇清经解卷 557-562

【收藏机构及索书号】

加拿大多伦多大学郑裕彤东亚图书馆：PL2466. Z7 T35 1860A

美国普林斯顿大学图书馆：A137/33v. 145-153

▲0069　　杲溪诗经补注 二卷

（清）戴震著

清道光九年（1829）广东学海堂咸丰十年（1860）补刻本

【丛书题名】皇清经解卷 561－562

【收藏机构及索书号】

美国普林斯顿大学图书馆：A137/33v. 145－153

▲0070　　　**毛诗故训传**

（清）段玉裁撰

清道光九年（1829）广东学海堂咸丰十年（1860）补刻本

【丛书题名】皇清经解卷 600－629

【收藏机构及索书号】

加拿大多伦多大学郑裕彤东亚图书馆：PL2466. Z6 T83 1860A

▲0071　　　**诗经小学 四卷**

（清）段玉裁撰

清道光九年（1829）广东学海堂咸丰十年（1860）补刻本

【丛书题名】皇清经解卷 630－633

【收藏机构及索书号】

加拿大多伦多大学郑裕彤东亚图书馆：PL2466. Z7 T78 1860A

美国哈佛大学哈佛燕京图书馆：1107111（142）

美国普林斯顿大学图书馆：A137/33v. 154－162

▲0072　　　**毛诗天文考 一卷**

（清）洪亮吉撰

清光绪年间广州广雅书局民国九年徐绍棨汇编重印本

30 厘米

【丛书题名】广雅丛书

【收藏机构及索书号】

美国普林斯顿大学图书馆：A31/1790

▲0073　毛诗补疏 五卷

（清）焦循撰

清道光九年(1829)广东学海堂咸丰十年(1860)补刻本

【丛书题名】皇清经解卷 1151-1155

【收藏机构及索书号】

美国哈佛大学哈佛燕京图书馆：1107111(20-25)

美国普林斯顿大学图书馆：A137/33v. 280-288

加拿大多伦多大学郑裕彤东亚图书馆：PL2466. Z6 C628 1860A

▲0074　毛诗紬义 二十四卷

（清）李黼平撰

清道光九年(1829)广东学海堂咸丰十年(1860)补刻本

【丛书题名】皇清经解卷 1331-1354

【收藏机构及索书号】

加拿大多伦多大学郑裕彤东亚图书馆：PL2466. Z6 L4226 1860A

▲0075　毛诗复古录 十二卷 首一卷

（清）吴懋清著

清光绪二十年(1894)广州学使署刊本

29 厘米

【收藏机构及索书号】

美国加州大学伯克利分校东亚图书馆：435. 2343

美国普林斯顿大学图书馆：A31/1297

▲0076　毛诗传笺通释 三十二卷

（清）马瑞辰撰

清光绪十四年(1888)广州广雅书局刻本

出版时间依《中国丛书综录》

28 厘米

【收藏机构及索书号】

美国普林斯顿大学图书馆：A31/2948

▲0077　毛诗识小 三十卷

（清）林伯桐撰

清道光四十三年（1863）南海伍氏粤雅堂文字欢娱室刻本

【丛书题名】岭南遗书 第6辑

【收藏机构及索书号】

加拿大多伦多大学郑裕彤东亚图书馆：PL2466.Z6 L54 1863

▲0078　毛诗通考 三十卷

（清）林伯桐撰

清同治二年（1863）南海伍氏刻本

【丛书题名】岭南遗书 第6辑

【收藏机构及索书号】

加拿大多伦多大学郑裕彤东亚图书馆：PL2466.Z7 L55 1863

美国俄亥俄州立大学图书馆：PL2466.M2 T4 1868

▲0079　三家诗异文疏证 二卷

（清）冯登府撰

清道光九年（1829）广东学海堂咸丰十年（1860）补刻本

【丛书题名】皇清经解卷 1407-1408

【收藏机构及索书号】

加拿大多伦多大学郑裕彤东亚图书馆：PL2461.Z6 F455 1860A

▲0080　诗毛郑异同辨 二卷

（清）曾钊撰

清道光年间南海曾钊面城楼刻本

内封叶背面题"面城楼刻本，板藏学海堂"。钤印：徐信符印：

"南州书楼"朱文方印。姚钧石印："姚钧石藏书"朱文长方印，
"民国庚辰"朱文方印，"蒲坂书楼"白文长方印。框 18 厘米×
14.5 厘米，半叶 10 行 20 字，白口，四周双边，单黑鱼尾，版心上
镌题名，中镌卷次。

【收藏机构及索书号】

加拿大不列颠哥伦比亚大学亚洲图书馆：Asian Rare-1 no. 145

▲0081　诗绪余录 八卷

（清）黄位清辑

清道光十九年（1839）南海叶氏仝月楼刻本

内封叶题"道光己亥春镌，诗绪余论，南海叶氏仝月楼藏板"，首
道光十九年黄位清自序，例言，叶应阳跋，各卷末亦题有"受业叶
应阳校字"，例言末行小字镌有"粤东西湖街聚珍堂承刊"。徐信
符印："南州书楼"朱文方印。姚钧石印："姚钧石藏书"朱文长
方印，"民国庚辰"朱文方印，"蒲坂书楼"白文长方印。框 18 厘
米×13 厘米，半叶 10 行 22 字，白口，左右双边，单黑鱼尾，版心
上镌题名，中镌卷次及篇名。

【收藏机构及索书号】

加拿大不列颠哥伦比亚大学亚洲图书馆：Asian Rare-1 no. 111、
Asian Rare-1 no. 112

▲0082　重订三家诗拾遗 十卷

（清）范家相撰；（清）叶钧重订

清道光三十年（1850）南海伍氏粤雅堂文字欢娱室刻本

【丛书题名】岭南遗书 第 4 辑

【收藏机构及索书号】

加拿大多伦多大学郑裕彤东亚图书馆：PL2466. x6 F35 1850

▲ *0083*　　**诗经四家异文考补 一卷**

（清）江瀚撰；（清）沈宗畸辑

清宣统元年（1909）番禺沈氏刻本

27 厘米

【丛书题名】晨风阁丛书 1.1

【收藏机构及索书号】

美国普林斯顿大学图书馆：C338/1123

▲ *0084*　　**诗经绎参 四卷**

（清）邓翔撰

清同治七年（1868）南海孔氏朱墨套印本

内封叶正面题"诗经绎参"，背面牌记云"同治丁卯，孔氏藏板"，首清同治七年（1868）蒋溢澧序，义例，同治三年（1864）邓翔自序。卷一卷端题有孔广陶、马浩泉、罗嘉耀、莫璧书四人"同参订校刊"。案孔氏及孔广陶，邓翔之弟子，亦曾为其刻印诗集"知不足斋诗"。又此本内封叶钤有"羊城双门底九经阁发兑"朱文印，九经阁乃售书者，非刻书者。姚钧石印："姚钧石藏书"朱文长方印，"民国庚辰"朱文方印，"蒲坂书楼"白文长方印。框 17 厘米×13.2 厘米，半叶 9 行 23 字，小字双行同，白口，四周双边，单黑鱼尾，版心中镌卷次，下分别镌朱、墨板叶数。

【收藏机构及索书号】

美国俄亥俄州立大学图书馆：PL2466.M2 T4 1868

加拿大不列颠哥伦比亚大学亚洲图书馆：Asian Rare-1 no.110

▲ *0085*　　**古香斋毛诗**

清光绪九年（1883）南海刻本孔氏三十有三万卷堂藏板

【丛书题名】古香斋袖珍十种

【收藏机构及索书号】

加拿大多伦多大学郑裕彤东亚图书馆：PL2466.N46 1883

▲0086　诗经叶音辨讹

（清）刘维谦撰

清光绪十六年（1890）新会刘氏藏修堂刻本

【丛书题名】藏修堂丛书

【收藏机构及索书号】

加拿大多伦多大学郑裕彤东亚图书馆：PL2466. Z7 L57 1890

▲0087　广州俗话诗经解义 四卷

（清）麦仕治编

南海文宝阁

25 厘米

【收藏机构及索书号】

美国普林斯顿大学图书馆：438/4223

经部·礼类

▲0088　礼记读本

（汉）郑玄注；（清）徐立纲撰

清同治三年（1864）广州云居楼藏板刊本

【收藏机构及索书号】

加拿大多伦多大学郑裕彤东亚图书馆：PL2467. M87 1864

▲0089　礼记增订旁训 六卷

（元）陈澔撰

清朝年间广州儒雅堂翻刻本

内封叶题"吴郡张氏重校，礼记读本，粤东双门底下儒雅堂藏板"，

首元至治二年（1322）陈澔序。民国初年姚文锡朱墨笔批校并题识。

案此乃清末翻刻匠门书屋本。姚钧石印："姚钧石藏书"朱文长方

印，"民国庚辰"朱文方印，"蒲坂书楼"白文长方印。框 18.5 厘米×14 厘米，正文半叶 7 行 20 字，夹行 7 行，小字 44 字，白口，四周单边，单黑鱼尾，版心上镌"礼记"，中镌卷次及篇名，下镌"匠门书屋"。

【收藏机构及索书号】

加拿大不列颠哥伦比亚大学亚洲图书馆：Asian Rare-1 no.157

▲0090　泰泉乡礼 七卷 首一卷

（明）黄佐撰

清末刻本

内封叶题"黄氏原本，泰泉乡礼"，首四库提要，道光二十三年（1843）十一月两广总督祁贡为印发此书之札文，道光二十三年仲冬广东学政李棠阶序，道光二年黄培芳序，明代嘉靖年间刻书旧序，各卷末题"裔孙培芳校"。案此本内封叶未题藏板处。钤印："泰泉十世孙"白文方印，"杜斋所藏"朱文方印。姚钧石印："姚钧石藏书"朱文长方印，"民国庚辰"朱文方印，"蒲坂书楼"白文长方印。框 17.6 厘米×12.4 厘米，半叶 11 行 20 字，下黑口，左右双边，双黑顺鱼尾，版心上镌字数，中镌"礼"及卷次。

【收藏机构及索书号】

加拿大不列颠哥伦比亚大学亚洲图书馆：Asian Rare-1 no.167

▲0091　学礼质疑 一卷

（清）万斯大撰

清道光九年(1829)广东学海堂咸丰十年(1860)补刻本

【丛书题名】皇清经解卷 48-49

【收藏机构及索书号】

美国普林斯顿大学图书馆：A137/33v.10-18

加拿大多伦多大学郑裕彤东亚图书馆：PL2467. Z6 W226 1860A

▲0092　礼说 十四卷

（清）惠士奇著

清道光九年（1829）广东学海堂咸丰十年（1860）补刻本

【丛书题名】皇清经解卷 214-227

【收藏机构及索书号】

美国普林斯顿大学图书馆：A137/33v. 46-54

▲0093　周礼疑义举要 七卷

（清）江永撰

清道光九年（1829）广东学海堂咸丰十年（1860）补刻本

【丛书题名】皇清经解卷 244-250

【收藏机构及索书号】

加拿大多伦多大学郑裕彤东亚图书馆：PL2468. Z6 C47 1860A

▲0094　仪礼章句 十七卷

（清）吴廷华撰

清道光九年（1829）广东学海堂咸丰十年（1860）补刻本

【丛书题名】皇清经解卷 271-287

【收藏机构及索书号】

加拿大多伦多大学郑裕彤东亚图书馆：PL2469. Z6 W787 1860A

▲0095　周官禄田考 三卷

（清）沈彤撰

清道光九年（1829）广东学海堂咸丰十年（1860）补刻本

【丛书题名】皇清经解卷 316-318

【收藏机构及索书号】

加拿大多伦多大学郑裕彤东亚图书馆：PL2468. Z7 S45 1860A

美国普林斯顿大学图书馆：A137/33v. 73-81

▲0096   仪礼小疏 八卷

（清）沈彤著

清道光九年（1829）广东学海堂咸丰十年（1860）补刻本

【丛书题名】皇清经解卷 320－327

【收藏机构及索书号】

美国普林斯顿大学图书馆：A137/33v. 73－81

▲0097   周礼军赋说 四卷

（清）王鸣盛撰

清道光九年（1829）广东学海堂咸丰十年（1860）补刻本

【丛书题名】皇清经解卷 435－438

【收藏机构及索书号】

加拿大多伦多大学郑裕彤东亚图书馆：PL2468. Z7 W325 1860A

▲0098   弁服释例

（清）任大椿撰

清道光九年（1829）广东学海堂咸丰十年（1860）补刻本

【丛书题名】皇清经解卷 495－502

【收藏机构及索书号】

加拿大多伦多大学郑裕彤东亚图书馆：PL2467. Z7 J45 1860A

▲0099   宗法小记 一卷

（清）程瑶田撰

清道光九年（1829）广东学海堂咸丰十年（1860）补刻本

【丛书题名】皇清经解卷 524

【收藏机构及索书号】

美国普林斯顿大学图书馆：A137/33v. 127－135

加拿大多伦多大学郑裕彤东亚图书馆：PL2468. Z9 T76 1860A

美国哈佛大学哈佛燕京图书馆：1107111（121）

▲0100   仪礼丧服文足征记 十卷

（清）程瑶田撰

清道光九年（1829）广东学海堂咸丰十年（1860）补刻本

【丛书题名】皇清经解卷 525-534

【收藏机构及索书号】

加拿大多伦多大学郑裕彤东亚图书馆：PL2469. Z7 C55 1860A

▲0101   释宫小记 一卷

（清）程瑶田撰

清道光九年（1829）广东学海堂咸丰十年（1860）补刻本

【丛书题名】皇清经解卷 535

【收藏机构及索书号】

加拿大多伦多大学郑裕彤东亚图书馆：PL2467. Z9 P33 1860A

美国普林斯顿大学图书馆：A137/33v. 136-144

▲0102   考工创物小记

（清）程瑶田撰

清道光九年（1829）广东学海堂咸丰十年（1860）补刻本

【丛书题名】皇清经解卷 536-539

【收藏机构及索书号】

加拿大多伦多大学郑裕彤东亚图书馆：PL2468. Z8 K335 1860A

▲0103   磬折古义 一卷

（清）程瑶田撰

清道光九年（1829）广东学海堂咸丰十年（1860）补刻本

【丛书题名】皇清经解卷 540

【收藏机构及索书号】

加拿大多伦多大学郑裕彤东亚图书馆：PL2468. Z8 K332 1860A

美国普林斯顿大学图书馆：A137/33v.136-144

▲0104 沟洫疆理小记 一卷

（清）程瑶田撰

清道光九年(1829)广东学海堂咸丰十年(1860)补刻本

【丛书题名】皇清经解卷541

【收藏机构及索书号】

加拿大多伦多大学郑裕彤东亚图书馆：PL2468.Z7 C445 1860A

美国普林斯顿大学图书馆：A137/33v.136-144

▲0105 水地小记 一卷

（清）程瑶田撰

清道光九年(1829)广东学海堂咸丰十年(1860)补刻本

【丛书题名】皇清经解卷545

【收藏机构及索书号】

加拿大多伦多大学郑裕彤东亚图书馆：PL2468.Z7 C447 1860A

美国普林斯顿大学图书馆：A137/33v.136-144

▲0106 礼笺 三卷

（清）金榜撰

清道光九年(1829)广东学海堂咸丰十年(1860)补刻本

【丛书题名】皇清经解卷554-556

【收藏机构及索书号】

加拿大多伦多大学郑裕彤东亚图书馆：PL2467.Z7 C563 1860A

▲0107 考工记图 二卷

（清）戴震撰

清道光九年(1829)广东学海堂咸丰十年(1860)补刻本

【丛书题名】皇清经解卷563-564

【收藏机构及索书号】

加拿大多伦多大学郑裕彤东亚图书馆：PL2468. Z7 T35 1860A

美国普林斯顿大学图书馆：A137/33v. 145-153

▲0108　仪礼释官 九卷

（清）胡匡衷撰

清道光九年（1829）广东学海堂咸丰十年（1860）补刻本

【丛书题名】皇清经解卷 775-783

【收藏机构及索书号】

加拿大多伦多大学郑裕彤东亚图书馆：PL2469. Z7 H8 1860A

美国普林斯顿大学图书馆：A137/33v. 199-207

▲0109　周礼汉读考 六卷

（清）段玉裁撰

清道光九年（1829）广东学海堂咸丰十年（1860）补刻本

【丛书题名】皇清经解卷 634-640

【收藏机构及索书号】

加拿大多伦多大学郑裕彤东亚图书馆：PL2468. Z6 T83 1860A

▲0110　仪礼汉读考 一卷

（清）段玉裁著

清道光九年（1829）广东学海堂咸丰十年（1860）补刻本

【丛书题名】皇清经解卷 640

【收藏机构及索书号】

美国普林斯顿大学图书馆：A137/33v. 154-162

▲0111　大戴礼记正误 一卷

（清）汪中撰

清道光九年（1829）广东学海堂咸丰十年（1860）补刻本

【丛书题名】皇清经解卷 802

【收藏机构及索书号】

加拿大多伦多大学郑裕彤东亚图书馆：PL2467. Z6 W25 1860A

美国哈佛大学哈佛燕京图书馆：1107111（193）

美国普林斯顿大学图书馆：A137/33v. 208-216

▲0112　礼学卮言 六卷

（清）孔广森撰

清道光九年（1829）广东学海堂咸丰十年（1860）补刻本

【丛书题名】皇清经解卷 692-697

【收藏机构及索书号】

美国普林斯顿大学图书馆：A137/33v. 190-198

加拿大多伦多大学郑裕彤东亚图书馆：PL2469. Z7 K85 1860A

▲0113　大戴礼记补注 十三卷

（清）孔广森撰

清道光九年（1829）广东学海堂咸丰十年（1860）补刻本

【丛书题名】皇清经解卷 698-710

【收藏机构及索书号】

加拿大多伦多大学郑裕彤东亚图书馆：PL2467. Q4 1860A

美国普林斯顿大学图书馆：A137/33v. 190-198

▲0114　抚本礼记郑注考异 二卷

（清）张敦仁撰

清道光九年（1829）广东学海堂咸丰十年（1860）补刻本

【丛书题名】皇清经解卷 1075-1076

【收藏机构及索书号】

加拿大多伦多大学郑裕彤东亚图书馆：PL2467. Z6 C45 1860A

美国普林斯顿大学图书馆：A137/33v. 262-270

▲0115　礼经释例 十三卷

（清）凌廷堪撰

清道光九年（1829）广东学海堂咸丰十年（1860）补刻本

【丛书题名】皇清经解卷 784-796

【收藏机构及索书号】

加拿大多伦多大学郑裕彤东亚图书馆：PL2469. Z6 L56 1860A

美国哈佛大学哈佛燕京图书馆：1107111（188-191）

▲0116　礼记补疏 三卷

（清）焦循撰

清道光九年（1829）广东学海堂咸丰十年（1860）补刻本

【丛书题名】皇清经解卷 1156-1158

【收藏机构及索书号】

加拿大多伦多大学郑裕彤东亚图书馆：PL2467. Z6 C564 1860A

美国普林斯顿大学图书馆：A137/33v. 280-288

▲0117　周礼校勘记 十四卷

（清）阮元撰

清道光九年（1829）广东学海堂咸丰十年（1860）补刻本

【丛书题名】皇清经解卷 850-863

【收藏机构及索书号】

美国哈佛大学哈佛燕京图书馆：1107111（204-207）

▲0118　仪礼校勘记 十八卷

（清）阮元撰

清道光九年（1829）广东学海堂咸丰十年（1860）补刻本

【丛书题名】皇清经解卷 864-881

【收藏机构及索书号】

美国哈佛大学哈佛燕京图书馆：1107111（208－211）

▲0119　礼记校勘记 六十七卷

（清）阮元撰

清道光九年（1829）广东学海堂咸丰十年（1860）补刻本

【丛书题名】皇清经解卷 882－948

【收藏机构及索书号】

美国哈佛大学哈佛燕京图书馆：1107111（212－217）

▲0120　考工记车制图解 二卷

（清）阮元撰

清道光九年（1829）广东学海堂咸丰十年（1860）补刻本

【丛书题名】皇清经解卷 1055－1056

【收藏机构及索书号】

加拿大多伦多大学郑裕彤东亚图书馆：PL2468. Z8 K338 1860A

▲0121　燕寝考 三卷

（清）胡培翚撰

清道光九年（1829）广东学海堂咸丰十年（1860）补刻本

【丛书题名】皇清经解卷 1299－1302

【收藏机构及索书号】

加拿大多伦多大学郑裕彤东亚图书馆：PL2468. Z9 Y45 1860A

▲0122　夏小正疏义 四卷

（清）洪震煊撰

清道光九年（1829）广东学海堂咸丰十年（1860）补刻本

【丛书题名】皇清经解卷 1318－1321

【收藏机构及索书号】

加拿大多伦多大学郑裕彤东亚图书馆：PL2467. Z6 H85 1860A

美国普林斯顿大学图书馆：A137/33v. 334－342

美国哈佛大学哈佛燕京图书馆：1107111（297）

▲0123　周礼注疏小笺 五卷

（清）曾钊撰

清光绪三年（1877）广东学海堂刻本

【丛书题名】学海堂丛刻

【收藏机构及索书号】

美国哈佛大学图书馆：GEN（5698 8681）

▲0124　评点周礼政要 二卷

（清）孙诒让著；求新图书馆评点

清光绪二十九年（1903）广州美华书局铅印本

25 厘米

【收藏机构及索书号】

美国普林斯顿大学图书馆：528/1900. 40

▲0125　礼仪便览 四卷

（清）周琅撰

清光绪九年（1883）广州森宝阁活字本

框 19.5 厘米×11.2 厘米，行字不等，白口，四周双边，单鱼尾，版心上镌书名，中镌卷数及类目名称，下镌“森宝阁活板”。

【收藏机构及索书号】

加拿大不列颠哥伦比亚大学亚洲图书馆：Asian Rare－2 no. 2

▲0126　古香斋礼记

清光绪九年（1883）南海刻本孔氏三十有三万卷堂藏板

【丛书题名】古香斋袖珍十种

【收藏机构及索书号】

加拿大多伦多大学郑裕彤东亚图书馆：PL2467. N54 1883

经部·乐类

▲0127　律吕解注 二卷

（明）邓文宪撰

明嘉靖年间刊本

【收藏机构及索书号】

美国国会图书馆

▲0128　乐典 三十六卷

（明）黄佐撰

清康熙二十一年（1682）南海宝书楼刻本

目录页题“岭南南海黄佐才伯甫著”；明嘉靖二十三年（1544）全赐跋，嘉靖二十六年（1547）孙学古跋；半叶 10 行 20 字，左右双边，白口，无鱼尾。

卷一至一二《乐均》（黄钟章第一、大吕章第二、太簇章第三、夹钟章第四、姑洗章第五、仲吕章第六、蕤宾章第七、林钟章第八、夷则章第九、南吕章第十、无射章第十一、应钟章第十二）；卷一三至二一《乐义》（乐气章第一、乐体章第二、乐类章第三、乐物章第四、乐声章第五、乐律章第六、乐音章第七、乐风章第八、乐歌章第九）；卷二二至二四《大司乐义》（图说上、中、下）；卷二五至三五《乐记》（乐本第一、乐论第二、乐礼第三、乐施第四、乐言第五、乐象第六、乐情第七、魏文侯第八、宾牟贾第九、乐化第十、师乙第十一）；卷三六《诗乐》。

【收藏机构及索书号】

美国哈佛大学哈佛燕京图书馆：T6730/4821

▲*0129*　赓和录 二卷

（清）何梦瑶撰

清道光三十年（1850）南海伍氏粤雅堂文字欢娱室刻本

【丛书题名】岭南遗书 第4辑

【收藏机构及索书号】

加拿大多伦多大学郑裕彤东亚图书馆：ML336.H85 1850

▲*0130*　声律小记 一卷

（清）程瑶田著

清道光九年（1829）广东学海堂咸丰十年（1860）补刻本

【丛书题名】皇清经解卷547

【收藏机构及索书号】

美国普林斯顿大学图书馆：A137/33v.136-144

经部·春秋类

▲*0131*　春秋繁露 十七卷

（汉）董仲舒撰；（清）卢文弨校

清同治十二年（1873）广州粤东书局刻本

菊坡精舍藏板

【丛书题名】古经解汇函 21-23

【收藏机构及索书号】

美国普林斯顿大学图书馆：A137/45v.13-24

加拿大多伦多大学郑裕彤东亚图书馆：PL2470.Z6 T84 1873

▲*0132*　春秋释例 十五卷

（晋）杜预撰；（清）庄述祖，孙星衍校

清同治十二年（1873）广州粤东书局刻本

【丛书题名】古经解汇函 17

【收藏机构及索书号】

加拿大多伦多大学郑裕彤东亚图书馆：PL2470. Z6 T8 1873

▲0133　　**春秋集传辨疑 十卷**

（唐）陆淳撰

清同治十二年（1873）广州粤东书局刻本

【丛书题名】古经解汇函 20

【收藏机构及索书号】

加拿大多伦多大学郑裕彤东亚图书馆：PL2470. Z6 L76 1873

▲0134　　**春秋集传纂例 十卷**

（唐）陆淳撰

清同治十二年（1873）广州粤东书局刻本

嘉兴钱氏经苑本，菊坡精舍藏板

【丛书题名】古经解汇函 25-27

【收藏机构及索书号】

美国普林斯顿大学图书馆：A137/45v. 25-35

加拿大多伦多大学郑裕彤东亚图书馆：PL2470. Z6 L763 1873

▲0135　　**春秋微旨 三卷**

（唐）陆淳撰

清同治十二年（1873）广州粤东书局刻本

嘉兴钱氏经苑本，菊坡精舍藏板

【丛书题名】古经解汇函 28

【收藏机构及索书号】

美国普林斯顿大学图书馆：A137/45v. 25-35

加拿大多伦多大学郑裕彤东亚图书馆：PL2470. Z6 L766 1873

美国哈佛大学哈佛燕京图书馆：1108108（28）

▲0136   春秋啖赵集传辩疑 十卷

（唐）陆淳撰

清同治十二年（1873）广州粤东书局刻本

翻刻康熙钱塘龚氏玉玲珑阁本，菊坡精舍藏板

【丛书题名】古经解汇函 38-39

【收藏机构及索书号】

美国普林斯顿大学图书馆：A101/2409

▲0137   春秋金锁匙

（元）赵汸撰

清光绪十六年（1890）新会刘氏藏修堂刻本

【丛书题名】藏修堂丛书

【收藏机构及索书号】

加拿大多伦多大学郑裕彤东亚图书馆：PL2470. Z7 C534 1890

▲0138   春秋正传 三十七卷 末一卷

（明）湛若水撰

清同治五年（1866）资政堂补刻本

内封叶题"同治丙寅葺刻，春秋正传，资政堂藏板"，首明嘉靖十三年（1534）高简序，嘉靖十一年（1532）湛若水自序，清乾隆六十年（1795）沈初序，末乾隆六十年湛祖贵刻书跋，卷端题有"族孙祖贵重刊"。案此乃据乾隆六十年湛祖贵刻本修补重印，原刻本内封叶题有"乾隆乙卯岁重刻""红荔山房藏板"。徐信符印："南州书楼"朱文方印。姚钧石印："姚钧石藏书"朱文长方印，"民国庚辰"朱文方印，"蒲坂书楼"白文长方印。框 17 厘米×13.5 厘米，半叶 10 行 21 字，小字双行同，白口，左右双边，单黑鱼尾，版心上镌书名，中镌卷次。

【收藏机构及索书号】

加拿大不列颠哥伦比亚大学亚洲图书馆：Asian Rare-1 no. 175

▲0139　左传杜解补正 三卷

（清）顾炎武撰

清道光九年（1829）广东学海堂咸丰十年（1860）补刻本

【丛书题名】皇清经解卷 1-3

【收藏机构及索书号】

哈佛大学哈佛燕京图书馆：1107111（1）

美国普林斯顿大学图书馆：A137/33v. 1-9

加拿大多伦多大学郑裕彤东亚图书馆：PL2470. Z6 K83 1860A

▲0140　春秋毛氏传 三十六卷

（清）毛奇龄撰

清道光九年（1829）广东学海堂咸丰十年（1860）补刻本

【丛书题名】皇清经解卷 120-155

【收藏机构及索书号】

加拿大多伦多大学郑裕彤东亚图书馆：PL2470. Z6 M36 1860A

▲0141　春秋简书刊误 二卷

（清）毛奇龄撰

清道光九年（1829）广东学海堂咸丰十年（1860）补刻本

【丛书题名】皇清经解卷 156-157

【收藏机构及索书号】

加拿大多伦多大学郑裕彤东亚图书馆：PL2470. Z6 M35 1860A

美国哈佛大学哈佛燕京图书馆：1107111（36）

▲0142　春秋属辞比事记 四卷

（清）毛奇龄著

清道光九年（1829）广东学海堂咸丰十年（1860）补刻本

【丛书题名】皇清经解卷 158-161

【收藏机构及索书号】

美国普林斯顿大学图书馆：A137/33v. 37-45

▲0143 | 学春秋随笔 十卷

（清）万斯大撰

清道光九年（1829）广东学海堂咸丰十年（1860）补刻本

【丛书题名】皇清经解卷 50-59

【收藏机构及索书号】

加拿大多伦多大学郑裕彤东亚图书馆：PL2470. Z6 W28 1860A

美国普林斯顿大学图书馆：A137/33v. 10-18

▲0144 | 春秋说 十五卷

（清）惠士奇著

清道光九年（1829）广东学海堂咸丰十年（1860）补刻本

【丛书题名】皇清经解卷 228-242

【收藏机构及索书号】

美国普林斯顿大学图书馆：A137/33v. 46-54

加拿大多伦多大学郑裕彤东亚图书馆：PL2470. Z6 H83 1860A

▲0145 | 春秋地理考实 四卷

（清）江永撰

清道光九年（1829）广东学海堂咸丰十年（1860）补刻本

【丛书题名】皇清经解卷 252-255

【收藏机构及索书号】

加拿大多伦多大学郑裕彤东亚图书馆：PL2470. Z6 C49618 1860A

▲0146 | 春秋左传小疏 一卷

（清）沈彤撰

清道光九年（1829）广东学海堂咸丰十年（1860）补刻本

【丛书题名】皇清经解卷 328－329

【收藏机构及索书号】

加拿大多伦多大学郑裕彤东亚图书馆：PL2470. Z6 S4165 1860A

美国哈佛大学哈佛燕京图书馆：1107111(74)

美国普林斯顿大学图书馆：A137/33v. 73－81

▲0147　春秋左传补注 六卷

（清）惠栋撰

清道光九年(1829)广东学海堂咸丰十年(1860)补刻本

【丛书题名】皇清经解卷 353－358

【收藏机构及索书号】

加拿大多伦多大学郑裕彤东亚图书馆：PL2470. Z6 H846 1860A

美国普林斯顿大学图书馆：A137/33v. 82－90

▲0148　春秋取义测 十二卷

（清）法坤宏撰

清乾隆五十九年(1794)广州法氏迁斋刻本

23 厘米

封面镌“乾隆甲寅年镌”“受业门人胡缳兰手书”“粤省西湖街六书斋刻”“六书斋”。手书“胡缳兰”。框 17.1 厘米×13.8 厘米，半叶 10 行 19 字，白口，左右双边，单黑鱼尾。卷一首叶版心中镌卷次，下镌“迁斋藏书”。

【收藏机构及索书号】

美国普林斯顿大学图书馆：TA101/2744

加拿大多伦多大学郑裕彤东亚图书馆：PL2470. Z6 F34 1794

▲0149　春秋正辞 十三卷

（清）庄存与撰

清道光九年(1829)广东学海堂咸丰十年(1860)补刻本

【丛书题名】皇清经解卷 375-387

【收藏机构及索书号】

加拿大多伦多大学郑裕彤东亚图书馆：PL2470. Z6 C557 1860A

▲0150　春秋公羊通义 十二卷

（清）孔广森撰

清道光九年（1829）广东学海堂咸丰十年（1860）补刻本

【丛书题名】皇清经解卷 679-691

【收藏机构及索书号】

加拿大多伦多大学郑裕彤东亚图书馆：PL2470. Z6 K85 1860A

▲0151　春秋左传补疏 五卷

（清）焦循撰

清道光九年（1829）广东学海堂咸丰十年（1860）补刻本

【丛书题名】皇清经解卷 1159-1163

【收藏机构及索书号】

加拿大多伦多大学郑裕彤东亚图书馆：PL2470. Z6 C49625 1860A

▲0152　春秋谷梁传校勘记 十三卷

（清）阮元撰

清道光九年（1829）广东学海堂咸丰十年（1860）补刻本

【丛书题名】皇清经解卷 1003-1015

【收藏机构及索书号】

美国哈佛大学哈佛燕京图书馆：1107111（228）

▲0153　春秋左传补注 二卷

（清）马宗琏撰

清道光九年（1829）广东学海堂咸丰十年（1860）补刻本

【丛书题名】皇清经解卷 1277-1279

【收藏机构及索书号】

美国哈佛大学哈佛燕京图书馆：1107111(290)

美国普林斯顿大学图书馆：A137/33v. 325-333

加拿大多伦多大学郑裕彤东亚图书馆：PL2470. Z6 M33 1860A

▲0154　公羊何氏释例 十卷

（清）刘逢禄撰

清道光九年(1829)广东学海堂咸丰十年(1860)补刻本

【丛书题名】皇清经解卷 1280-1289

【收藏机构及索书号】

美国哈佛大学哈佛燕京图书馆：1107111(291-292)

加拿大多伦多大学郑裕彤东亚图书馆：PL2470. Z6 L58563 1860A

▲0155　公羊春秋何氏解诂笺

（清）刘逢禄撰

清道光九年(1829)广东学海堂咸丰十年(1860)补刻本

【丛书题名】皇清经解卷 1290

【收藏机构及索书号】

加拿大多伦多大学郑裕彤东亚图书馆：PL2470. Z6 L5856 1860A

▲0156　发墨守评 一卷

（清）刘逢禄撰

清道光九年(1829)广东学海堂咸丰十年(1860)补刻本

【丛书题名】皇清经解卷 1291

【收藏机构及索书号】

美国哈佛大学哈佛燕京图书馆：1107111(292)

美国普林斯顿大学图书馆：A137/33v. 325-333

▲0157　谷梁废疾申何 二卷

（清）刘逢禄撰

清道光九年（1829）广东学海堂咸丰十年（1860）补刻本

【丛书题名】皇清经解卷 1292－1293

【收藏机构及索书号】

美国普林斯顿大学图书馆：A137/33v. 325－333

▲0158　左氏春秋考证 二卷

（清）刘逢禄撰

清道光九年（1829）广东学海堂咸丰十年（1860）补刻本

【丛书题名】皇清经解卷 1294－1296

【收藏机构及索书号】

美国普林斯顿大学图书馆：A137/33v. 325－333

加拿大多伦多大学郑裕彤东亚图书馆：PL2470. Z7 L546 1860A

▲0159　箴膏肓评 一卷

（清）刘逢禄撰

清道光九年（1829）广东学海堂咸丰十年（1860）补刻本

【丛书题名】皇清经解卷 1296

【收藏机构及索书号】

美国普林斯顿大学图书馆：A137/33v. 325－333

▲0160　春秋异文笺 十三卷

（清）赵坦撰

清道光九年（1829）广东学海堂咸丰十年（1860）补刻本

【丛书题名】皇清经解卷 1303－1315

【收藏机构及索书号】

加拿大多伦多大学郑裕彤东亚图书馆：PL2470. Z6 C4686 1860A

▲0161　公羊礼说 一卷

（清）凌曙撰

清道光九年(1829)广东学海堂咸丰十年(1860)补刻本

【丛书题名】皇清经解卷 1355

【收藏机构及索书号】

加拿大多伦多大学郑裕彤东亚图书馆：PL2470. Z6 L584 1860A

美国哈佛大学哈佛燕京图书馆：1107111(304)

美国普林斯顿大学图书馆：A137/33v. 334-342

▲0162 礼说 四卷

(清)凌曙撰

清道光九年(1829)广东学海堂咸丰十年(1860)补刻本

【丛书题名】皇清经解卷 1356-1359

【收藏机构及索书号】

加拿大多伦多大学郑裕彤东亚图书馆：PL2468. Z6 H85 1860A、
PL2467. Z7 L557 1860A

▲0163 清康熙刻本左传快评 八卷

(清)刘继庄撰；(清)金成栋辑

清康熙四十五年(1706)蕉雨闲房刻本

此本"丘""弘"皆不避讳，宜为康熙间所刻。又题辞末署年"岁
在游兆阉茂"，即干支丙戌，故应在康熙丙戌即四十五年。书口下
刻"蕉雨闲房"。题"刘继庄先生评定，宜堂金成栋辑，同学诸子
参校"，前有康熙四十五年金成栋题辞。钤印有"不光斋藏书记"
"小梅藏书之印""寻孔颜乐处""大观""大书特书"。半叶 9 行
21 字，左右双边，白口，双鱼尾。

首篇《郑伯克段于鄢》，末篇《楚子西不惧吴》。

【收藏机构及索书号】

美国哈佛大学哈佛燕京图书馆：T718/7124

▲*0164*　春秋诗话 五卷

（清）劳孝舆撰

清道光二十五年（1845）南海伍氏粤雅堂文字欢娱室刻本

【丛书题名】岭南遗书 第2辑

【收藏机构及索书号】

加拿大多伦多大学郑裕彤东亚图书馆：PL2306. L36 1845

▲*0165*　春秋古经说 二卷

（清）侯康撰

清道光三十年（1850）南海伍氏刻本

【收藏机构及索书号】

加拿大多伦多大学郑裕彤东亚图书馆：PL2470. Z6 H68 1850

▲*0166*　春秋董氏学 八卷 附一卷

（清）康有为撰

清光绪十九年（1893）刻本

内封叶为康有为题签，首孔子二千四百四十四年，即清光绪十九年康有为自序。框16. 2厘米×12. 4厘米，半叶13行26字，下黑口，四周单边，版心中镌题名及卷次，下镌"万木草堂丛书"。

【丛书题名】万木草堂丛书

【收藏机构及索书号】

加拿大不列颠哥伦比亚大学亚洲图书馆：Asian Rare-1 no. 187

▲*0167*　古香斋春秋

清光绪九年（1883）南海孔氏三十有三万卷堂藏板

【丛书题名】古香斋袖珍十种

【收藏机构及索书号】

加拿大多伦多大学郑裕彤东亚图书馆：PL2470. N47 1883

▲0168　春秋左传服注存

（清）沈豫撰

清光绪十六年（1890）新会刘氏藏修堂刻本

【丛书题名】藏修堂丛书

【收藏机构及索书号】

加拿大多伦多大学郑裕彤东亚图书馆：PL2470. Z6 S43 1890

▲0169　东莱左氏博议辑注 六卷

骆根深撰

清光绪二十九年（1903）东莞天香吟馆

封面题签书名为"东莱博议辑注"。

24 厘米

【收藏机构及索书号】

美国哈佛大学图书馆：715 6630D

经部·孝经类

▲0170　孝训 二卷

（明）杨起元撰

明万历二十四年（1596）刊本

【收藏机构及索书号】

加拿大不列颠哥伦比亚大学亚洲研究所

▲0171　孝经校勘记 四卷

（清）阮元撰

清道光九年（1829）广东学海堂咸丰十年（1860）补刻本

【丛书题名】皇清经解卷 1027−1030

【收藏机构及索书号】

美国哈佛大学哈佛燕京图书馆：1107111（231）

▲0172　孝经义疏 一卷

（清）阮福撰

清道光九年（1829）广东学海堂咸丰十年（1860）补刻本

【丛书题名】皇清经解卷 1360

【收藏机构及索书号】

加拿大多伦多大学郑裕彤东亚图书馆：PL2476. Z6 J82 1860A

美国普林斯顿大学图书馆：A137/33v. 343-351

0173　孝经小学正文 六卷 首一卷

清同治四年（1865）广州右文堂刻本

姚钧石印："姚钧石藏书"朱文长方印，"民国庚辰"朱文方印，"蒲坂书楼"白文长方印。内封叶题"同治乙丑春镌，右文堂藏板，孝经小学正文"，首朱子小学书题。卷首为孝经正文，卷一至六为小学正文。卷端或题"禅山右文堂梓行"，或题"广城福文堂梓行"，或题"广城右文堂梓行"。框 18 厘米×12.5 厘米，7 行 15 字，有眉栏，白口，四周单边，单黑鱼尾，版心上镌题名，中镌卷次，卷一首叶下镌"右文堂"。

【收藏机构及索书号】

加拿大不列颠哥伦比亚大学亚洲图书馆：Asian Rare-1 no. 496

经部·四书类

▲0174　论语义疏 十卷

（魏）何晏集解；（梁）皇侃义疏

清同治十二年（1873）广州粤东书局刻本

【丛书题名】古经解汇函 21

【收藏机构及索书号】

加拿大多伦多大学郑裕彤东亚图书馆：PL2471. H35 1873

▲0175　论语集解义疏 十卷

（魏）何晏集解；（梁）皇侃义疏

清同治十二年（1873）广州粤东书局刻本

新安鲍氏知不足斋本，菊坡精舍藏板

【丛书题名】古经解汇函 31-34

【收藏机构及索书号】

美国普林斯顿大学图书馆：A137/45v. 25-35

▲0176　论语笔解 二卷

（唐）韩愈撰

清同治十二年（1873）广州粤东书局刻本

【丛书题名】古经解汇函 22-23

【收藏机构及索书号】

加拿大多伦多大学郑裕彤东亚图书馆：PL2471. Z6 H25 1873

▲0177　论语笔解 二卷 郑志 三卷

（唐）韩愈、李翱注；（汉）郑玄撰

（三国魏）郑小同撰；（清）王复辑

清同治十二年（1873）广州粤东书局刻本

南汇吴氏艺海珠尘本，菊坡精舍藏板

【丛书题名】古经解汇函 35

【收藏机构及索书号】

美国普林斯顿大学图书馆：A137/45v. 25-35

▲0178　监本四书 不分卷

（宋）朱熹章句

清乾隆二十年（1755）广州渊雅堂藏板

26 厘米

【收藏机构及索书号】

美国加州大学伯克利分校东亚图书馆：PL2463 H3

▲0179　　监本四书 十七卷

（宋）朱熹集注

清同治九年（1870）顺德黎教忠堂刻本

姚钧石印："姚钧石藏书"朱文长方印，"民国庚辰"朱文方印，"蒲坂书楼"白文长方印。框20.6厘米×14.6厘米，半叶9行17字，小字双行同，四周单边，白口，无鱼尾，版心上镌题名，下镌"教忠堂"。

【收藏机构及索书号】

加拿大不列颠哥伦比亚大学亚洲图书馆：Asian Rare-1 no. 221

▲0180　　精刻大学衍义摘粹 十二卷

（明）丘濬撰；（清）许国撰集

明隆庆元年（1567）刊本

【收藏机构及索书号】

美国普林斯顿大学葛思德东方图书馆

▲0181　　新订四书补注备旨 十卷

（明）邓林撰；（清）杜定基增订

清末民初广州广东编译公司铅印本存《论语》册三至四、《孟子》册一至三。

【收藏机构及索书号】

加拿大不列颠哥伦比亚大学亚洲图书馆：Asian Rare-5 no. 245

▲0182　　论语稽求篇 七卷

（清）毛奇龄撰

清道光九年（1829）广东学海堂咸丰十年（1860）补刻本

【丛书题名】皇清经解卷 177-183

【收藏机构及索书号】

加拿大多伦多大学郑裕彤东亚图书馆：PL2471. Z6 M36 1860A

美国普林斯顿大学图书馆：A137/33v. 37-45

▲0183　四书剩言 六卷

（清）毛奇龄

清道光九年（1829）广东学海堂咸丰十年（1860）补刻本

【丛书题名】皇清经解卷 184-189

【收藏机构及索书号】

美国普林斯顿大学图书馆：A137/33v. 37-45

加拿大多伦多大学郑裕彤东亚图书馆：PL2463. Z7 M273 1860A

▲0184　四书释地 四卷

（清）阎若璩撰

清道光九年（1829）广东学海堂咸丰十年（1860）补刻本

【丛书题名】皇清经解卷 20-23

【收藏机构及索书号】

美国普林斯顿大学图书馆：A137/33v. 1-9

加拿大多伦多大学郑裕彤东亚图书馆：PL2463. Z6 Y45 1860A

▲0185　孟子生卒年月考 一卷

（清）阎若璩撰

清道光九年（1829）广东学海堂咸丰十年（1860）补刻本

【丛书题名】皇清经解卷 24

【收藏机构及索书号】

加拿大多伦多大学郑裕彤东亚图书馆：B128. M35 Y45 1860A

美国普林斯顿大学图书馆：A137/33v. 1-9

▲0186　乡党图考 十卷

（清）江永撰

清道光九年（1829）广东学海堂咸丰十年（1860）补刻本

【丛书题名】皇清经解卷 261-270

【收藏机构及索书号】

加拿大多伦多大学郑裕彤东亚图书馆：B128. C82 C475 1860A

▲0187　四书考异 三十六卷

（清）翟灏著

清道光九年（1829）广东学海堂咸丰十年（1860）补刻本

【丛书题名】皇清经解卷 449-484

【收藏机构及索书号】

美国普林斯顿大学图书馆：A137/33v. 109-117

加拿大多伦多大学郑裕彤东亚图书馆：PL2463. Z6 C343 1860A

▲0188　孟子正义 三十卷

（清）焦循撰

清道光九年（1829）广东学海堂咸丰十年（1860）补刻本

【丛书题名】皇清经解卷 1117-1146

【收藏机构及索书号】

加拿大多伦多大学郑裕彤东亚图书馆：PL2474. Z7 C45 1860A

美国哈佛大学哈佛燕京图书馆：1107111（249-252）

▲0189　论语补疏 二卷

（清）焦循撰

清道光九年（1829）广东学海堂咸丰十年（1860）补刻本

【丛书题名】皇清经解卷 1164-1165

【收藏机构及索书号】

加拿大多伦多大学郑裕彤东亚图书馆：PL2471. Z6 C454 1860A

美国普林斯顿大学图书馆：A137/33v. 280-288

▲0190　论语述何 二卷

（清）刘逢禄撰

清道光九年（1829）广东学海堂咸丰十年（1860）补刻本

【丛书题名】皇清经解卷 1297-1298

【收藏机构及索书号】

加拿大多伦多大学郑裕彤东亚图书馆：PL2471. Z6 L554 1860A

美国普林斯顿大学图书馆：A137/33v. 325-333

▲0191　论语偶记 一卷

（清）方观旭撰

清道光九年（1829）广东学海堂咸丰十年（1860）补刻本

【丛书题名】皇清经解卷 1327

【收藏机构及索书号】

加拿大多伦多大学郑裕彤东亚图书馆：PL2471. Z6 F35 1860A

美国哈佛大学哈佛燕京图书馆：1107111（299）

美国普林斯顿大学图书馆：A137/33v. 334-342

▲0192　四书释地辨证 一卷

（清）宋翔凤撰

清道光九年（1829）广东学海堂咸丰十年（1860）补刻本

【丛书题名】皇清经解卷 1329-1330

【收藏机构及索书号】

美国普林斯顿大学图书馆：A137/33v. 334-342

加拿大多伦多大学郑裕彤东亚图书馆：PL2463. Z7 S78 1860A

▲0193　孟子赵注补正 六卷

（清）宋翔凤撰

清光绪十七年（1891）广州广雅书局重印本

28 厘米

【丛书题名】广雅丛书

【收藏机构及索书号】

美国加州大学伯克利分校东亚图书馆：968.3087 1891

▲0194 论语异文考证 十卷

（清）冯登府撰

清光绪十六年（1890）新会刘氏藏修堂

【丛书题名】藏修堂丛书

【收藏机构及索书号】

加拿大多伦多大学郑裕彤东亚图书馆：PL2471.Z7 F42 1890

▲0195 四书逸笺 六卷

（清）程大中撰

清道光二十九年（1849）番禺海山仙馆

【丛书题名】海山仙馆丛书

【收藏机构及索书号】

加拿大多伦多大学郑裕彤东亚图书馆：PL2463.Z6 C45 1849

▲0196 论语集注补正述疏 十卷 附读书堂答问 一卷

（清）简朝亮述疏

清宣统二年（1910）广州

29 厘米

【收藏机构及索书号】

美国加州大学伯克利分校东亚图书馆：939.824

▲0197 四书经史摘证 七卷

（清）宋继稑辑

清光绪元年（1875）广州刻本

半叶 11 行 25 字，小字单行同，白口，四周双边，单鱼尾，牌记题"光绪元年岁次乙亥孟冬重刊于广"。

【收藏机构及索书号】

加拿大多伦多大学郑裕彤东亚图书馆：PL2463. Z7 S8 1875

▲0198　古香斋大学

清光绪十年（1884）南海孔氏三十有三万卷堂藏板

【丛书题名】古香斋袖珍十种

【收藏机构及索书号】

加拿大多伦多大学郑裕彤东亚图书馆：PL2472. N46 1884

▲0199　古香斋孟子

清光绪十年（1884）南海孔氏三十有三万卷堂藏板

【丛书题名】古香斋袖珍十种

【收藏机构及索书号】

加拿大多伦多大学郑裕彤东亚图书馆：PL2474. N46 1884

▲0200　四书成语集对

清光绪十九年（1893）广州

【收藏机构及索书号】

加拿大多伦多大学郑裕彤东亚图书馆：PL2463. Z7 C55 1893

经部·群经总义类

▲0201　五经旁训 二十二卷

（明）王安舜撰

明天启元年（1621）刻本

题"岭南性父王安舜删定。绣水玄白李衷纯，武进光甫蒋绍煃参阅"。前有天启元年王安舜小引。钤印有"松莽""蝶华""尊江""珍藏图书""玉照主人"。

【收藏机构及索书号】

美国哈佛大学哈佛燕京图书馆：T110/1132

▲0202　日知录 二卷

（清）顾炎武撰

清道光九年（1829）广东学海堂咸丰十年（1860）补刻本

【丛书题名】皇清经解卷 18-19

【收藏机构及索书号】

美国哈佛大学哈佛燕京图书馆：1107111（4）

美国普林斯顿大学图书馆：A137/33v.1-9

加拿大多伦多大学郑裕彤东亚图书馆：B128.K81 J5 1860A

0203　日知录集释 三十二卷

（明）顾炎武著；（清）黄汝成集释

清同治八年（1869）广州述古堂

25 厘米

【收藏机构及索书号】

美国加州大学伯克利分校东亚图书馆：9155.3891 1869

▲0204　经问 十五卷

（清）毛奇龄

清道光九年（1829）广东学海堂咸丰十年（1860）补刻本

【丛书题名】皇清经解卷 162-176

【收藏机构及索书号】

美国普林斯顿大学图书馆：A137/33v.37-45

加拿大多伦多大学郑裕彤东亚图书馆：PL2261.M36 1860A

美国哈佛大学哈佛燕京图书馆：1107111（37-38）

▲0205　湛园札记 一卷

（清）姜宸英撰

清道光九年（1829）广东学海堂咸丰十年（1860）补刻本

【丛书题名】皇清经解卷 194

【收藏机构及索书号】

加拿大多伦多大学郑裕彤东亚图书馆：PL2461. Z6 C523 1860A

美国普林斯顿大学图书馆：A137/33v. 37-45

▲0206　潜邱札记 二卷

（清）阎若璩著

清道光九年（1829）广东学海堂咸丰十年（1860）补刻本

【丛书题名】皇清经解卷 25-26

【收藏机构及索书号】

美国普林斯顿大学图书馆：A137/33v. 1-9

▲0207　经义杂记 十卷

（清）臧琳著

清道光九年（1829）广东学海堂咸丰十年（1860）补刻本

【丛书题名】皇清经解卷 195-204

【收藏机构及索书号】

美国普林斯顿大学图书馆：A137/33v. 37-45

▲0208　解春集 二卷

（清）冯景撰

清道光九年（1829）广东学海堂咸丰十年（1860）补刻本

【丛书题名】皇清经解卷 205-206

【收藏机构及索书号】

美国哈佛大学哈佛燕京图书馆：1107111（45）

加拿大多伦多大学郑裕彤东亚图书馆：AC150. F45 1860A

▲0209　白田草堂存稿 一卷
（清）王懋竑撰
清道光九年（1829）广东学海堂咸丰十年（1860）补刻本
【丛书题名】皇清经解卷 243
【收藏机构及索书号】
美国哈佛大学哈佛燕京图书馆：1107111（55）
美国普林斯顿大学图书馆：A137/33v. 55－63
加拿大多伦多大学郑裕彤东亚图书馆：PL2732. A524 A6 1860A

▲0210　群经补义 五卷
（清）江永撰
清道光九年（1829）广东学海堂咸丰十年（1860）补刻本
【丛书题名】皇清经解卷 256－260
【收藏机构及索书号】
加拿大多伦多大学郑裕彤东亚图书馆：PL2461. Z6 C538 1860A

▲0211　质疑 一卷
（清）杭世骏撰
清道光九年（1829）广东学海堂咸丰十年（1860）补刻本
【丛书题名】皇清经解卷 309
【收藏机构及索书号】
美国哈佛大学哈佛燕京图书馆：1107111（70）
美国普林斯顿大学图书馆：A137/33v. 73－81

▲0212　九经古义 十六卷
（清）惠栋撰
清道光九年（1829）广东学海堂咸丰十年（1860）补刻本

【丛书题名】皇清经解卷 359-374

【收藏机构及索书号】

加拿大多伦多大学郑裕彤东亚图书馆：PL2461. Z7 H85 1860A

美国哈佛大学哈佛燕京图书馆：1107111（81-82）

美国普林斯顿大学图书馆：A137/33v. 82-90

▲0213　观象授时 十四卷

（清）秦蕙田撰

清道光九年(1829)广东学海堂咸丰十年(1860)补刻本

【丛书题名】皇清经解卷 288-301

【收藏机构及索书号】

加拿大多伦多大学郑裕彤东亚图书馆：PL2461. Z9 K83 1860A

▲0214　注疏考证 五卷

（清）齐召南撰

清道光九年(1829)广东学海堂咸丰十年(1860)补刻本

【丛书题名】皇清经解卷 310-315

【收藏机构及索书号】

美国普林斯顿大学图书馆：A137/33v. 73-81

加拿大多伦多大学郑裕彤东亚图书馆：PL2465. Z6 C4665 1860a

▲0215　经史问答 七卷

（清）全祖望撰

清道光九年(1829)广东学海堂咸丰十年(1860)补刻本

【丛书题名】皇清经解卷 302-308

【收藏机构及索书号】

美国哈佛大学哈佛燕京图书馆：1107111（69）

加拿大多伦多大学郑裕彤东亚图书馆：PL2461. Z6 C587 1860A

▲0216   果堂集 一卷

（清）沈彤撰

清道光九年（1829）广东学海堂咸丰十年（1860）补刻本

【丛书题名】皇清经解卷 329

【收藏机构及索书号】

美国哈佛大学哈佛燕京图书馆：1107111（74）

美国普林斯顿大学图书馆：A137/33v.73-81

▲0217   清乾隆刻本六经图 十二卷

（清）郑之侨撰

清乾隆八年（1743）郑氏述堂刻本书口下刻"述堂"二字；题"后学朝阳郑之侨东里编辑"，前有清乾隆八年（1743）郑之侨序。

半叶 9 行 24 字，四周双边，白口，单鱼尾。

卷一至二《易经图》，卷三至四《尚书图》，卷五至六《诗经图》，卷七至八《春秋图》，卷九至一〇《礼记图》，卷一一至一二《周礼图》。

【收藏机构及索书号】

美国哈佛大学哈佛燕京图书馆：T154/8234

▲0218   钟山札记 四卷

（清）卢文弨撰

清道光九年（1829）广东学海堂咸丰十年（1860）补刻本

【丛书题名】皇清经解卷 388-389

【收藏机构及索书号】

加拿大多伦多大学郑裕彤东亚图书馆：PL2718.U28 C4 1860A

美国普林斯顿大学图书馆：A137/33v.91-99

▲0219   龙城札记 一卷

（清）卢文弨著

清道光九年（1829）广东学海堂咸丰十年（1860）补刻本

【丛书题名】皇清经解卷 389

【收藏机构及索书号】

美国普林斯顿大学图书馆：A137/33 v. 91-99

▲0220 　十驾斋养新录 四卷

（清）钱大昕撰

清道光九年（1829）广东学海堂咸丰十年（1860）补刻本

【丛书题名】皇清经解卷 439-442

【收藏机构及索书号】

美国普林斯顿大学图书馆：A137/33 v. 109-117

加拿大多伦多大学郑裕彤东亚图书馆：DS735. C486 1860A

▲0221 　潜研堂文集 六卷

（清）钱大昕撰

清道光九年（1829）广东学海堂咸丰十年（1860）补刻本

【丛书题名】皇清经解卷 443-448

【收藏机构及索书号】

美国普林斯顿大学图书馆：A137/33 v. 109-117

加拿大多伦多大学郑裕彤东亚图书馆：AC150. C583 1860A

▲0222 　经韵楼集 六卷

（清）段玉裁撰

清道光九年（1829）广东学海堂咸丰十年（1860）补刻本

【丛书题名】皇清经解卷 661-666

【收藏机构及索书号】

加拿大多伦多大学郑裕彤东亚图书馆：PL2261. T83 1860A

美国普林斯顿大学图书馆：A137/33 v. 172-180

▲0223　　读书脞录 六卷

（清）孙志祖撰

清道光九年（1829）广东学海堂咸丰十年（1860）补刻本

【丛书题名】皇清经解卷 491-494

【收藏机构及索书号】

加拿大多伦多大学郑裕彤东亚图书馆：PL2261. S82 1860A

美国普林斯顿大学图书馆：A137/33v. 118-126

▲0224　　读书杂志 二卷

（清）王念孙撰

清道光九年（1829）广东学海堂咸丰十年（1860）补刻本

【丛书题名】皇清经解卷 677-678

【收藏机构及索书号】

加拿大多伦多大学郑裕彤东亚图书馆：DS748. S749 W315 1860A

美国普林斯顿大学图书馆：A137/33v. 181-189

▲0225　　述学 二卷

（清）汪中著

清道光九年（1829）广东学海堂咸丰十年（1860）补刻本

【丛书题名】皇清经解卷 799-800

【收藏机构及索书号】

美国普林斯顿大学图书馆：A137/33v. 208-216

美国哈佛大学哈佛燕京图书馆：1107111（192）

▲0226　　经义知新记

（清）汪中著

清道光九年（1829）广东学海堂咸丰十年（1860）补刻本

【丛书题名】皇清经解卷 801

【收藏机构及索书号】

美国哈佛大学哈佛燕京图书馆：1107111（193）

美国普林斯顿大学图书馆：A137/33v. 208-216

▲0227　　瞥记

（清）梁玉绳撰

清道光九年(1829)广东学海堂咸丰十年(1860)补刻本

【丛书题名】皇清经解卷 1179

【收藏机构及索书号】

美国普林斯顿大学图书馆：A137/33v. 289-297

加拿大多伦多大学郑裕彤东亚图书馆：PL2461. Z6 L483 1860A

▲0228　　经读考异 八卷

（清）武亿撰

清道光九年(1829)广东学海堂咸丰十年(1860)补刻本

【丛书题名】皇清经解卷 727-734

【收藏机构及索书号】

加拿大多伦多大学郑裕彤东亚图书馆：PL2461. Z6 W82 1860A

美国普林斯顿大学图书馆：A137/33v. 190-198

▲0229　　经学卮言(经学质言) 六卷

（清）孔广森撰

清道光九年(1829)广东学海堂咸丰十年(1860)补刻本

【丛书题名】皇清经解卷 711-716

【收藏机构及索书号】

加拿大多伦多大学郑裕彤东亚图书馆：PL2461. Z6 K85 1860A

▲0230　　刘氏遗书 一卷

（清）刘台拱撰

清道光九年(1829)广东学海堂咸丰十年(1860)补刻本

【丛书题名】皇清经解卷 798

【收藏机构及索书号】

美国普林斯顿大学图书馆：A137/33v. 208-216

加拿大多伦多大学郑裕彤东亚图书馆：PL2471. Z6 L56 1860A

▲0231　溉亭述古录 二卷

（清）钱塘撰

清道光九年（1829）广东学海堂咸丰十年（1860）补刻本

【丛书题名】皇清经解卷 717-726

【收藏机构及索书号】

加拿大多伦多大学郑裕彤东亚图书馆：PL2261. C448 1860A

美国普林斯顿大学图书馆：A137/33v. 190-198

▲0232　问字堂集 一卷

（清）孙星衍著

清道光九年（1829）广东学海堂咸丰十年（1860）补刻本

【丛书题名】皇清经解卷 774

【收藏机构及索书号】

美国普林斯顿大学图书馆：A137/33v. 199-207

▲0233　校礼堂文集 一卷

（清）凌廷堪著

清道光九年（1829）广东学海堂咸丰十年（1860）补刻本

【丛书题名】皇清经解卷 797

【收藏机构及索书号】

美国普林斯顿大学图书馆：A137/33v. 208-216

▲0234　十三经注疏校勘记 二百四十八卷

（清）阮元校勘

清道光九年（1829）广东学海堂咸丰十年（1860）补刻本

【丛书题名】皇清经解卷 807-1054

【收藏机构及索书号】

加拿大多伦多大学郑裕彤东亚图书馆：PL2461. Z6 J783 1860A

▲0235　　　　擘经室集 六十二卷

(清)阮元撰

清道光九年(1829)广东学海堂咸丰十年(1860)补刻本

【丛书题名】皇清经解卷 1068-1074

【收藏机构及索书号】

美国普林斯顿大学图书馆：D33/990

加拿大多伦多大学郑裕彤东亚图书馆：PL2714. U37 1860A

▲0236　　　　拜经日记 八卷

(清)臧庸撰

清道光九年(1829)广东学海堂咸丰十年(1860)补刻本

【丛书题名】皇清经解卷 1170-1177

【收藏机构及索书号】

加拿大多伦多大学郑裕彤东亚图书馆：PL2461. Z6 J73 1860A

美国哈佛大学哈佛燕京图书馆：1107111(257-258)

美国普林斯顿大学图书馆：A137/33v. 280-288

▲0237　　　　拜经文集 一卷

(清)臧庸撰

清道光九年(1829)广东学海堂咸丰十年(1860)补刻本

【丛书题名】皇清经解卷 1178-1179

【收藏机构及索书号】

美国哈佛大学哈佛燕京图书馆：1107111(259)

美国普林斯顿大学图书馆：A137/33v. 289-297

加拿大多伦多大学郑裕彤东亚图书馆：PL2261. T732 1860A

▲0238 经义述闻 二十八卷

（清）王引之撰

清道光九年（1829）广东学海堂咸丰十年（1860）补刻本

【丛书题名】皇清经解卷 1180－1207

【收藏机构及索书号】

加拿大多伦多大学郑裕彤东亚图书馆：PL2461. Z6 W3 1860A

美国哈佛大学哈佛燕京图书馆：1107111（260－271）

▲0239 鉴止水斋集 二卷

（清）许宗彦撰

清道光九年（1829）广东学海堂咸丰十年（1860）补刻本

【丛书题名】皇清经解卷 1255－1256

【收藏机构及索书号】

美国普林斯顿大学图书馆：A137/33v. 316－324

加拿大多伦多大学郑裕彤东亚图书馆：PL2461. Z6 H68 1860A

▲0240 五经异义疏证 三卷

（清）陈寿祺撰

清道光九年（1829）广东学海堂咸丰十年（1860）补刻本

【丛书题名】皇清经解卷 1248－1250

【收藏机构及索书号】

加拿大多伦多大学郑裕彤东亚图书馆：PL2462. Z6 C36 1860A

美国普林斯顿大学图书馆：A137/33v. 307－315

▲0241 左海经辨 二卷

（清）陈寿祺撰

清道光九年（1829）广东学海堂咸丰十年（1860）补刻本

【丛书题名】皇清经解卷 1251－1252

【收藏机构及索书号】

加拿大多伦多大学郑裕彤东亚图书馆：PL2461.Z6 C317 1860A

美国哈佛大学哈佛燕京图书馆：1107111(283)

美国普林斯顿大学图书馆：A137/33v.316-324

▲0242　　左海文集 二卷

（清）陈寿祺撰

清道光九年(1829)广东学海堂咸丰十年(1860)补刻本

【丛书题名】皇清经解卷 1253-1254

【收藏机构及索书号】

美国普林斯顿大学图书馆：PL2261.C435 1860A

加拿大多伦多大学郑裕彤东亚图书馆：A137/33v.316-324

▲0243　　宝甓斋札记 一卷

（清）赵坦撰

清道光九年(1829)广东学海堂咸丰十年(1860)补刻本

【丛书题名】皇清经解卷 1316-1317

【收藏机构及索书号】

加拿大多伦多大学郑裕彤东亚图书馆：PL2461.Z6 C267 1860A

美国普林斯顿大学图书馆：A137/33v.325-333

▲0244　　研六室杂著 一卷

（清）胡培翚撰

清道光九年(1829)广东学海堂咸丰十年(1860)补刻本

【丛书题名】皇清经解卷 1302

【收藏机构及索书号】

美国哈佛大学哈佛燕京图书馆：1107111(295)

美国普林斯顿大学图书馆：A137/33v.325-333

▲0245　秋槎杂记 一卷

（清）刘履恂撰

清道光九年（1829）广东学海堂咸丰十年（1860）补刻本

【丛书题名】皇清经解卷 1322

【收藏机构及索书号】

加拿大多伦多大学郑裕彤东亚图书馆：PL2461. Z6 L583 1860A

美国普林斯顿大学图书馆：A137/33v. 334－342

▲0246　吾亦庐稿 四卷

（清）崔应榴撰

清道光九年（1829）广东学海堂咸丰十年（1860）补刻本

广州大典题名：吾亦卢稿四卷。

【丛书题名】皇清经解卷 1323－1326

【收藏机构及索书号】

加拿大多伦多大学郑裕彤东亚图书馆：PL2461. Z6 T785 1860A

美国哈佛大学哈佛燕京图书馆：1107111（298）

美国普林斯顿大学图书馆：A137/33v. 334－342

▲0247　经书算学天文考 一卷

（清）陈懋龄撰

清道光九年（1829）广东学海堂咸丰十年（1860）补刻本

【丛书题名】皇清经解卷 1328

【收藏机构及索书号】

加拿大多伦多大学郑裕彤东亚图书馆：PL2461. Z7 C475 1860A

美国普林斯顿大学图书馆：A137/33v. 334－342

美国哈佛大学哈佛燕京图书馆：1107111（299）

▲0248　经传考证 八卷

（清）朱彬撰

清道光九年(1829)广东学海堂咸丰十年(1860)补刻本

【丛书题名】皇清经解卷 1361-1368

【收藏机构及索书号】

美国哈佛大学哈佛燕京图书馆：1107111(306)

美国普林斯顿大学图书馆：A137/33v. 343-351

加拿大多伦多大学郑裕彤东亚图书馆：L2461. Z6 C573 1860A

▲0249　　　甓斋遗稿 一卷

(清)刘玉麐撰

清道光九年(1829)广东学海堂咸丰十年(1860)补刻本

【丛书题名】皇清经解卷 1369

【收藏机构及索书号】

加拿大多伦多大学郑裕彤东亚图书馆：PL2461. Z6 L5843 1860A

美国普林斯顿大学图书馆：A137/33v. 343-351

▲0250　　　说纬 一卷

(清)王崧撰

清道光九年(1829)广东学海堂咸丰十年(1860)补刻本

【丛书题名】皇清经解卷 1370

【收藏机构及索书号】

美国普林斯顿大学图书馆：A137/33v. 343-351

▲0251　　　经义丛钞 三十卷

(清)严杰撰

清道光九年(1829)广东学海堂咸丰十年(1860)补刻本

【丛书题名】皇清经解卷 1371-1400

【收藏机构及索书号】

加拿大多伦多大学郑裕彤东亚图书馆：PL2461. Z6 Y45 1860A

▲0252　　　石经考异 六卷

(清)冯登府撰

清道光九年(1829)广东学海堂咸丰十年(1860)补刻本

【丛书题名】皇清经解卷 1400

【收藏机构及索书号】

美国哈佛大学哈佛燕京图书馆：1107111(318-319)

▲0253　　　国朝石经考异 一卷

(清)冯登府撰

清道光九年(1829)广东学海堂咸丰十年(1860)补刻本

【丛书题名】皇清经解卷 1401

【收藏机构及索书号】

加拿大多伦多大学郑裕彤东亚图书馆：PL2459. G24 1860A

▲0254　　　汉石经考异 一卷

(清)冯登府撰；(清)阮元辑

清道光九年(1829)广东学海堂咸丰十年(1860)补刻本

【丛书题名】皇清经解卷 1402-1404

【收藏机构及索书号】

加拿大多伦多大学郑裕彤东亚图书馆：PL2459. A34 1860A

▲0255　　　蜀石经考异 一卷

(清)冯登府撰

清道光九年(1829)广东学海堂咸丰十年(1860)补刻本

【丛书题名】皇清经解卷 1405-1406

【收藏机构及索书号】

加拿大多伦多大学郑裕彤东亚图书馆：PL2459. D24 1860A

0256   句溪杂著 六卷

（清）陈立撰

清光绪十四年（1888）广州广雅书局

28 厘米

【收藏机构及索书号】

美国哈佛大学图书馆：9155 7901e

美国普林斯顿大学图书馆：Q9155/7901

▲0257   东塾读书记 十二卷又三卷

（清）陈澧撰

清光绪七年（1881）广州林记书庄督造刻本

牌记题“广州林记书庄印行”。四周单边，半叶 12 行 24 字，黑口，
单黑鱼尾。

【收藏机构及索书号】

美国纽约州立宾汉姆顿大学图书馆：PL2461. Z7. C45 1881

美国普林斯顿大学图书馆：C313/487

△0258   东塾读书记 十二卷又三卷

（清）陈澧撰

清光绪七年（1881）广州刻本

【收藏机构及索书号】

加拿大不列颠哥伦比亚大学亚洲图书馆：Asian Rare－1 no. 2742

▲0259   新学伪经考 十四卷

（清）康有为撰

清光绪十七年（1891）广州康氏万木草堂刊刻本

28 厘米

【收藏机构及索书号】

美国普林斯顿大学图书馆：C308/069 imlg

加拿大不列颠哥伦比亚大学亚洲图书馆：Asian Rare-1 no. 1280

▲0260　武英殿仿宋相台五经 九十六卷

清同治三年(1864)南海邝九我堂翻刻武英殿仿宋相台五经本

【收藏机构及索书号】

加拿大不列颠哥伦比亚大学亚洲图书馆：Asian Rare-1 no. 1

0261　十三经注疏十三种 三百四十六卷 附考证

清同治十年(1871)广州广雅书局重刻本

此为广东书局重刻殿版"十三经注疏"，内封叶正面题"武英殿本，十三经注疏，同治十年广东书局重"，背面题"菊坡精舍藏板"，版心上部正面镌"乾隆四年校刊"，背面镌"同治十年重刊"；残一种：孝经注疏。钤印："广州求是书局选办"朱文大方印。姚钧石印："姚钧石藏书"朱文长方印，"钧石所藏金石书画印"，"民国庚辰"朱文方印，"蒲坂书楼"白文长方印。框22.2厘米×15.4厘米，半叶10行21字，小字双行同，白口，左右双边，单黑鱼尾，版心上部正面镌"乾隆四年校刊"，背面镌"同治十年重刊"，版心中镌题名及卷次，下镌叶码。

【收藏机构及索书号】

美国普林斯顿大学图书馆：A137/2861x

加拿大不列颠哥伦比亚大学亚洲图书馆：Asian Rare-1 no. 3：1-13、AsianRare-1 no. 4：1-13

△0262　东塾读书记 十卷

清光绪十四年(1888)江阴南菁书院刻本

此乃"皇清经解续编"之第一百四十二种，卷端首行上题"皇清经解续编"及卷次，下题"南菁书院"，次行题本书题名及著者名，卷末题有校字人姓名。11行24字，白口，左右双边，单黑鱼尾，版心上镌"皇清经解续编"，中镌各卷题名。

【丛书题名】皇清经解续编

【收藏机构及索书号】

加拿大不列颠哥伦比亚大学亚洲图书馆：Asian Rare‐1 no.7：138‐145

经部·小学类

▲0263　急就篇 四卷

（汉）史游撰

清同治十二年（1873）广州粤东书局刻本

【丛书题名】小学汇函

【收藏机构及索书号】

加拿大多伦多大学郑裕彤东亚图书馆：PL1117.S48 1873

美国哈佛大学哈佛燕京图书馆：5063 9074（5‐6）

▲0264　说文解字注 十五卷

（汉）许慎撰；（清）段玉裁注

清道光九年（1829）广东学海堂咸丰十年（1860）补刻本

【丛书题名】皇清经解卷 641‐655

【收藏机构及索书号】

美国普林斯顿大学图书馆：A137/33v.163‐171

加拿大多伦多大学郑裕彤东亚图书馆：PL1281.H8 1860A

▲0265　说文解字 十五卷

（汉）许慎

清同治十二年（1873）广州粤东书局刻本

25 厘米

【丛书题名】小学汇函 40‐43

【收藏机构及索书号】

美国普林斯顿大学图书馆：A137/45v.36−45

皇家安大略博物馆：PL1281.X82 1873v.1−10

▲0266 说文解字 十五卷 附说文校字记 一卷

(汉)许慎撰；(南唐)徐铉等校定；校字记：(清)陈昌治撰

清同治十二年(1873)番禺陈昌治刻本

徐信符印："南州书楼"朱文方印。内封叶正面题"说文解字，附说文通检"，背面牌记题"同治十二年闰六月刊成"，首同治十二年陈澧序，嘉庆十四年孙星衍序，末同治十二年陈昌治跋。各卷末均题有校刊人姓名，并题有"陈昌治校刊"。说文校字记末行题有"羊城西湖街富文斋刊印"。案陈澧序亦题附刊说文通检十六卷，然此本无通检。徐信符印："南州书楼"朱文方印。框17.5厘米×13.3厘米，10行，字不等，白口，左右双边，单黑鱼尾，版心中镌"说文"及卷次、部首。

【收藏机构及索书号】

加拿大不列颠哥伦比亚大学亚洲图书馆：Asian Rare−1 no.300 Asian Rare−1 no.302 Asian Rare−2 no.93

▲0267 方言 十三卷

(汉)扬雄撰

清同治十二年(1873)广州粤东书局刻本

余姚卢氏抱经堂本

【丛书题名】小学汇函 1

【收藏机构及索书号】

美国哈佛大学哈佛燕京图书馆：5063 9074(1)

美国普林斯顿大学图书馆：A137/45v.36−45

加拿大多伦多大学郑裕彤东亚图书馆：PL1510.Y355 1873

▲0268　释名 八卷

（汉）刘熙撰

清同治十二年（1873）广州粤东书局刻本

【丛书题名】小学汇函 2

【收藏机构及索书号】

加拿大多伦多大学郑裕彤东亚图书馆：PL1291. L58 1873

美国哈佛大学哈佛燕京图书馆：5063 9074（2）

▲0269　广雅疏证 十卷

（魏）张揖撰；（隋）曹宪撰

清同治十二年（1873）广州粤东书局刻本

钱塘胡氏格致丛书本用高邮王氏疏证本补正

【丛书题名】小学汇函 3

【收藏机构及索书号】

加拿大多伦多大学郑裕彤东亚图书馆：PL1281. C44 1873

美国普林斯顿大学图书馆：A137/45v. 36-45

▲0270　匡谬正俗 八卷

（唐）颜师古撰

清同治十二年（1873）广州粤东书局刻本

德州卢氏雅雨堂本

【丛书题名】小学汇函 39

【收藏机构及索书号】

美国普林斯顿大学图书馆：A137/45v. 36-45

加拿大多伦多大学郑裕彤东亚图书馆：PL1291. Y44 1873

▲0271　说文系传 四十卷 附校勘记 三卷

（南唐）徐锴撰

清同治十二年（1873）广州粤东书局刻本

寿阳祁氏本

【丛书题名】小学汇函 44-50

【收藏机构及索书号】

美国普林斯顿大学图书馆：A137/45v.36-45

加拿大多伦多大学郑裕彤东亚图书馆：PL1281.H83 H77 1873

▲0272　说文篆韵谱 五卷

（南唐）徐锴撰

清同治十二年（1873）广州粤东书局刻本

绵州李氏函海本用吴县冯氏本校

【丛书题名】小学汇函 51-52

【收藏机构及索书号】

美国普林斯顿大学图书馆：A137/45v.46-55

加拿大多伦多大学郑裕彤东亚图书馆：PL1281.H83 H768 1873

▲0273　玉篇 三十卷

（梁）顾野王撰

清同治十二年（1873）广州粤东书局刻本

【丛书题名】小学汇函 9

【收藏机构及索书号】

加拿大多伦多大学郑裕彤东亚图书馆：PL1281.K76 1873

▲0274　玉篇 三卷

（梁）顾野王撰

清同治十二年（1873）广州粤东书局刻本

苏州张氏泽存堂本

【丛书题名】小学汇函 20-22

【收藏机构及索书号】

美国哈佛大学哈佛燕京图书馆：5063 9074（20-22）

美国普林斯顿大学图书馆：A137/45v.46-55

▲0275   干禄字书 一卷
(唐)颜元孙撰
清同治十二年(1873)广州粤东书局刻本
【丛书题名】小学汇函 23
【收藏机构及索书号】
美国哈佛大学哈佛燕京图书馆：5063 9074(23)
美国普林斯顿大学图书馆：A137/45v.56-66
加拿大多伦多大学郑裕彤东亚图书馆：PL1291.Y456 1873

▲0276   五经文字 三卷
(唐)张参撰
清同治十二年(1873)广州粤东书局刻本
用祁门马氏小玲珑山馆本补
【丛书题名】小学汇函 56(2)
【收藏机构及索书号】
美国普林斯顿大学图书馆：A137/45v.56-66

▲0277   九经字样 一卷
(唐)唐玄度撰
清同治十二年(1873)广州粤东书局刻本
用祁门马氏小玲珑山馆本补
【丛书题名】小学汇函 56
【收藏机构及索书号】
美国普林斯顿大学图书馆：A137/45v.56-66

△0278   汗简 七卷 目录附汗简书目笺正
(宋)郭忠恕撰；(清)郑珍笺正

清光绪十五年（1889）广州广雅书局刻本

下镌"广雅书局刊"；次有"跋"，署"庚寅六月所南郑思肖为山碉叶君题汗简后"。四周单边，半叶 7 行，字数不定，间有小字双行，黑口，单黑鱼尾。

【收藏机构及索书号】

美国普林斯顿大学图书馆：A161/65

美国俄亥俄州立大学图书馆：PL1171. K94

0279　汗简笺正 七卷

清光绪十五年（1889）广州广雅书局刻本

30 厘米

【收藏机构及索书号】

美国哈佛大学哈佛燕京图书馆：51140254b

美国俄亥俄州立大学图书馆

▲0280　汗简笺正 八卷

民国九年（1920）广州广雅书局重印本

【丛书题名】广雅丛书

【收藏机构及索书号】

美国哈佛大学哈佛燕京图书馆：91000871（095－098）

▲0281　广韵 五卷

（宋）陈彭年重修

【丛书题名】小学汇函 14

【收藏机构及索书号】

加拿大多伦多大学郑裕彤东亚图书馆：PL1201. K85 1873

▲0282　广韵

据明内府本重刊

【丛书题名】小学汇函 62-66

【收藏机构及索书号】

美国哈佛大学哈佛燕京图书馆：A137/45v.56-66

▲0283　广韵

清同治十二年（1873）广州粤东书局刻本

张氏泽存堂本

【丛书题名】小学汇函

【收藏机构及索书号】

美国哈佛大学哈佛燕京图书馆：5063 9074（24-28）

0284　埤雅　二十卷

（宋）陆佃撰

明天启六年（1626）广州郎氏堂策槛刻本

【丛书题名】五雅四十一卷

【收藏机构及索书号】

国家图书馆：地 750.24/51.86.1/部三

▲0285　三字经句释

（宋）王应麟撰

广州醉经书局

其他题名：三字经释句。

19 厘米

【收藏机构及索书号】

美国普林斯顿大学图书馆：5161/1320.12

▲0286　音论　一卷

（清）顾炎武撰

清道光九年（1829）广东学海堂咸丰十年（1860）补刻本

【丛书题名】皇清经解卷 4

【收藏机构及索书号】

加拿大多伦多大学郑裕彤东亚图书馆：PL1201. K785 1860A

美国普林斯顿大学图书馆：A137/33v. 1-9

美国哈佛大学哈佛燕京图书馆：1107111（1）

▲0287　六书分类 十二卷 首一卷

（清）傅世垚辑

清康熙四十四年（1705）南海周天健听松阁刻本

28 厘米

封面镌"燕诒堂梓藏"；康熙旃蒙作噩（乙酉）周天健"梓六书分类序"，卷端题"（周）天健授梓"。框 19.5 厘米×13.8 厘米，半叶 8 行 12 字，小字双行，白口，四周单边，单黑鱼尾，版心上镌书名，中镌卷次，下镌"听松阁"。

【收藏机构及索书号】

美国普林斯顿大学图书馆：TA161/66

▲0288　解字小记 一卷

（清）程瑶田著

清道光九年（1829）广东学海堂咸丰十年（1860）补刻本

【丛书题名】皇清经解卷 546

【收藏机构及索书号】

美国普林斯顿大学图书馆：A137/33v. 136-144

▲0289　九谷考 四卷

（清）程瑶田撰

清道光九年（1829）广东学海堂咸丰十年（1860）补刻本

【丛书题名】皇清经解卷 548-551

【收藏机构及索书号】

加拿大多伦多大学郑裕彤东亚图书馆：PL1291.C4656 1860A

美国普林斯顿大学图书馆：A137/33v.136-144

▲0290　释草小记 一卷

（清）程瑶田撰

清道光九年（1829）广东学海堂咸丰十年（1860）补刻本

【丛书题名】皇清经解卷 552-553

【收藏机构及索书号】

加拿大多伦多大学郑裕彤东亚图书馆：PL1291.C468 1860A

美国普林斯顿大学图书馆：A137/33v.136-144

▲0291　释虫小记 一卷

（清）程瑶田著

清道光九年（1829）广东学海堂咸丰十年（1860）补刻本

【丛书题名】皇清经解卷 553

【收藏机构及索书号】

美国普林斯顿大学图书馆：A137/33v.136-144

▲0292　六书音均表 五卷

（清）段玉裁撰

清道光九年（1829）广东学海堂咸丰十年（1860）补刻本

【丛书题名】皇清经解卷 656-660

【收藏机构及索书号】

加拿大多伦多大学郑裕彤东亚图书馆：PL1201.T8 1860A

▲0293　释缯 一卷

（清）任大椿撰

清道光九年（1829）广东学海堂咸丰十年（1860）补刻本

【丛书题名】皇清经解卷 503

【收藏机构及索书号】

加拿大多伦多大学郑裕彤东亚图书馆：PL1291.J456 1860A

▲0294 尔雅正义 二十卷

（清）邵晋涵撰

清道光九年（1829）广东学海堂咸丰十年（1860）补刻本

【丛书题名】皇清经解卷 504－523

【收藏机构及索书号】

加拿大多伦多大学郑裕彤东亚图书馆：PL2475. Z6 S43 1860A

▲0295 广雅疏证 十卷

（清）王念孙，（清）王引之著

清道光九年（1829）广东学海堂咸丰十年（1860）补刻本

【丛书题名】皇清经解卷 667－676

【收藏机构及索书号】

美国普林斯顿大学图书馆：A137/33v. 172－180

加拿大多伦多大学郑裕彤东亚图书馆：PL1291. C442 W35 1860A

▲0296 经传释词 十卷

（清）王引之著

清道光九年（1829）广东学海堂咸丰

十年（1860）补刻本

【丛书题名】皇清经解卷 1208－1217

【收藏机构及索书号】

美国哈佛大学哈佛燕京图书馆：1107111（272－275）

加拿大多伦多大学郑裕彤东亚图书馆：PL1291. W29 1860A

▲0297 广雅疏证拾遗 二卷

（清）王士濂撰

清道光九年(1829)广东学海堂咸丰十年(1860)补刻本

【丛书题名】皇清经解卷 667-676

【收藏机构及索书号】

加拿大多伦多大学郑裕彤东亚图书馆：PL1291. C442 W35 1860A

▲0298　尔雅义疏 二十卷

(清)郝懿行撰

清道光九年(1829)广东学海堂咸丰十年(1860)补刻本

【丛书题名】皇清经解卷 1257-1276

【收藏机构及索书号】

美国哈佛大学哈佛燕京图书馆：1107111(286-289)

加拿大多伦多大学郑裕彤东亚图书馆：PL2475. Z6 H36 1860A

▲0299　四声易知录 四卷

(清)姚文田撰

清光绪八年(1882)广州刻本

【收藏机构及索书号】

加拿大多伦多大学郑裕彤东亚图书馆：PL1213. Y3 1882

▲0300　四声易知录 四卷

(清)姚文田辑

清光绪八年(1882)广州刻本

【收藏机构及索书号】

加拿大不列颠哥伦比亚大学亚洲图书馆：Asian Rare-1 no. 463

0301　小尔雅训纂 六卷

(清)宋翔凤

清光绪十六年(1890)广州广雅书局朱印本

佚名校

【收藏机构及索书号】

加拿大不列颠哥伦比亚大学亚洲图书馆：Asian Rare－1 no. 290、Asian Rare－1 no. 291

▲0302 小学汇函 十四种

（清）钟谦钧辑

清同治十二年（1873）粤东书局刻本子目见《中国丛书总录》第一册。框 18.1 厘米×13.8 厘米，10 行 21 字，小字双行同，白口，左右双边，单黑鱼尾，线装，四捆三十三册。

【收藏机构及索书号】

加拿大不列颠哥伦比亚大学亚洲图书馆：Asian Rare－2 no. 7

△0303 切韵考

（清）陈澧撰

清光绪八年（1882）广州富文斋刊本

【丛书题名】番禺陈氏东塾丛书

【收藏机构及索书号】

加拿大多伦多大学郑裕彤东亚图书馆：PL1201. C445 1882

0304 说文声统 十七卷 目录一卷

（清）陈澧编

清朝年间稿本

"南州/书楼"朱文方印。姚钧石印："姚钧石/藏书"朱文长方印，"蒲坂书楼"白文长方印，"民国/庚辰"朱文方印，"钧石所/藏金石/书画印"朱文方印。无栏框，书 21.5 厘米×15.4 厘米，10 行，字不等，白口，无鱼尾，卷二版心题"表二"。

【收藏机构及索书号】

加拿大不列颠哥伦比亚大学亚洲图书馆：Asian Rare－1 no. 3249

0305 佩文诗韵释要 五卷

（清）周兆基辑；徐琪重刊

清光绪十八年（1892）广州 广东学院

27 厘米

【收藏机构及索书号】

美国普林斯顿大学图书馆：5134/7234

0306 艺文备览 一百二十卷 附检字

（清）沙木集注；（清）吴谷人鉴定

清嘉庆十一年（1806）广东榷使阿厚庵出资原刻本

26 厘米

【收藏机构及索书号】

美国普林斯顿大学图书馆：A161/1273

0307 艺文备览 一百二十卷 附补详字义 十四篇

（清）沙木集注

清嘉庆十一年（1806）广州长白阿克当阿刻本

内封叶题有"本衙藏板"。案卷前序跋题词多篇，其中嘉庆十一年阿
克当阿序及李柱臣跋均言及刻书之事。徐信符印："南州书楼"朱文
方印。框 19.8 厘米×13 厘米，5 行，大字不等，小字 3 行 22 字，黑
口，四周双边，单黑鱼尾，版心中镌集数、卷次、部类及笔画数。

【收藏机构及索书号】

加拿大不列颠哥伦比亚大学亚洲图书馆：Asian Rare‑1 no. 381、
Asian Rare‑1 no. 382

0308 古韵通说 二十卷

（清）龙启瑞撰

清同治六年（1867）广州富文斋刊本

25 厘米

【收藏机构及索书号】

美国加州大学伯克利分校东亚图书馆：5121.0131

美国普林斯顿大学图书馆：5121/0131

0309　古韵通说 二十卷

（清）龙启瑞撰

清同治七年（1868）广州刻本

【收藏机构及索书号】

加拿大不列颠哥伦比亚大学亚洲图书馆：Asian Rare－1 no. 478、
Asian Rare－1 no. 479

0310　康熙字典撮要

（英）湛约翰著；王扬安述释

清光绪四年（1878）广东伦敦教会

25 厘米

【收藏机构及索书号】

美国哈佛大学图书馆：T 5173 735. 2

美国加州大学伯克利分校东亚图书馆：5175. 2007 c. 2

▲0311　小学释词 国语解 粤语解

（清）陈子褒编辑

清光绪三十三年（1907）广州蒙学书局

21 厘米

【收藏机构及索书号】

美国加州大学伯克利分校东亚图书馆：5161.9720

0312　切韵求蒙 一卷 四声韵谱 九卷 首一卷

（清）梁僧宝撰

清光绪十六至十九年间（1890—1893）佛山梁氏家塾刻本

两种内封叶背面均有牌记云"光绪十有六年，梁氏家塾刊版"。切韵求蒙有光绪三年寒白退士自序，序后印有墨记"梁生""僧宝"。四声韵谱书后有光绪十九年寒白退士自跋，言及刻印书事，云刊板者二年，刊毕重校约年余，校毕命工剜改又半年，始得印行。徐信符印："南州书楼"朱文方印。框（切韵求蒙）22.6厘米×15.6厘米，（纲领）9行25字，小字双行25字，正文分栏不等，白口，左右双边，单黑鱼尾，版心上镌"求蒙"。

【收藏机构及索书号】

加拿大不列颠哥伦比亚大学亚洲图书馆：Asian Rare-1 no.471

▲*0313* 说文解字校勘记

（清）王怀祖撰

清宣统元年（1909）番禺沈氏残稿

27厘米

【丛书题名】晨风阁丛书1.2

【收藏机构及索书号】

美国普林斯顿大学图书馆：C338/1123

0314 解元三字经

欧适子撰

清朝年间广州十八甫森宝阁

23厘米

【收藏机构及索书号】

美国加州大学伯克利分校东亚图书馆：5161.1032

史

部

史部·纪传类

0315

史记菁华录 六卷

（汉）司马迁撰

清光绪九年（1883）广州翰墨园重刻本

据前人研究成果，广东骆氏的翰墨园是晚清著名刻书铺，清道光、光绪年间骆浩泉翰墨园所刻套印本今见存最多，主要就有《史记菁华录》《杜工部集》等。此条书目著录信息1883年，那么应是清代评点家姚祖恩（号苎田）所辑，骆氏翰墨园于光绪年间校刊重印的版本，可查是否有牌记"光绪九年春正月广州翰墨园校刊"以确定。

【收藏机构及索书号】

加拿大多伦多大学郑裕彤东亚图书馆：S747 1883

0316

古香斋史记

（汉）司马迁撰

清光绪七年（1881）南海孔氏三十有三万卷堂藏板重刻本

（孔广陶）南海孔氏三十有三万卷堂藏板

古香斋袖珍十种又名古香斋鉴赏袖珍丛书，清乾隆帝弘历敕编。乾隆十一年校镌经史，诏内府仿古人巾箱之式，以梨枣余材刻古香斋袖珍诸书，凡一〇种附一种、九〇三卷，多为经史名著，有清乾隆十一年内府刻本、清同治光绪间孔氏三十有三万卷堂重刻本。

【丛书题名】古香斋袖珍十种

【收藏机构及索书号】

加拿大多伦多大学郑裕彤东亚图书馆：DS748. S745 1881

0317

汉书 一百卷

（汉）班固撰；（唐）颜师古注

明嘉靖十六年（1537）广东崇正书院刻本

此本目录后及《列卷》卷七〇末有牌记刊"嘉靖丁酉冬月广东崇正

书院重修"。钤印有"瑶华洞藏书"。半叶 10 行 22 字，四周单边，白口，无鱼尾。

【收藏机构及索书号】

美国哈佛大学哈佛燕京图书馆：T2550/1166

0318　前汉纪

（东汉）荀悦撰

清光绪二年（1876）广州

有地图，27 厘米

【收藏机构及索书号】

加拿大多伦多大学郑裕彤东亚图书馆：DS748. H76 1876a

0319　三国志 六十五卷

（晋）陈寿撰；（晋）裴松之注

清光绪年间广州石经堂书局刻本

内封叶正面题"三国志"，背面残缺。首总目一叶，题"陈寿三国史凡六十五篇总六十五卷"，背面首行题有"皇明崇祯十有七年岁在阏逢涒 滩如月花朝，琴川毛氏开雕"，各卷首末叶版心镌有"汲古阁，毛氏正本"，卷末亦多有汲古阁牌记。案此本与馆藏另一部同板（Copy in PARC, DS748. 2 C42 1875），乃岭南石经堂印书局于光绪年间刻印。

【收藏机构及索书号】

加拿大不列颠哥伦比亚大学亚洲图书馆：Asian Rare-2 no. 11

▲0320　南唐书 十八卷 音释 一卷

（宋）陆游撰；（元）戚光音释

清光绪十六年（1890）新会刘氏藏修堂刻本

【丛书题名】藏修堂丛书

0321　历代通鉴纂要 九十二卷

（明）李东阳撰

清光绪二十三年（1897）广州广雅书局刻本

内封叶背面牌记云"光绪二十三年春二月，广雅书局校刊"，各卷
末均题有校字人姓名。框 21.8 厘米×15 厘米，10 行 20 字，白口，
左右双边，单黑鱼尾，版心上镌题名，中镌卷次。

【收藏机构及索书号】

加拿大不列颠哥伦比亚大学亚洲图书馆：Asian Rare-1 no.540

△0322　新锲李卓吾先生增补批点皇明正续合并通纪统宗 十二卷 首一卷 附
录一卷

（明）陈建撰；（明）袁黄，（明）卜大有补辑；（明）李贽批点

明隆庆六年（1572）刻本

钤印有"佐佐藏书""读耕斋之家藏"。半叶 12 行 28 字，四周单
边，白口，单鱼尾。

【收藏机构及索书号】

美国哈佛大学哈佛燕京图书馆：T2720/7914.4

0323　皇明资治通纪 十四卷 皇明续记 三卷

皇明资治通纪十四卷：（明）陈建撰

皇明续记三卷：（明）卜大有撰

明正德十六年（1521）刻本

明私人编著当代史。钤印有"丘斋""仲宽""郑联宗印"。秀水卜
世昌校正。半叶 12 行 21 字，四周单边，白口，单鱼尾。

【收藏机构及索书号】

美国哈佛大学哈佛燕京图书馆：T2720/7914.C

0324　皇明资治通纪 三十卷

（明）陈建撰；（明）岳元声订

明隆庆六年（1572）刻本

钤印有"刘恕私印""寒碧庄章""花步寒碧庄印""曾在东山刘□常处""蓉峰""彭城伯子""空翠阁藏书印""传经堂印""传经后人""传经堂鉴藏"。明张名振批点。半叶 10 行 22 字，四周单边，白口，单鱼尾。

【收藏机构及索书号】

美国哈佛大学哈佛燕京图书馆：T2720/7914. B

0325　皇明通纪集要 六十卷

（明）陈建撰；（明）江旭奇补订

明天启七年（1627）刻本

半叶 10 行 20 字，左右双边，白口，单鱼尾

【收藏机构及索书号】

美国哈佛大学哈佛燕京图书馆：T2720/7914. D

▲*0326*　皇明从信录 四十卷

（明）陈建撰；（明）沈国元订补

明末刻本

浙江秀水人沈国元合并陈建所著《皇明通纪》前、后编，并补万历朝后命名为此。陈懿典《两朝从信录序》言《皇明从信录》稿创于辛酉岁，刻竣于丁卯春，即书稿创于天启元年（1621），于天启七年（1627）完成刻印。半叶 10 行 22 字，四周单边，白口，单鱼尾。

【收藏机构及索书号】

美国哈佛大学哈佛燕京图书馆：T2720/7910

0327　　　重刻校正增补皇明资治通纪 十卷

（明）陈建撰

明太祖高皇帝辛卯（至正十一年，1516）至明正德十六年（1521）
刻本

半叶 12 行 25 字，四周单边，白口，单鱼尾。

【收藏机构及索书号】

美国哈佛大学哈佛燕京图书馆：T2720/7914

▲0328　　　春秋别典 十五卷

（明）海阳薛虞畿辑

清道光十一年（1831）南海伍氏粤雅堂文字欢娱室刻本

【丛书题名】岭南遗书

【收藏机构及索书号】

加拿大多伦多大学郑裕彤东亚图书馆：DS747. H73 1831

0329　　　古香斋资治通鉴纲目 三编

（清）张廷玉编

清光绪十年（1884）南海孔氏三十有三万卷堂藏板重刻本

（孔广陶）南海孔氏三十有三万卷堂藏板

【丛书题名】古香斋袖珍十种

【收藏机构及索书号】

加拿大多伦多大学郑裕彤东亚图书馆：DS753. Y83 1881

△0330　　　史记月表正讹 一卷

（清）王元启撰

清光绪二十年（1894）广州广雅书局刻本

【收藏机构及索书号】

加拿大多伦多大学郑裕彤东亚图书馆：DS748. S749 W33 1894

0331　续资治通鉴 二百二十卷

（清）毕沅编集

清光绪二十九年（1903）珠江同馨书局刻本

庞镜塘印："庞镜塘读书记"朱文方印，"镜塘读过"白文方印。

内封背面牌记镌"光绪二十九年珠江同馨书局刊"。目录前有光绪二十九年陈元钊刻书序。框18.4厘米×13.9厘米，10行21字，小字双行同，白口，单鱼尾，四周双边。

【收藏机构及索书号】

加拿大不列颠哥伦比亚大学亚洲图书馆：Asian Rare-4 no. 10

△0332　人表考 九卷

（清）梁玉绳撰

清光绪十四年（1888）广州广雅书局

28厘米

【收藏机构及索书号】

美国普林斯顿大学图书馆：B117/114

△0333　三国职官表 三卷

（清）洪饴孙撰

清光绪十七年（1891）广州广雅书局校刻本

29厘米

【收藏机构及索书号】

美国普林斯顿大学图书馆：2560.8/3881

△0334　汉书西域传补注 二卷

（清）徐松撰

清光绪二十年（1894）广州广雅书局

【收藏机构及索书号】

加拿大多伦多大学郑裕彤东亚图书馆：DS793.S62 H77 1894

▲0335   补三国艺文志 四卷

（清）侯康撰

清道光三十年（1850）南海伍氏粤雅堂文字欢娱室刻本

【丛书题名】岭南遗书 第5辑

【收藏机构及索书号】

加拿大多伦多大学郑裕彤东亚图书馆：Z3108. A3 H68 1850

▲0336   补后汉书艺文志 四卷

（清）侯康撰

清道光三十年（1850）南海伍氏粤雅堂文字欢娱室刻本

【丛书题名】岭南遗书 第5辑

【收藏机构及索书号】

加拿大多伦多大学郑裕彤东亚图书馆：Z3108. A3 H67 1850

△0337   史汉骈枝

（清）成孺撰

清光绪十四年（1888）南海广雅书局

【收藏机构及索书号】

加拿大多伦多大学郑裕彤东亚图书馆：DS748. S749 C42

△0338   晋书校勘记

（清）周家禄

清光绪十六年（1890）广州广雅书局

【收藏机构及索书号】

美国加州大学伯克利分校东亚图书馆：2571. 3202. 7

0339   二十四史

清咸丰元年（1851）新会陈氏重雕刻本

陈焯之校刊；30 厘米

（v.1-30）史记 130 册；（v.31-68）前汉书 100 册；（v.69-96）后汉书 120 册；（v.97-115）三国志 65 册；（v.116-152）晋书 130 册附音义 3 册；（v.153-178）宋书 100 册；（v.179-189）南齐书 59 册；（v.190-199）梁书 56 册；（v.200-204）陈书 36 册；（v.205-238）**魏书 114 册**；（v.239-246）北齐书 50 册；（v.247-256）周书 50 册；（v.257-277）隋书 85 册；（v.278-300）南史 80 册；（v.301-334）北史 100 册；（v.335-396）旧唐书 200 册；（v.397-458）唐书 225 册释音 25 册；（v.459-481）旧五代史 150 册；（v.482-492）五代史 74 册；（v.493-626）宋史 496 册；（v.627-642）辽史 115 册；（v.643-674）金史 135 册；（v.675-728）元史 210 册；（v.729-822）明史 232 册。

【收藏机构及索书号】

美国普林斯顿大学图书馆：B12/73

0340　明仁宗圣政记 二卷

（清）沈宗畸编著

清宣统元年（1909）番禺沈氏

27 厘米

【丛书题名】晨风阁丛书 2

【收藏机构及索书号】

美国哈佛大学图书馆：GEN 9100 6371（2）

美国普林斯顿大学图书馆：C338/1123

0341　御批资治通鉴纲目 全书一〇九卷

清光绪二至三年（1876—1877）广州刻本

内封叶正面题"御批资治通鉴纲目全书"，背面牌记云"光绪丙子孟春重刊，丁丑孟夏工竣"，首康熙四十六年御制叙，末康熙四十六年御制后叙，后叙末行小字镌有"粤东省城西湖街富文斋承接刊印"。框 18 厘米×13.5 厘米，11 行 22 字，黑口，四周双边，双黑顺鱼尾，版心上镌题名及卷次，中镌篇名。

【收藏机构及索书号】

加拿大不列颠哥伦比亚大学亚洲图书馆：Asian Rare-1 no. 536

史部·编年类

▲0342   通鉴纲目释地纠谬

（清）张庚撰

清光绪十六年（1890）新会刘氏藏修堂刻本

【丛书题名】藏修堂丛书

【收藏机构及索书号】

加拿大多伦多大学郑裕彤东亚图书馆：DS706.5. C413 1890

史部·纪事本末类

0343   平台纪略 一卷

（清）蓝鼎元撰；（清）王者辅评

清雍正十年（1732）；广州

17 厘米

【收藏机构及索书号】

加拿大多伦多大学郑裕彤东亚图书馆：DS895. F75 L35 1732

0344   平定粤寇纪略 十八卷 附记四卷

（清）杜文澜编

清光绪元年（1875）中国诒谷堂刻本

内封叶背面牌记云"光绪二十三年春二月，广雅书局校刊"，各卷末均题有校字人姓名。左右双边，半叶 9 行 21 字，白口，单黑鱼尾。

史部 · 杂史类

▲0345 　　九国志 十二卷

（宋）路振撰

清道光二十九年（1849）番禺潘氏海山仙馆刻本

【丛书题名】海山仙馆丛书

【收藏机构及索书号】

加拿大多伦多大学郑裕彤东亚图书馆：DS749. 5. L72 1849

▲0346 　　马氏南唐书 三十卷

（宋）马令撰

清光绪十六年（1890）新会刘氏藏修堂

【丛书题名】藏修堂丛书

【收藏机构及索书号】

加拿大多伦多大学郑裕彤东亚图书馆：DS749. 5. M32 1890

▲0347 　　双槐岁钞 十卷

（明）黄瑜撰

清道光十一年（1831）南海伍氏粤雅堂文字欢娱室刻本

【丛书题名】岭南遗书 第1辑

【收藏机构及索书号】

加拿大多伦多大学郑裕彤东亚图书馆：DS753. H786 1831

美国哈佛大学图书馆：9153 4812

△0348   革除遗事 六卷

（明）黄佐撰

清道光三年(1823)

【丛书题名】泽古斋重钞

【收藏机构及索书号】

加拿大不列颠哥伦比亚大学亚洲图书馆：AC149. T754 S. 4v. 4

▲0349   革除遗事节本 六卷

（明）黄佐撰

清道光十一年(1831)南海伍氏粤雅堂文字欢娱室刻本

【丛书题名】岭南遗书 第1辑

【收藏机构及索书号】

加拿大多伦多大学郑裕彤东亚图书馆：DS753. 5. H83 1831

0350   三朝要典 二十四卷 原始一卷

（明）顾秉谦等纂修

清光绪十年(1884)顺德温六篆楼抄本

首册内护叶粘有红底洒金签纸条，题有"光绪十年借李仲约(李文田)藏本钞，宣统元年六月重装"。全书用印刷之黑格纸抄录，版心上镌题名，下镌"温六篆楼钞本"。首天启六年御制序，圣谕，圣旨，凡例，纂修职名，顾秉谦等进表。卷末有顾秉谦、黄立极及冯铨后序各一篇。正文前有三朝要典原始一卷；钤印："顺德温( )勒所藏金石书画之印"朱文方印。框21厘米×15厘米，8行20字，白口，四周双边，双黑对鱼尾，版心上镌题名，下镌"温六篆楼钞本"。

【收藏机构及索书号】

加拿大不列颠哥伦比亚大学亚洲图书馆：Asian Rare-1 no. 673

▲0351　酌中志

（明）刘若愚撰

清道光二十九年（1849）番禺潘氏海山仙馆刻本

【丛书题名】海山仙馆丛书

【收藏机构及索书号】

加拿大多伦多大学郑裕彤东亚图书馆：DS753. L67 1849

▲0352　庚申外史 二卷

（明）权衡撰

清道光二十九年（1849）番禺潘氏海山仙馆刻本

【丛书题名】海山仙馆丛书

【收藏机构及索书号】

加拿大多伦多大学郑裕彤东亚图书馆：DS23. C58 1849

▲0353　史记短长说 二卷

（明）凌稚隆撰

清道光二十九年（1849）番禺潘氏海山仙馆刻本

【丛书题名】海山仙馆丛书

【收藏机构及索书号】

加拿大多伦多大学郑裕彤东亚图书馆：DS747. 5. S45 1849

0354　两广纪略 一卷

（明）华复蠡编

清代翻刻本

总内封叶正面题"明季稗史汇编，都城琉璃厂留云居士排字本"，背面列子目八种。案此乃翻刻本，非活字本。框 15 厘米×11.6 厘米，9 行 19 字，白口，偶有上黑口，左右双边，单黑鱼尾，版心中镌题名。

【丛书题名】明季稗史汇编

0355　粤滇纪略 八卷 附堵胤锡始末

（清）计六奇撰

清代抄本

半叶 8 行 17 字，无框格。

【收藏机构及索书号】

美国哈佛大学哈佛燕京图书馆：T2743/0404

▲0356　南汉纪 五卷

（清）吴兰修撰

清道光三十年（1850）南海伍氏粤雅堂文字欢娱室刻本

【丛书题名】岭南遗书 第 5 辑

【收藏机构及索书号】

加拿大多伦多大学郑裕彤东亚图书馆：DS749.5. W83 1850

▲0357　广东清代档案录

清代抄本

无卷端题名，不分卷，亦不题辑录人，唯"杂务"册有书签题名，疑为后人所加。辑录清初至光绪间有关广东之公文。书名据"杂务"册书签。无栏框，书 23.6 厘米×12.6 厘米，9 行，字不等，白口，无鱼尾。

【收藏机构及索书号】

加拿大不列颠哥伦比亚大学亚洲图书馆：Asian Rare‑1 no.694

0358　粤游见闻 一卷

（清）瞿其美撰

清代翻刻本

总内封叶正面题"明季稗史汇编，都城琉璃厂留云居士排字本"，背面列子目八种。案此乃翻刻本，非活字本。框 14.8 厘米×11.8 厘米，9 行 19 字，白口，左右双边，单黑鱼尾，版心中镌题名。

【丛书题名】明季稗史汇编

【收藏机构及索书号】

加拿大不列颠哥伦比亚大学亚洲图书馆：Asian Rare-1 no.580

史部·诏令奏议类

0359　　注陆宣公奏议 十五卷 序首一卷

（唐）陆贽撰；（清）郎晔注

清光绪七年（1881）广州归安姚氏咫进斋刻本

宋泽元印："宋泽元印"白文方印，"老华"朱文方印，"忏花盦秘笈印"朱文竖方印。内封叶背面牌记云"光绪辛巳秋九月，归安姚氏咫进斋刊"，首光绪七年姚觐元序，云其子姚慰祖于光绪五年始刻于武昌，至七年刻成于广州。序首卷末左下角镌有"南海余良弼镌"，各卷末多刻有牌记"光绪辛巳秋，归安姚氏咫进斋重雕"。框 20.6 厘米×13.6 厘米，9 行 18 字，黑口，四周双边，双黑对鱼尾，版心中镌"奏"及卷次、叶码。

【收藏机构及索书号】

加拿大不列颠哥伦比亚大学亚洲图书馆：Asian Rare-1 no.698

▲0360　　昭代经济言 十四卷

（明）陈子壮撰

清道光三十年（1850）南海伍氏粤雅堂文字欢娱室刻本

【丛书题名】岭南遗书 第 3 辑

【收藏机构及索书号】

加拿大多伦多大学郑裕彤东亚图书馆：HB126.C4 C38 1850

0361　圣谕广训

（清）康熙撰

清光绪十六年（1890）广州

【收藏机构及索书号】

加拿大多伦多大学郑裕彤东亚图书馆：B5234.C53 S5 1890

0362　丁文诚公奏稿 二十六卷

（清）丁宝桢撰

清光绪二十二年（1896）南海罗氏

27 厘米

【收藏机构及索书号】

美国哈佛大学图书馆：GEN 9100 615（0509）

美国普林斯顿大学图书馆：B72/3624

史部·传记类

0363　列女传 八卷

（汉）刘向撰；（清）梁端校注

清同治十三年（1874）粤东汪曾本补刻本

内封叶正面题名"列女传校读本"，背面牌记云"道光丁酉秋七月，钱唐汪氏振绮堂开雕"，首清道光梁德绳序，道光癸巳（十三年，1833）汪远孙序，均言及刻书事。又有宋曾巩及王回旧序。卷末有清同治十三年汪曾本跋，云此书板于咸丰间因粤寇之乱而散失几半，因与其弟汪曾学补刻于粤东。案梁端为汪远孙之妻，汪曾本为汪远孙之侄。刘燏芬印："刘小衡所读书"，"贻令堂藏""贻令堂藏书记"朱文方印。郑琼印："郑琼女史"阴阳文方印，"韵琼"白文方印。框 17 厘米×12 厘米，11 行 19 字，白口，左右双边，单黑鱼尾，版心中镌题名及卷次，下或镌有"同治十三年补刊"。

【收藏机构及索书号】

加拿大不列颠哥伦比亚大学亚洲图书馆：Asian Rare-1 no. 600

0364　宋史道学传 四卷

（元）脱脱等撰；（明）陈选选

明成化二十年（1484）广东天台陈氏

缩微胶片：国会图书馆摄制

35 毫米

北京图书馆善本书胶片＝Rare books National Library　Peiping reel　20

【收藏机构及索书号】

美国普林斯顿大学图书馆：Microfilm 9101/1165. 1 r. 20（2）

美国哈佛大学图书馆：FC4876（20）

▲0365　广州人物传 二十四卷

（明）黄佐撰

清道光十一年（1831）南海伍氏粤雅堂文字欢娱室刻本

存卷 1-8；27 厘米

【丛书题名】岭南遗书 第 1 辑

【收藏机构及索书号】

加拿大多伦多大学郑裕彤东亚图书馆：DS796. C2 H83 1831

美国普林斯顿大学图书馆：N2260. 32/0832

▲0366　百越先贤志 四卷

（明）欧大任撰

清道光十一年（1831）南海伍氏粤雅堂文字欢娱室刻本

【丛书题名】岭南遗书 第 1 辑

【收藏机构及索书号】

加拿大多伦多大学郑裕彤东亚图书馆：DS793. K7 O8 1831

▲0367   广名将传 二十卷

（明）黄道周注断

清道光二十九年（1849）番禺潘氏海山仙馆刻本

【丛书题名】海山仙馆丛书

【收藏机构及索书号】

加拿大多伦多大学郑裕彤东亚图书馆：DS734. H788 1849

▲0368   读画录 四卷

（清）周亮工撰

清道光二十七年（1847）番禺潘氏海山仙馆刻本

【丛书题名】海山仙馆丛书

【收藏机构及索书号】

加拿大多伦多大学郑裕彤东亚图书馆：ND1048. C56 1847

▲0369   无声诗史 七卷

（清）姜绍书撰

清光绪十六年（1890）新会刘氏藏修堂刻本

【丛书题名】藏修堂丛书

【收藏机构及索书号】

加拿大多伦多大学郑裕彤东亚图书馆：ND1048. C445 1890

▲0370   纪梦编年 一卷

（清）释成鹫撰

清道光四十三年（1863）南海伍氏粤雅堂文字欢娱室刻本

【丛书题名】岭南遗书 第6辑

【收藏机构及索书号】

加拿大多伦多大学郑裕彤东亚图书馆：BL1473. C5 A3 1863

▲*0371*　朱子年谱

（清）王懋竑纂订

清道光三十三年（1853）南海伍氏粤雅堂刻本

20 厘米

【丛书题名】粤雅堂丛书 卷八十

【收藏机构及索书号】

加拿大多伦多大学郑裕彤东亚图书馆：B128. C54 W3 1853A

▲*0372*　正学续 四卷

（清）陈遇夫撰

清道光三十年（1850）南海伍氏粤雅堂文字欢娱室刻本

【丛书题名】岭南遗书 第 3 辑

【收藏机构及索书号】

加拿大多伦多大学郑裕彤东亚图书馆：BL1850. C54 1850

▲*0373*　袁督师事迹

清道光三十年（1850）南海伍氏粤雅堂文字欢娱室刻本

【丛书题名】岭南遗书 第 5 辑

【收藏机构及索书号】

加拿大多伦多大学郑裕彤东亚图书馆：DS753. 6. Y83 Y8 1850

▲*0374*　玉台书史 一卷

（清）厉鹗撰

清光绪十六年（1890）新会刘氏藏修堂刻本

【丛书题名】藏修堂丛书

【收藏机构及索书号】

加拿大多伦多大学郑裕彤东亚图书馆：Z44. L52 189

0375 　尊闻录 八卷

（清）曾受一撰

清乾隆四十年（1775）刻本

钤印有"下毛石井氏"藏书印。乾隆三十五年（1770）顾汝修跋，乾隆三十六年（1771）卜宁一跋。半叶 10 行 20 字，四周双边，白口，单鱼尾。

卷一为孔子、颜子、曾子、子思子、孟子；卷二为周子、大程子、二程子、朱子；卷三为孔门诸弟子；卷四为伏生、孔安国、王通、韩愈等汉唐诸儒；卷五、卷六为张载、邵雍等两宋诸儒；卷七为元明诸儒；卷八取公明仪等俟论定者。

【收藏机构及索书号】

美国哈佛大学哈佛燕京图书馆：T1042/8621

National Library of China—Harvard-Yenching Library Chinese rare book digitization project：T1042/8621

▲0376 　国朝汉学师承记 八卷

（清）江藩纂

清咸丰四年（1854）广州伍崇曜

27 厘米

【收藏机构及索书号】

美国加州大学伯克利分校东亚图书馆：1027.3146 1854

0377 　畴人传

（清）阮元撰

清道光九年（1829）广东学海堂咸丰十年（1860）补刻本

【丛书题名】皇清经解卷 1059-1067

【收藏机构及索书号】

加拿大多伦多大学郑裕彤东亚图书馆：QA28.J8 1860A

▲0378　　　昭代名人尺牍小传 二十四卷

（清）吴修撰

清光绪十六年（1890）新会刘氏藏修堂刻本

【丛书题名】藏修堂丛书

【收藏机构及索书号】

加拿大多伦多大学郑裕彤东亚图书馆：L2610. W822 1890

▲0379　　　粤东名儒言行录 二十四卷

（清）邓淳编

清道光十一年（1831）广州养拙山房刻本

首凡例、征引书目、目录，目录末叶左下角题"省城西湖街汗青斋承刊"。案此本内封叶残缺，别本内封叶题有"粤东名儒言行录，道光辛卯六月刻成""养拙山房藏板"。框 19 厘米×13.5 厘米，10 行 21 字，下黑口，左右双边，单黑鱼尾，版心上镌题名，中镌卷次及人名。

【收藏机构及索书号】

加拿大不列颠哥伦比亚大学亚洲图书馆：Asian Rare-1 no. 616

0380　　　花甲闲谈 十六卷

（清）张维屏撰；（清）叶梦草图

清道光二十年（1840）广州富文斋木刻本

29 厘米

首有道光十九年张维屏自序（言及成书），末有道光二十年张璐跋（言及绘刻）。框 17.7 厘米×13.8 厘米，10 行 21 字，小字双行同，白口，四周双边，单黑鱼尾，版心上镌书名，中镌卷次。有图 32 幅。

【收藏机构及索书号】

美国普林斯顿大学图书馆：ReCAP 9155 1327

美国加州大学伯克利分校东亚图书馆：5502. 3. 1840、2268 1327. 44

0381   连平颜氏宗谱 不分卷

（清）颜伯焘，（清）颜培文等纂修

稿本

半叶行款不计，四周单边，白口，无鱼尾。

【收藏机构及索书号】

美国哈佛大学哈佛燕京图书馆：T2252.8/3108

▲0382   玉台画史

（清）汤漱玉撰

清光绪十六年（1890）新会刘氏藏修堂刻本

【丛书题名】藏修堂丛书

【收藏机构及索书号】

加拿大多伦多大学郑裕彤东亚图书馆：ND1048.T34 1890

▲0383   东坡事类 二十二卷

（清）梁廷枏纂

清道光十年（1830）刻本

【收藏机构及索书号】

加拿大不列颠哥伦比亚大学亚洲图书馆：Asian Rare-1 no.2055

0384   历代名臣言行录 二十四卷

（清）朱桓撰

清嘉庆二年（1797）广东

26 厘米

【收藏机构及索书号】

美国哈佛大学图书馆：2258 2945a

▲0385   鸿爪前游日记 六卷

（清）孔广陶撰

清光绪十九年（1893）广州三十有三万卷堂刻本

【收藏机构及索书号】

加拿大不列颠哥伦比亚大学亚洲图书馆：Asian Rare-1 no. 3075

▲0386　编次陈白沙先生年谱 二卷

（清）阮榕龄编

清咸丰元年（1851）新会阮韭龄梦菊堂刻本

内封叶正面题"白沙先生年谱，潭溪阮氏梦菊堂藏板"，背面牌记云"咸丰元年秋八月，新会阮氏梦菊堂雕"。首咸丰二年曾钊序，道光二十三年阮榕龄自序。曾序云此乃阮榕龄之弟韭龄所刻。各卷末题有"姻弟方庭植石琴参订，胞弟阮韭龄紫蒲校字"。案阮榕龄卒后，其弟阮韭龄将其遗著陆续刊刻，此年谱乃首先刻成，同时附刻有白沙门人考及白沙丛考。框 19.8 厘米×12.6 厘米，9 行 22 字，小字双行同，黑口，四周双边，双黑对鱼尾，版心中镌"白沙年谱"及卷次，佚名批校。

【收藏机构及索书号】

加拿大不列颠哥伦比亚大学亚洲图书馆：Asian Rare-1 no. 622

▲0387　白沙丛考 一卷

（清）阮榕龄编

清咸丰元年（1851）新会阮韭龄梦菊堂刻本

内封叶正面题"白沙丛考，泷水郑绩书"，卷末题有"姻弟方庭植石琴参订，胞弟阮韭龄紫蒲校字"。案此书乃附刻于白沙年谱之后。

【收藏机构及索书号】

加拿大不列颠哥伦比亚大学亚洲图书馆：Asian Rare-1 no. 623

▲0388　白沙门人考 不分卷

（清）阮榕龄编

清咸丰八年（1858）新会阮韭龄梦菊堂刻本

目次后有道光二十二年阮榕龄识语，卷末题"胞弟阮韭龄紫蒲校字"。案此书乃附刻于白沙年谱之后，然卷末"欧阳回"一条有阮韭龄识语，云补入此条之原因，署年为"戊午孟秋韭龄志"，则此书乃刻成于咸丰八年。框 19.6 厘米×12.6 厘米，9 行 22 字，小字双行同，黑口，四周双边，双黑对鱼尾，版心中镌题名。

【收藏机构及索书号】

加拿大不列颠哥伦比亚大学亚洲图书馆：Asian Rare-1 no.624

0389　北山杨氏族谱 十卷 首一卷

（清）杨绍荣等纂修

清咸丰七年（1857）中山绍经堂刻本扉页镌"北山杨氏族谱。一世至二十二世。咸丰丁巳年七修。绍经堂梓"。诸卷（卷二除外）首页皆钤有"夜"字。半叶 11 行 23 字，左右双边，白口，单鱼尾。

【收藏机构及索书号】

美国哈佛大学哈佛燕京图书馆：T2252.86/1242

0390　元广东遗民录

（清）汪兆镛辑

清同治壬戌年（1862）澳门蕉园寓楼

27 厘米

【收藏机构及索书号】

斯坦福大学图书馆：2261.3 7927

△0391　广州乡贤传 四卷 首一卷 续二卷

（清）潘梅元纂辑；（清）谭莹续辑

清同治元年（1862）广州刻本

内封叶背面牌记"省城龙藏街萃文堂存板"，首同治元年谭莹序，末李长荣跋；各卷末行镌有"南海后学李长荣校字"。案，续传末二条袁崇焕、莫象年传后注云"同治二年补遗"，乃后补入者。框

13 厘米×10 厘米，11 行 20 字，白口，左右双边，单黑鱼尾，版心上镌题名，中镌卷次。

【收藏机构及索书号】

加拿大不列颠哥伦比亚大学亚洲图书馆：Asian Rare-1 no. 774

0392　郭氏名贤列女传

（清）马通道辑

清同治七年（1868）抄本

【收藏机构及索书号】

加拿大不列颠哥伦比亚大学亚洲图书馆：CT1827. 5. K86 M32 1868

0393　南海九江朱氏家谱 十二卷 首四卷

（清）朱宗琦纂修

清同治八年（1869）刻本

此为广东省广州府南海县朱氏族谱，计十二卷。半叶 11 行 24 字，左右双边，白口，单鱼尾。

卷首凡四卷，一序，二编修校勘识事卫名，三序例，四目录。正文卷一《姓族源流》，卷二至五《宗支谱》，卷六《恩荣谱》，卷七《祠宇谱》，卷八至九《坟茔谱》，卷一〇《艺文谱》，卷一一《家传谱》附《外传》，卷一二《杂录》。

【收藏机构及索书号】

美国哈佛大学哈佛燕京图书馆：T2252. 8/4329

0394　太子太傅先庄毅公东岩府君年谱

（清）他他拉·长启

清同治九年（1870）广州

29 厘米

【收藏机构及索书号】

加拿大多伦多大学郑裕彤东亚图书馆：DS760. 9. Y82 C4

0395   新大陆游记

（清）梁启超述

清光绪二十九年（1903）日本横滨新民丛报社铅印本

【收藏机构及索书号】

加拿大不列颠哥伦比亚大学亚洲图书馆：E168. L5 1903

0396   古谱纂例 六卷

（清）黄任恒辑

清光绪三十年（1904）广州美泰号

20 厘米

【收藏机构及索书号】

美国普林斯顿大学图书馆：2252/4829

▲0397   东游考察学校记 六卷

（清）关赓麟著

清光绪二十九年（1903）广州汉石楼铅印本

21 厘米

【收藏机构及索书号】

美国加州大学伯克利分校东亚图书馆：4913. 7. 7200

△0398   先圣生卒年月日考 二卷

（清）孔广牧述

清光绪十五年（1889）广州广雅书局刻本

【收藏机构及索书号】

加拿大不列颠哥伦比亚大学亚洲图书馆：Asian Rare - 3 no. 6

△0399   广东同官录

清末民初广东

缩微胶卷

35 毫米

【收藏机构及索书号】

美国普林斯顿大学图书馆：Microfilm C01254

△0400 　广东同官录

清末民初广东

【收藏机构及索书号】

美国哈佛大学图书馆：FC15

△0401 　广东同官录

清光绪十六年（1890）广东瑞元堂

25 厘米

【收藏机构及索书号】

美国普林斯顿大学图书馆：4762 7238

0402 　廖氏族谱 不分卷

廖伟和辑

清光绪三十三年（1907）抄本

有扉页，题"廖氏族谱。共玖拾壹篇。光绪三十三年岁次丁未春三月。二十一世孙伟和抄撮并绘山图谨□"；有扉页，钤"廖印伟和"，书后伟和自序处亦钤此印。半叶 8 行 20 字，无框格。

【收藏机构及索书号】

美国哈佛大学哈佛燕京图书馆：T2252.9/4302

史部·史表类

△0403 　历代帝王年表

（清）齐召南编，（清）阮福续编

清道光四年（1824）广州阮福小琅嬛仙馆刻本

姚钧石印："姚钧石藏书"朱文长方印，"民国庚辰"朱文方印，"蒲坂书楼"白文长方印。框19.8厘米×13厘米，8行24字，有眉栏，左右双边，黑口，双黑对鱼尾，版心中镌题名及朝代名。

【丛书题名】文选楼丛书

【收藏机构及索书号】

加拿大不列颠哥伦比亚大学亚洲图书馆：Asian Rare－1 no. 541、Asian Rare－1 no. 3151

史部·史钞类

▲0404　　古史辑要

（清）佚名

清道光二十九年（1849）番禺潘氏海山仙馆刻本

【丛书题名】海山仙馆丛书

【收藏机构及索书号】

加拿大多伦多大学郑裕彤东亚图书馆：DS735. A2 K78 1849

0405　　史记菁华录 六卷

（清）姚祖恩选注

清光绪九年（1883）广州翰墨园刻本

（朱墨套印本）

卷首尾均有康熙辛丑（六十年，1721）芑田氏（姚祖恩）题辞及识语，并有牌记云"道光甲申秋八月，吴兴姚氏刊于扶荔山房"。卷二、三、五末叶左下角镌"羊城翰墨园刻，番禺章福基校"。案此乃翰墨园翻刻本，保留了原刻牌记，但版式略小，并将眉批卷二以下改用匠体字。此本内封叶残缺，别本内封叶题有"光绪九年春正月广州翰墨园校刊"。框17.8厘米×14.5厘米，9行20字，小字双行同，大黑口，左右双边，单黑鱼尾，版心中镌题名及卷次，下镌朱墨板叶数。行间印有朱文圈点，天头印有朱文眉批，7字，行不等。

【收藏机构及索书号】

加拿大不列颠哥伦比亚大学亚洲图书馆：Asian Rare-1 no.529

史部·地理类

▲0406 杨议郎著书 一卷

（汉）杨孚撰；（清）曾钊辑

清道光三十年（1850）南海伍氏粤雅堂文字欢娱室刻本

【丛书题名】岭南遗书 第5辑

【收藏机构及索书号】

加拿大多伦多大学郑裕彤东亚图书馆：DS707.Y314 1850

▲0407 洛阳名园记 一卷

（宋）李格非撰

清道光二十九年（1849）番禺潘氏海山仙馆

【丛书题名】海山仙馆丛书

【收藏机构及索书号】

加拿大多伦多大学郑裕彤东亚图书馆：DS796.L6 L53 1849

0408 舆地纪胜 二百卷

（宋）王象之编

清咸丰五年（1855）南海伍崇耀粤雅堂刻本

徐信符印："南州书楼"朱文方印。姚钧石印："姚钧石藏书"朱文长方印，"民国庚辰"朱文方印，"蒲坂书楼"白文长方印。原缺三十二卷未刻：卷13-16，50-54，136-144，168-173，193-200。内封叶背面牌记云"咸丰五年八月，南海伍氏校刊"，首咸丰五年伍崇耀刻书序。框20.5厘米×15.8厘米，12行25字，白口，左右双边，双黑对鱼尾，版心上镌题名，中镌卷次，下镌"粤雅堂开雕"。

【收藏机构及索书号】

加拿大不列颠哥伦比亚大学亚洲图书馆：Asian Rare-1 no.708

0409　　　咸淳毗陵志 三十卷 附图

(宋)史能之纂

清嘉庆二十五年(1820)南海

其他题名：咸淳毗陵志、重修毗陵志。

宋元地方志丛书，p.3447-3714

【收藏机构及索书号】

美国普林斯顿大学图书馆：3110/5644 vol.6(1)

0410　　　罗浮山志 十二卷

(明)黄佐等纂

明嘉靖三十六年(1557)广州黄佐等集资刊

缩微胶片，1979.1 reel

35毫米；20厘米

【收藏机构及索书号】

美国普林斯顿大学图书馆：Microfilm 9101/5565(3904)

0411　　　古香斋鉴赏袖珍春明梦余录 七十卷

(清)孙承泽撰

清光绪七年(1881)广州孔氏三十有三万卷堂刻本

姚钧石印："姚钧石藏书"朱文长方印，"民国庚辰"朱文方印，"蒲坂书楼"白文长方印。内封叶正面题"内本重镌，古香斋春明梦余录，孔氏三十有三万卷堂藏板"，并刻印有"岳雪楼印"墨记，背面牌记云"光绪七年开雕，八年告竣"。框10厘米×8厘米，9行22字，无界栏，白口，四周双边，单黑鱼尾，版心上镌"古香斋春明梦余录"，中镌卷次。

【收藏机构及索书号】

加拿大不列颠哥伦比亚大学亚洲图书馆：Asian Rare-1 no. 638

▲0412　西湖杂记 一卷

（明）黎遂球撰

清光绪十一年（1885）钱塘丁氏嘉惠堂刻本

【丛书题名】武林掌故丛编

【收藏机构及索书号】

加拿大不列颠哥伦比亚大学亚洲图书馆：DS796. H25　W88
S. 9v. 1：3

▲0413　海珠小志 五卷

（明）李䇓编；（清）李文焰重辑

清康熙三十六年（1697）刻本

蒲坂藏书之一种，然无藏书印。

首明万历二十三年欧大任序，二十四年袁昌祚序。卷端题"明十二
世孙知府䇓编次"，及十三、十四世孙等姓名，最末行题"十五世
孙贡生文焰重辑"。卷一首篇为清康熙丁丑（三十六年，1697）十五
世孙李文焰识语，卷五又十五叶首行题续刻，卷末有万历乙未（二
十三年，1595）李䇓"题海珠小志后"。案，此书残损严重，经修
补重装，卷一、卷二配清抄本，卷三至五亦间有补抄。据李文焰识
语云，"珠志经今百有余年，印板朽烂，散失几半。焰忧其日久无
存，用是亟搜旧本，按篇补辑，今原本无缺矣"，又云"兹承名篇
赐教，随到随梓，稍欠伦序，俟汇刻完书，乃总新旧而编次之，以
成大观"。此所谓随到随梓者，指卷五族人诗文未能按世系编排，
有晚辈而排于长者之前者。卷前有海珠寺图及创寺人李昴英
（1201—1257）像。

【收藏机构及索书号】

加拿大不列颠哥伦比亚大学亚洲图书馆：Asian Rare-1 no. 841

▲0414　罗浮志

（明）陈莲撰

清道光三十年（1850）南海伍氏粤雅堂文字欢娱室刻本

【丛书题名】岭南遗书 第3辑

【收藏机构及索书号】

加拿大多伦多大学郑裕彤东亚图书馆：DS793.K72 L673 1850

△0415　厓山志 五卷

（明）黄淳纂修

清代黄淳抄本

徐信符印："南州书楼"朱文方印。姚钧石印："姚钧石藏书"朱文长方印，"蒲坂书楼"白文长方印，"民国庚辰"朱文方印。卷四未完，似有残缺。卷五分为两部分，页码分别起讫。首万历丁未春正月鸣山外史黄淳"重修崖山新志叙"，及许炯、张诩崖山旧志序。目录题名"重修崖山志"。无栏框，书27.5 厘米×16 厘米，9行18 字，白口，无鱼尾，版心上题书名，中题卷数，下题叶数。

【收藏机构及索书号】

加拿大不列颠哥伦比亚大学亚洲图书馆：Asian Rare-1 no.893

0416　粤游纪 一卷

（明）黎允儒撰；（明）杨起元评

清代抄本

梁汝洪印："紫云青华研斋"朱文方印。姚钧石印："姚钧石藏书"朱文长方印，"钧石所藏金石书画印"，"民国庚辰"朱文方印，"蒲坂书楼"白文长方印。此乃文塘子黎允儒于万历十四年（1586）冬访其弟子杨起元于粤时讲学之语录也。万历十七年（1589）杨起元"文塘子粤游纪序"，郭如鲁"粤游纪叙"，末（万历）丁亥（十五年，1587）黎允儒"后序"。书中抄者校改之处颇多，另夹有附页两张，一为杨起元传，录自黄梓林之广东文献辑览，一为曾钊所撰之杨贞复杂著跋，观其纸墨，乃出自近人之手。框 23 厘米×15 厘米，9 行 20 字，白口，绿丝栏，四周单边。

【收藏机构及索书号】

加拿大不列颠哥伦比亚大学亚洲图书馆：Asian Rare-1 no. 1568

▲0417　中国近世舆地图说

（清）罗汝南编纂；（清）方新校绘

清宣统元年（1909）广东教忠学堂

27 厘米

【收藏机构及索书号】

美国哈佛大学哈佛燕京图书馆：GEN 3080.86134

△0418　广东新语 二十八卷

（清）屈大均撰

清康熙年间木天阁刻本

卷一《天语》，卷二《地语》，卷三《山语》，卷四《水语》，卷五《石语》，卷六《神语》，卷七《人语》，卷八《女语》，卷九《事语》，卷一〇《学语》，卷一一《文语》，卷一二《诗语》，卷一三《艺语》，卷一四《食语》，卷一五《货语》，卷一六《器语》，卷一七《宫语》，卷一八《舟语》，卷一九《坟语》，卷二〇《禽语》，卷二一《兽语》，卷二二《鳞语》，卷二三《介语》，卷二四《虫语》，卷二五《木语》，卷二六《香语》，卷二七《草语》，卷二八《怪语》。

【收藏机构及索书号】

美国哈佛大学哈佛燕京图书馆：T3073/81

△0419　广东新语 二十八卷

（清）屈大均撰

清康熙庚辰三十九年（1700）刻本

姚钧石印："姚钧石藏书"朱文长方印，"民国庚辰"朱文方印，"蒲坂书楼"白文长方印。案，此书坊间翻刻本甚多，很难断定其刻印者及年代，卷中仅避康熙讳，不避乾隆及以后皇帝之名讳。此本之特点是书板略高，黑鱼尾。卷二十七第一至十叶残缺。无内封叶，首康熙庚辰（三十九年，1700）潘耒"序"，自序，总目。框18.5厘米×13.5厘米，11行19字，白口，四周单边，单黑鱼尾，版心上镌题名，中镌卷次。

【收藏机构及索书号】

加拿大不列颠哥伦比亚大学亚洲图书馆：Asian Rare‒1 no. 848、Asian Rare‒3 no. 11

△0420　南来志 一卷

（清）王士禛撰

清康熙年间刻本

【收藏机构及索书号】

加拿大不列颠哥伦比亚大学亚洲图书馆：No call number available

△0421　北归志 一卷

（清）王士禛撰

清康熙年间刻本

【收藏机构及索书号】

加拿大不列颠哥伦比亚大学亚洲图书馆：DS708. W38 1690

△0422　广州游览小志 一卷

（清）王士禛撰

清康熙二十九年（1690）刻本

【收藏机构及索书号】

加拿大不列颠哥伦比亚大学亚洲图书馆：DS708. W38 1690

△0423   南来志北归志 一卷 广州游览小志 一卷

（清）王士禛撰

清末民国抄本

姚钧石印："姚钧石印"朱文方印，"姚钧石藏书"朱文长方印，
"蒲坂书楼"白文长方印，"民国庚辰"朱文方印。卷端所题"禛"
字未改，卷末文字多有空缺，似底本已残缺不全，则所据或为康熙
间印本。框 18.6 厘米×14 厘米，10 行 22 字，白口，左右双边，蓝
丝栏，单鱼尾，版心下镌"孝菽堂"。

【收藏机构及索书号】

加拿大不列颠哥伦比亚大学亚洲图书馆：Asian Rare-1 no. 972

0424   鼎湖山庆云寺志 八卷 首一卷

（清）释成鹫撰

清乾隆年间

半叶 9 行 19 字，左右双边，白口，单鱼尾。

卷首名胜图十一帧，成鹫撰《凡例》十二则。卷一《总论》《星野疆域
志第一》《山川形胜志第二》《殿阁堂寮志第三》《创造缘起志第四》
《新旧沿革志第五》，卷二《开山主法志第六》，卷三《继席宏化志第
七》，卷四《清规轨范志第八》，卷五《耆硕人物志第九》《檀信外护
志第十》，卷六《登临题咏志第十一》，卷七《艺文碑碣志第十二》，
卷八《附山事杂志》。

【收藏机构及索书号】

美国哈佛大学哈佛燕京图书馆：T3035.32/223.81

0425   连阳八排风土记 八卷

（清）李来章撰

清康熙年间广东连山书院刻本

有扉页，刊"连阳八排风土记。连山书院"。半叶 9 行 20 字，左右
双边，黑口，单鱼尾。

卷一《图绘》，卷二《形势》，卷三《风俗》，卷四《言语》，卷五《剿抚》，卷六《建置》，卷七《约束》，卷八《向化》，凡八卷。目录尚有卷九、卷一〇，题曰《杂述》上下，然有目无书，盖欲为之而未成者。

【收藏机构及索书号】

美国哈佛大学哈佛燕京图书馆：T2219.4/4440

0426　南游记

（清）孙嘉淦撰

清嘉庆十年（1805）广州守意龛藏板朱墨套印本

【收藏机构及索书号】

加拿大多伦多大学郑裕彤东亚图书馆：DS708.S82 1805

▲0427　五山志林 八卷

（清）罗天尺撰

清道光三十年（1850）南海伍氏粤雅堂文字欢娱室刻本

【丛书题名】岭南遗书 第5辑

【收藏机构及索书号】

加拿大多伦多大学郑裕彤东亚图书馆：PL2718.O16 W8 1850

▲0428　澳门记略 二卷

（清）印光任，（清）张汝霖撰

清乾隆年间刻本

钤印有"千古""勤慎"；有图。半叶9行20字，四周双边，白口，单鱼尾。

【收藏机构及索书号】

美国哈佛大学哈佛燕京图书馆：T3073.37/7292

加拿大不列颠哥伦比亚大学亚洲图书馆：Asian Rare-1 no.947

0429　御制避暑山庄圆明园图咏

（清）乾隆撰

清嘉庆、光绪年间香山大同书局

21 厘米

【收藏机构及索书号】

美国哈佛大学图书馆 Dumbarton Oaks：RBR A Roller 1-1

美国加州大学伯克利分校东亚图书馆：5463.3213.6

加拿大多伦多大学郑裕彤东亚图书馆：PL2705.I45 P5 1800z

▲0430　三江水利纪略

（清）庄有恭撰

清乾隆年间刻本

钤有"晚香草堂""清康熙五十五年（1716）艳秋阁物""常熟翁同龢藏本""孙慧翼印""冥生草堂珍藏"诸印；守曾题识。半叶 9 行 19 字，四周双边，白口，单鱼尾。

卷一《三江水利图》《水利文檄章奏详禀》，卷二《章程条议》，卷三《水利各河原委宽深丈尺土方银数》，卷四《水利善后事宜》。

【收藏机构及索书号】

美国哈佛大学哈佛燕京图书馆：T3039.9/1312

0431　罗浮山志会编 二十二卷 首一卷

（清）宋广业撰

清康熙五十五年（1716）刻本

康熙五十六年吴中和跋，康熙五十五年谢有辉跋，宋志益跋。半叶 9 行 20 字，左右双边，白口，单鱼尾。

卷首罗浮山图并图说，卷一《天文志》《地理志一》，卷二《地理志二》，卷三《地理志三》，卷四《人物志一》，卷五《人物志二》，卷六《人物志三》，卷七《品物志》，卷八《述考志一》，卷九《述考志二》，卷一〇《艺文志一》，卷一一《艺文志二》，卷一二《艺文志三》，卷一三《艺文志四》，卷一四《艺文志五》，卷一五《艺文志六》，卷一六《艺文志七》，卷一七《艺文志八》，卷一八《艺文志九》，卷一九《艺文志十》，卷二〇《艺文志十一》，卷二一《艺文志十二》，卷二二《艺文志十三》。

【收藏机构及索书号】

美国哈佛大学哈佛燕京图书馆：T3035/6134

0432　罗浮外史 一卷 罗浮山图 一卷

（清）钱以垲撰

清乾隆五十一年（1786）钱金殿刻本无内封叶，首钱以垲自序，未署年代，末乾隆丙午作者之子钱金殿刻书跋。案，钱金殿跋云，此书乃继《岭海见闻》之后而刻。然诸家目录于此二书只著录有康熙本而无乾隆本，当是误以乾隆本为康熙本矣。卷中已避乾隆讳，第六十六叶"一泓潭影照清虚"，"泓"字缺末笔。UBC图书馆藏本有民国十一年（1922）张处莘批校题跋；张处莘批校题跋并钤印："处莘""张处莘印"朱文方印。梁汝洪印："梁汝洪珌""紫云青华研斋"朱文方印。框17厘米×14厘米，写刻，9行19字，大黑口，左右双边，单黑鱼尾，版心中镌题名。

【收藏机构及索书号】

加拿大不列颠哥伦比亚大学亚洲图书馆：Asian Rare-1 no. 859

△0433　汉志水道疏证 四卷

（清）洪颐煊撰

清光绪十八年（1892）广州广雅书局

【收藏机构及索书号】

加拿大多伦多大学郑裕彤东亚图书馆：GB1337. H8 1892

△0434　粤中见闻 三十五卷

（清）范端昂辑

清乾隆四十二年（1777）一泓轩刻本

此本有扉页，刻"粤中见闻。清乾隆四十二年镌。三江范端昂吕男纂辑。一天文，二地舆，三名室，四物类。一泓轩藏板"。半叶9行22字，四周双边，白口，单鱼尾。

卷一至三《天部》，卷四至一二《地部》，卷一三至二〇《人部》，卷二一至三五《物部》，附纪二则。

【收藏机构及索书号】

美国哈佛大学哈佛燕京图书馆：T3073/4106

▲0435　粤中见闻 三十五卷 附纪一卷

（清）范端昂纂辑

清嘉庆六年（1801）三水五典斋刻本

【收藏机构及索书号】

加拿大不列颠哥伦比亚大学亚洲图书馆：Asian Rare-1 no. 3063

△0436　岭南丛述 六十卷

（清）邓淳编

清道光十五年（1835）补刻本

内封叶题"岭南丛述，色香俱古室藏板"，首道光庚寅（十年，1830）邓淳自序，杨振麟序，凡例，参订姓氏十人，参校姓氏十人，目录，征引书目。末道光十年曾钊跋，作者之侄邓俅刻书跋。卷端题邓淳编辑，参订人则各卷不同。案，此本缺道光乙未顺德赖瀛序，赖瀛（1793—1862）即色香俱古室主人。赖氏序详细记述其补板之经过，云"乙未春，晤勉士先生（曾钊）于面城楼，复申前志。此板果散失过半，其存面城楼者仅什之四五耳。余乃再为重购，又得三四焉。细为检次，于原书略有缺失，而补校自不能已矣。于是日与儿辈雠校，散失者补之，漫漶者新之，而是书始复旧观"。框18.3厘米×13.3厘米，13行25字，白口，左右双边，双黑对鱼尾，版心上镌题名，中镌卷次。

加拿大不列颠哥伦比亚大学亚洲图书馆：Asian Rare-1 no. 846

▲0437　学海堂志 一卷

（清）林伯桐编；（清）陈澧等续补

清道光十八年（1838）至同治、光绪年间刻本

内封叶正面题"道光戊戌九月刻成，学海堂志，黄子高题"，次叶为学海堂图，曾钊题字，黄培芳绘。再次叶为目录，目录后有道光戊戌林伯桐识语，及同治丙寅陈澧识语。案，此乃重刻本，然内封叶及图仍保留了道光本原貌。全书凡十四篇，首篇图说叶码单独起讫，凡四叶。其余各篇虽单独起叶，然叶码则一贯到底，共五十叶。内容多续至同治五年，应是陈澧所续，唯"题名"一篇则续至光绪年间，其第二十四叶续至光绪五年，二十四叶之后另增加两叶，题"又廿四""又廿四，二"，续至光绪二十三年，不知何人所续。故此本或为光绪五年刻，二十三年增刻。学海堂位于广州城北越秀山中，道光四年由阮元创建。框18.4厘米×14.2厘米，10行20字，白口，四周双边，单黑鱼尾，版心上镌题名。

加拿大不列颠哥伦比亚大学亚洲图书馆：Asian Rare-1 no. 939

△0438　浮山小志 三卷

（清）黄培芳辑

首叶正面为江本源征文启，背面为内封叶，大字题"浮山小志"，小字题"省城西湖街六书斋刊"。首嘉庆十六年伊秉绶序，嘉庆十四年黄培芳自序。卷前有伊秉绶题词，版心叶码云卷一"又二"，当为后增入者。伊氏序凡四叶，版心题"卷首"，亦为后增入者。首两卷卷端题"香山黄培芳香石撰，和醪江本源瀛涛校"，卷三则题"香山黄培芳香石续编，和醪江本源瀛涛续校"。框16.5厘米×11厘米，竹简栏，6行16字，首尾各有一窄行，首行下题"茏葱

竹册"，卷一上题"纪胜"，卷二、三上题"题志"。版心上镌题名及篇名，下镌卷次及叶码。

【收藏机构及索书号】

加拿大不列颠哥伦比亚大学亚洲图书馆：Asian Rare-1 no. 887

0439   皇清地理图

（清）董祐诚纂

清同治十年(1871)广东萃文堂

【收藏机构及索书号】

美国哈佛大学图书馆：3080 4130

0440   三路通说 一卷

（清）曾钊辑录

清道光十四年(1834)广州曾钊稿本曾钊印："曾钊之印"朱文方印，"勉士"白文方印。温澍梁印："漱绿楼藏书印"朱文方印。朱丝栏格纸抄录，版心印有"广东海防要览"，一薄册，卷端框外及原书衣均题有"三路通说"，卷末有道光二十八年曾钊补撰跋语。书经温氏漱绿楼、梁氏紫云青华研斋、及姚氏蒲坂书楼递藏。

【收藏机构及索书号】

加拿大不列颠哥伦比亚大学亚洲图书馆：Asian Rare-1 no. 851

0441   资治通鉴地理今释 十六卷

（清）吴熙载撰

清光绪二十三年(1897)广东经史阁刻本

姚钧石印："姚钧石藏书"朱文长方印，"民国庚辰"朱文方印，"蒲坂书楼"白文长方印。内封叶正面题"通鉴地理今释，梁绍熙署"，并有"南海梁氏"墨记，背面牌记云"光绪廿三年广东经史阁重校刊"，首光绪丁酉(二十三年，1897)南海杨源灏序，各卷末有校字人姓名。框20.5厘米×14.8厘米，10行20字，黑口，四周双边，双黑顺鱼尾，版心中镌"通鉴地理今释"及卷次。

【收藏机构及索书号】

加拿大不列颠哥伦比亚大学亚洲图书馆：Asian Rare-1 no. 538

△0442　羊城古钞 八卷 首一卷

（清）仇巨川辑

清嘉庆十一年（1806）广州大贲堂刻本（后印本）

内封叶正面题"顺德仇池石辑，大贲堂藏板，羊城古钞"，首仇池石自序，嘉庆十一年温汝能刻书序。案，此书温氏初刻本较为少见，本馆所藏三部皆后印本。Asian Rare-1 no. 768 为大贲堂早期印本，书板多有断裂，温氏序文首二叶上下两断板拼接有误。Asian Rare-1 no. 767 为大贲堂晚期印本，书板有修补之处。Asian Rare-1 no. 766 为登云阁印本，内封叶除原刻有"大贲堂藏板"外，另钤有"广州永汉路登云阁藏板"朱文竖方印，当是书板转手后所印，较大贲堂更晚。框 17.8 厘米×13.5 厘米，10 行 19 字，白口，四周双边，单黑鱼尾，版心上镌题名，中镌卷次。

【收藏机构及索书号】

加拿大不列颠哥伦比亚大学亚洲图书馆：Asian Rare-1 no. 766、Asian Rare-1 no. 767、Asian Rare-1 no. 768

△0443　西樵志 六卷

（清）罗国器，（清）马符录撰

清嘉庆十九年（1814）补刻本

梁汝洪印："紫云青华研斋"朱文方印。有地图，录刻书序，明万历旧序两篇，图五幅。末南海廖灼跋，未署年。卷端题"太史傅阆林先生鉴定，罗浮罗国器跃剑氏重辑，西湖陈张翼楚望氏参补，西樵马符录受之氏编梓"。梁汝洪印"紫云青华研斋"朱文方印。框 22 厘米×15 厘米，10 行 22 字，白口，左右双边，单黑鱼尾，版心上镌题名，中镌卷次。

加拿大不列颠哥伦比亚大学亚洲图书馆：Asian Rare-1 no. 862

△0444　广东图说 九十二卷

（清）毛鸿宾总裁；（清）郭嵩焘监修；（清）桂文灿编说

清同治年间广州

有地图

加拿大多伦多大学郑裕彤东亚图书馆：DS793. K7 K688 1860

0445　方舆类聚

（清）福申辑

清道光十二年（1832）广州芸香堂刻本

钤"咏春所收"印。8 行 20 字，小字双行同，白口，左右双边，单鱼尾。

加拿大多伦多大学郑裕彤东亚图书馆：DS705. F8

美国哈佛大学图书馆：4681 2162B

▲0446　西樵游览记 十四卷

（清）刘子秀撰

清道光十三年（1833）广州黄亨补刻本

无内封叶，首道光癸巳（十三年，1833）邓士宪刊补序，乾隆庚戌（五十五年，1790）黄虞序，乾隆间冯天禄序，薛观齐序，参定姓氏，目录。末白云樵客未署年跋，道光壬辰腊月小除日（十二年，1833 年 2 月）黄亨刊补后跋。框 19.3 厘米×14.6 厘米，10 行 21 字，白口，四周双边，单黑鱼尾，版心中镌题名及卷次，下镌"南畬草堂"。首二卷为图说。

【收藏机构及索书号】

加拿大不列颠哥伦比亚大学亚洲图书馆：Asian Rare-1 no. 861

▲0447　广东舆地全图

（清）张人骏，（清）廖廷相编

清光绪二十三年（1897）广州石经堂石印本

37 厘米×31 厘米

【收藏机构及索书号】

加拿大不列颠哥伦比亚大学亚洲图书馆：Asian Rare-1 no. 725

美国加州大学伯克利分校东亚图书馆：f 3103. 1387

0448　外国地理备考

清道光二十七年（1847）番禺潘氏海山仙馆刻本

【丛书题名】海山仙馆丛书

【收藏机构及索书号】

加拿大多伦多大学郑裕彤东亚图书馆：G125. M37 1847

▲0449　海录

（清）杨炳南撰

清道光三十一年（1851）番禺潘氏海山仙馆刻本

【丛书题名】海山仙馆丛书

【收藏机构及索书号】

加拿大多伦多大学郑裕彤东亚图书馆：G463. H85 1851B

▲0450　广东乡土史教科书

（清）黄映奎参阅

清光绪三十二年（1906）广州时中学校校刻本

第二册为附录；20 厘米

【收藏机构及索书号】

美国斯坦福大学图书馆：3037 4864v. 1

△0451　浮山新志 三卷

（清）赖洪禧辑

清咸丰十年（1860）东莞自得楼刻本

徐信符印："南州书楼"朱文方印。姚钧石印："姚钧石藏"白文
方印，"姚钧石藏书"朱文长方印，"蒲坂书楼"白文长方印，"钧
石所藏金石书画印"，"民国庚辰"朱文方印。内封叶正面题"浮
山新志"，背面牌记题"咸丰庚申年秋七月刻，板藏莞城自得楼"，
首道光癸卯浦长青序，道光乙巳邓翔序，二序版心皆题"原序"。
案，书分上中下三卷，上卷杂记，中卷录诗，下卷载文。赖洪禧，
字介生，东莞人，自云曾六至罗浮山，居和醪观中。道光癸卯年七
十四，仍登临罗浮之巅上界三峰。框17.2厘米×12.2厘米，8行21
字，白口，左右双边，单黑鱼尾，版心上镌题名，中镌卷次。

【收藏机构及索书号】

加拿大不列颠哥伦比亚大学亚洲图书馆：Asian Rare-1 no. 888

△0452　岭海菁华记 四卷

（清）钟榕林著

年代不详

清同治甲子年（1864）刊本影印本

21厘米

【收藏机构及索书号】

美国斯坦福大学图书馆：DS793. K7 L564 1970

△0453　白云洞志 五卷

（清）黄亨纂辑

清光绪十三年（1887）广东刻本

内封镌"道光戊戌孟冬镌 光绪丁亥重刊，西樵白云洞志，番禺黄子高题"，卷前后有道光原刊序跋，卷末镌有"沙头陈英元承刊"。正文未题分卷，而分为五册，册一有图，题有"光绪乙酉孟冬，里人林遵焘绘"，则已非道光本原图。案道光原本书板较大，序跋皆为写刻，光绪重刻本则书板略小，序跋与正文同为匠体。道光本另附有唱和诗，此本未刻。框13.7厘米×10.5厘米，10行21字，白口，四周双边，单黑鱼尾，版心上镌题名，中镌册数。

【收藏机构及索书号】

加拿大不列颠哥伦比亚大学亚洲图书馆：Asian Rare-2 no. 21

美国哈佛大学哈佛燕京图书馆：3049 1421b

▲0454　光绪重辑桑园围志 十七卷

（清）何如铨纂修

清光绪十五年（1889）广州刻本

内封叶正面题"重辑桑园围志十七卷"，背面牌记题"光绪己丑四月开雕"，首光绪十四年广州知府李璇序，冯栻宗序，重辑职名，凡例，目录。案，桑园围在广东南海、顺德两县境内，光绪十一年涨水，刑部主事南海人冯栻宗呈请维修，并主持重辑此志。框18.6厘米×14.8厘米，12行23字，白口，四周单边，单黑鱼尾，版心上镌题名，中镌卷次。

【收藏机构及索书号】

加拿大不列颠哥伦比亚大学亚洲图书馆：Asian Rare-1 no. 845

▲0455　皇朝直省地名韵语

（清）陈树镛纂；（清）韩铭基补

清光绪十九年（1893）东莞粤商自治会

内封叶题"皇朝直省地名均语"，首尾分别有光绪十九年梁启超序跋，言及增补及刻书缘由。卷末题有"番禺韩澄熹校"。框18厘米×13.4厘米，9行22字，大黑口，四周单边，单黑鱼尾。

29 厘米

【收藏机构及索书号】

美国普林斯顿大学图书馆：3028/7948

美国加州大学伯克利分校东亚图书馆：3056.7948

▲0456 皇朝直省地名韵语 一卷

（清）陈树镛纂；（清）韩铭基补

清光绪十九年（1893）广东刻本

姚钧石印："姚钧石藏书"朱文长方印，"民国庚辰"朱文方印，"蒲坂书楼"白文长方印。内封叶题"皇朝直省地名均语"，首尾分别有光绪十九年梁启超序跋，言及增补及刻书缘由。卷末题有"番禺韩澄熹校"。框18厘米×13.4厘米，9行22字，大黑口，四周单边，单黑鱼尾。

【收藏机构及索书号】

加拿大不列颠哥伦比亚大学亚洲图书馆：Asian Rare-1 no.728

▲0457 中国地名韵语新读本

（清）陈树镛纂；（清）韩铭基补

清光绪二十八年（1902）上海广智书局铅印本

【收藏机构及索书号】

美国俄亥俄州立大学图书馆：DS706.C475

△0458 广东舆图

（清）蒋伊，（清）韩作栋编；（清）卢士，（清）刘任绘图

清光绪二十三年（1897）

34 厘米

【收藏机构及索书号】

美国斯坦福大学图书馆：3103 0576

0459 广西舆地全图
清光绪二十四年（1898）香山北洋机器总局图算学堂编绘
黄槐森石印本
地图；26 厘米
【收藏机构及索书号】
美国加州大学伯克利分校东亚图书馆：f3104.1346

△0460 吉林外记 十卷
（清）萨英额记
清光绪二十六年（1900）广州广雅书局
存卷 1-4.
28 厘米
【收藏机构及索书号】
美国普林斯顿大学图书馆：B192/2256

▲0461 华峰山志 五卷
（清）释鉴传编
清光绪二十六年（1900）增城海门禅院刻本
内封叶正面题"光绪庚子岁新镌，华峰山志，历代艺文附"，背面牌记题"粤东增城海门禅院自雕"，首光绪丙申孙宝章序，光绪庚子黄映奎序，鉴传自序，目录，凡例。框 19 厘米×13.8 厘米，9 行19 字，白口，四周双边，单黑鱼尾，版心上镌题名，中镌卷次。
【收藏机构及索书号】
加拿大不列颠哥伦比亚大学亚洲图书馆：Asian Rare-1 no. 869

▲0462 新会乡土志 十五卷
（清）蔡垚燨修；（清）谭镳等纂
清光绪三十四年（1908）粤东编译公司铅印本
无内封叶，首编辑姓氏，编辑员谭镳撰例言，未署年代。铅印本，线装，一册，版心上印题名，下印"粤东编译公司承印"。案，卷中未题出版年代，然记事已至光绪三十三年，诸家目录均著录为光绪三十四年编印。据例言云："本稿之责任在搜集乡土资料，备学部编书局编辑新会乡土课本及参考书之采用，乃属调查之范围，非属撰著之范围也。"

【收藏机构及索书号】

加拿大不列颠哥伦比亚大学亚洲图书馆：Asian Rare-1 no. 849

▲0463　广东图说 十四卷

（清）李瀚章修；（清）廖廷相，杨士骧纂；（清）罗照沧等绘图

清宣统元年（1909）广州 广东参谋处；粤东编译公司铅印本

重印光绪十五年重修会典馆原本

27 厘米

【收藏机构及索书号】

美国加州大学伯克利分校东亚图书馆：3103. 0574 1909 suppl.

0464　水经图说 十卷

（清）黎永椿撰

清末广州黎永椿稿本

姚钧石印："姚钧石藏书"朱文长方印，"民国庚辰"朱文方印，"蒲坂书楼"白文长方印。此乃黎氏手稿，未曾刊印，其中卷二至四缺，卷五、卷六另附有一册清稿本。案，黎永椿，广东番禺人，同治八年（1869）于学海堂肄业，诸生，年六十余卒，编有说文通检。此书虽题曰水经图说，然并无图，只是从水经注中将水经原文逐条析出，并加以案语。卷二至四残。稿本，毛装。

【收藏机构及索书号】

加拿大不列颠哥伦比亚大学亚洲图书馆：Asian Rare-1 no. 729

史部·方志类

0465

正德朝邑县志 一卷

（明）韩邦靖纂修

清道光四年（1824）广州叶梦龙喜闻过斋刻本

徐信符印："南州书楼"朱文方印。姚钧石印："姚钧石藏书"朱文长方印，"民国庚辰"朱文方印，"蒲坂书楼"白文长方印。无内封叶，正文一卷二十叶，首叶刻有"河间纪晓岚氏校本"长方形墨记，末叶有嘉庆二十年伊秉绶跋。卷末有道光四年南海叶梦龙刻书识语，云据伊秉绶手抄纪晓岚校本翻刻，识语背面有牌记云"道光甲申二月，雕于广州喜闻过斋"。正文前后有明正德己卯（十四年，1519）原序跋。框19.8厘米×13厘米，10行18字，白口，左右双边，单黑鱼尾。

【收藏机构及索书号】

加拿大不列颠哥伦比亚大学亚洲图书馆：Asian Rare-1 no.793

▲0466

三水县志 十五卷 卷首

（清）郑玟纂修

清康熙四十九年（1710）三水

康熙四十九年郑玟"序"，版心上镌书名，中镌卷次及篇名。钤有"刘承干字贞一号翰怡""吴兴刘氏嘉业堂藏书"印记。框20.7厘米×14.4厘米，10行20字，白口，左右双边，单黑鱼尾。

【收藏机构及索书号】

美国加州大学伯克利分校东亚图书馆：3230.1013.81

▲0467

乾隆新会县志 十三卷 首一卷

（清）王植纂修

清乾隆六年（1741）刻本

梁汝洪印："紫云青华研斋"朱文方印。姚钧石印："姚钧石藏书"

朱文长方印，"民国庚辰"朱文方印，"蒲坂书楼"白文长方印。无内封叶，首乾隆六年新会知县王植序，卷首为明清旧志原序及舆图，末王植跋，未署年。案，加拿大不列颠哥伦比亚大学亚洲图书馆藏此本乃后印本，补板之处甚多，内容亦增入许多乾隆六年以后之事，如卷三已记载乾隆三十六年之事。框20.5厘米×14厘米，9行20字，白口，四周双边，单黑鱼尾，版心上镌题名，中镌卷次。

【收藏机构及索书号】

加拿大不列颠哥伦比亚大学亚洲图书馆：Asian Rare-1 no.803

▲0468　乾隆顺德县志 十六卷

（清）陈志仪修；（清）胡定纂

清乾隆十五年（1750）刻本

徐信符印："南州书楼"朱文方印。姚钧石印："姚钧石藏"白文方印，"姚钧石藏书"朱文长方印，"蒲坂书楼"白文长方印，"钧石所藏金石书画印"，"民国庚辰"朱文方印。无内封叶，无纂修职名，首乾隆十五年陈大受序，苏昌序，梁焘鸿序，顺德知县陈心仪序，胡定序，末乾隆十五年胡定跋。案，加拿大不列颠哥伦比亚大学亚洲图书馆藏本为后印本，板多漫漶，并有修补。框20.8厘米×16厘米，10行22字，白口，四周双边，单黑鱼尾，版心上镌题名，中镌卷次。卷一为图志。

【收藏机构及索书号】

加拿大不列颠哥伦比亚大学亚洲图书馆：Asian Rare-1 no.819

▲0469　广州府志 六十卷 卷首 一卷

（清）张嗣衍主修；（清）沈廷芳总纂

清乾隆二十四年（1759）广州道署

缩微胶片

【收藏机构及索书号】

美国普林斯顿大学图书馆：Microfiche C00033

▲0470 　番禺县志 二十卷

（清）任果，（清）常德主修；（清）檀萃，（清）凌鱼纂修

清乾隆三十九年（1774）番禺

乾隆三十九年任果"序"等序。10 行 22 字，白口，四周双边，单黑鱼尾，版心上镌书名，中镌卷次及小题。

缩微胶片

【收藏机构及索书号】

美国普林斯顿大学图书馆：Microfilm C01014

▲0471 　东莞县志 四十三卷

（清）彭人杰，（清）范文安主修；（清）黄时沛纂修

清嘉庆三年（1798）广州存古堂

27 厘米；有插图，有地图

【收藏机构及索书号】

美国加州大学伯克利分校东亚图书馆：3230.5041.84

△0472 　三水县志

（清）李友榕修；（清）邓云龙纂

清嘉庆二十四年（1819）广州心简斋

【收藏机构及索书号】

加拿大多伦多大学郑裕彤东亚图书馆：DS793.K72 S37 1819

△0473 　嘉庆增城县志 二十卷 首一卷 末一卷

（清）赵俊等修；（清）李宝中等纂

清嘉庆二十五年（1820）广州刻本

内封叶题"嘉庆岁次庚辰重镌，增城县志，省城心简斋承刻"，首嘉庆二十五年增城县知县熊学源序，李宝中序，黄应桂序，目录，旧序，例言，重修姓氏。加拿大不列颠哥伦比亚大学亚洲图书馆藏

本卷十八至二十配清末抄本。框20厘米×14厘米，10行21字，白口，四周双边，单黑鱼尾，版心上镌题名，中镌卷次。

【收藏机构及索书号】

加拿大不列颠哥伦比亚大学亚洲图书馆：Asian Rare-1 no. 838

0474　重修电白县志 二十卷

（清）章鸿等总修；（清）邵咏等纂修

清道光六年（1826）广州文宝斋

27厘米；有地图

【收藏机构及索书号】

美国加州大学伯克利分校东亚图书馆：3230.1120.85

▲0475　道光香山县志 八卷 首一卷 附录一卷

（清）祝淮主修；（清）黄培芳纂

清道光七年（1827）广州富文斋刻本

徐信符印："南州书楼"朱文方印。姚钧石印："姚钧石藏"白文方印，"姚钧石藏书"朱文长方印，"蒲坂书楼"白文长方印，"钧石所藏金石书画印"，"民国庚辰"朱文方印。内封叶题"道光七年，香山县志，本衙藏板"，首道光八年许乃济序，道光七年香山县知县祝淮序，目录后有道光七年黄培芳识语。附录记载志局及捐款人名单。香山县当时隶属广州府。框20厘米×15厘米，12行23字，白口，四周单边，双黑对鱼尾，版心上镌题名，中镌卷次，卷一图说首二叶版心下镌"庞茂荣并绘图"。

【收藏机构及索书号】

加拿大不列颠哥伦比亚大学亚洲图书馆：Asian Rare-1 no. 818

0476　西宁县志 十二卷 卷首 卷末

（清）诸豫宗主修；（清）周中孚汇纂

清道光十年（1830）广州聚英堂

28 厘米

【收藏机构及索书号】

美国加州大学伯克利分校东亚图书馆：3230.4242.85

△0477　新会县志 十四卷 卷首

（清）黄培芳纂

清道光二十年（1840）新会

【收藏机构及索书号】

美国哈佛大学图书馆：FC6726

△0478　新会县志 十四卷

（清）林星章主修；（清）黄培芳，（清）曾钊总纂

清道光二十一年（1841）新会学衙藏板

徐信符印："南州书楼"朱文方印。姚钧石印："姚钧石藏"白文
方印，"姚钧石藏书"朱文长方印，"钧石所藏金石书画印"，"民
国庚辰"朱文方印。内封叶题"新会县志，道光庚子冬镌，学衙藏
板"，首道光二十一年新会县知县言良钰"新会志后序"，道光二
十年新会县知县林星章序，黄培芳序，纂修职名，目录。各卷端题
主修、总纂姓名，分卷目录各类目题分纂人姓名，各卷末题校字人
姓名，卷十四后附"重修新会县志捐签经费官衔"及姓名。框
19.5 厘米×15 厘米，12 行 23 字，白口，四周单边，双黑对鱼尾，
版心上镌题名，中镌卷次。加拿大不列颠哥伦比亚大学亚洲图书馆
藏两部，第一部（no. 804）为初印本，第二部（no. 821）为后印本。

27 厘米；有地图

【收藏机构及索书号】

美国加州大学伯克利分校东亚图书馆：3230.0280.85

加拿大不列颠哥伦比亚大学亚洲图书馆：Asian Rare‐1 no. 804、
Asian Rare‐1 no. 821

▲0479   顺德县志 三十二卷

（清）郭汝诚修；（清）冯奉初等纂

清咸丰六年（1856）顺德板藏公署全志印出，六年丙辰（1856）

徐信符印："南州书楼"朱文方印。姚钧石印："姚钧石藏"白文方印，"姚钧石藏书"朱文长方印，"蒲坂书楼"白文长方印，"钧石所藏金石书画印"，"民国庚辰"朱文方印。框22厘米×15厘米，12行23字，白口，四周单边，双黑对鱼尾，版心上镌题名，中镌卷次。卷一、卷二为图经。

【收藏机构及索书号】

美国加州大学伯克利分校东亚图书馆：3230.2823.86

加拿大不列颠哥伦比亚大学亚洲图书馆：Asian Rare-1 no.820

△0480   道光广东通志 三三四卷 首一卷

（清）阮元修；（清）陈昌齐等纂

清同治三年（1864）广州富文斋，萃文堂刻本

徐信符印："南州书楼"朱文方印。姚钧石印："姚钧石藏"白文方印，"姚钧石藏书"朱文长方印，"蒲坂书楼"白文长方印，"民国庚辰"朱文方印。内封叶正面题"广东通志"，背面牌记云"同治甲子二月重刊"。首嘉庆二十三年两广总督阮元、广东巡抚李鸿宾合奏请修广东通志折，道光二年两广总督阮元、广东巡抚嵩孚合奏广东通志修成折，道光二年阮元序，重修广东通志职名，重刊广东通志职名，目录。目录后有同治三年史澄、梁纶枢、陈日新等人识语，云咸丰十一年惠济义藏出资重建贡院，建成后，乃用余资重刊通志。各卷首行下镌有"甲子重刊"，卷末末行镌有校字人二人姓名。卷三百三十四末镌有"粤东省城西湖街富文斋、龙藏街萃文堂承办"。框20厘米×15厘米，11行21字，抬头一字，黑口，四周双边，双对黑鱼尾，版心中镌题名及卷次，下镌字数。

【收藏机构及索书号】

加拿大不列颠哥伦比亚大学亚洲图书馆：Asian Rare-1 no.765

▲0481　同治番禺县志 五十四卷 首一卷 附录一卷
(清)李福泰修；(清)史澄，何若瑶纂
清同治十年(1871)光霁堂刻本
第一部(no.797)有内封叶，正面题"番禺县志"，背面牌记题"同治十年冬月，光霁堂刊"，首同治十年史澄序，李福泰序，重修职名，目录。各卷末题有本卷分纂人姓名。案，附录载"番禺册金案"，记事已至光绪七年十二月二十五日，当是后印时增补。番禺县当时隶属广东广州府。框 19 厘米×14.8 厘米，12 行 23 字，白口，四周单边，双黑对鱼尾，版心上镌题名，中镌卷次，卷一版心下镌"月"字。
【收藏机构及索书号】
加拿大不列颠哥伦比亚大学亚洲图书馆：Asian Rare‑1 no.797、Asian Rare‑1 no.817

0482　增城县志 二十卷 卷首
(清)熊学源等主修；(清)黄应桂等纂修；(清)张庆鏶补刊
清同治十年(1871)增城
27 厘米；有插图，有地图
【收藏机构及索书号】
美国加州大学伯克利分校东亚图书馆：3230.4645.87

△0483　新会县志续 十卷 卷首 一卷
(清)彭君谷主修；(清)钟应元纂
清同治十年(1871)新会学衙
封面题"同治辛未春镌学衙藏板"。
缩微胶片
【收藏机构及索书号】
美国普林斯顿大学图书馆：Microfiche C00040

▲0484　同治南海县志 二十六卷 首一卷

（清）郑梦玉等修；（清）梁绍献等纂

清同治十一年（1872）广州富文斋刻本

姚钧石印："姚钧石藏书"朱文长方印，"民国庚辰"朱文方印，"蒲坂书楼"白文长方印。内封叶正面题"续修南海县志二十六卷"，背面牌记题"同治壬申十月镌板"，首同治十一年前南海县知县陈善圻序，续修南海县志职名，目录，末同治十一年分纂人李征霨后序。各卷末题分纂人姓名，版心下镌有"壬申续修"，卷末题有"羊城内西湖街富文斋承刊印"。案，据李征霨后序所云，同治六年（1867）开局纂修，至十一年始成，而参与修志之人多于书成之前去世，唯其与谭莹二人始终其事。框18.5厘米×15厘米，12行23字，白口，左右双边，双对黑鱼尾，版心上镌题名，中镌卷次，下镌"壬申续修"。

【收藏机构及索书号】

加拿大不列颠哥伦比亚大学亚洲图书馆：Asian Rare-1 no. 798

▲0485　顺治南海九江乡志 五卷

（清）黎春曦纂辑

清同治十三年（1874）儒林书院刻本

姚钧石印："姚钧石藏书"朱文长方印，"民国庚辰"朱文方印，"蒲坂书楼"白文长方印。无内封叶，首顺治十四年马毓舜序，卷端题"里人黎春曦梅映父纂辑"。案，此书目录列为四卷，正文之实为五卷，目录卷三为正文之卷三，目录卷四为正文之卷五。此本为后刻本，据《中国地方志总目提要》定为同治刻本。黎春曦，明崇祯六年进士，十三年奉旨特用（进士题名碑录作十五年）。九江堡当时隶属广东南海县。框18厘米×15厘米，11行21字，白口，四周单边，双黑对鱼尾，版心上镌"九江乡志"，中镌卷次。

加拿大不列颠哥伦比亚大学亚洲图书馆：Asian Rare-1 no. 844

▲0486　光绪广州府志 一六三卷
清光绪五年（1879）广州粤秀书院刻本
加拿大不列颠哥伦比亚大学亚洲图书馆：Asian Rare-1 no. 780

▲0487　光绪香山县志 二十二卷
清光绪五年（1879）广州香山县志局刻本
姚钧石印："姚钧石藏书"朱文长方印，"民国庚辰"朱文方印，
"蒲坂书楼"白文长方印。内封叶题"同治十二年，香山县志，本
衙藏板"，首光绪五年陈澧序，末光绪五年黄桂丹跋。案，卷一、
二图说部分乃沿用道光旧志内容，故所题庞氏之名亦录自旧志。此
志于同治十二年由县令田明耀倡修，陈澧为总纂，至光绪五年成书
并刊行。内封所题"同治十二年"乃修志起始年代，非刻印年代。
又，卷三舆地"新图"未刻。香山县当时隶属广州府。框19厘米×
15.5厘米，12行23字，白口，四周单边，双黑对鱼尾，版心上镌
题名，中镌卷次，卷一之五、六两叶版心下镌"庞茂荣并绘图"。
加拿大不列颠哥伦比亚大学亚洲图书
馆：Asian Rare-1 no. 800

▲0488　光绪新宁县志 二十六卷 首一卷 附捐册一卷
（清）何福海，（清）郑守昌修；（清）林国赓，（清）黄荣熙纂
清光绪十九年（1893）刻本
姚钧石印："姚钧石藏书"朱文长方印，"民国庚辰"朱文方印，
"蒲坂书楼"白文长方印。内封叶正面题"新宁县志二十六卷"，
首光绪十九年林国赓序，十七年新宁县知县何福海序，目录，重修

职名，各卷末题分纂人及校字人姓名。卷一为舆图及图说。新宁县当时隶属广州府，1914 年改名台山县。框 18.4 厘米×14.4 厘米，11 行 21 字，黑口，四周双边，双黑对鱼尾，版心中镌题名及卷次。

【收藏机构及索书号】

加拿大不列颠哥伦比亚大学亚洲图书馆：Asian Rare－1 no. 802

▲0489　广东考古辑要 四十六卷

（清）周广等辑

清光绪十九年（1893）还读书屋刻本

【收藏机构及索书号】

加拿大不列颠哥伦比亚大学亚洲图书馆：Asian Rare－1 no. 1064、Asian Rare－1 no. 1065

0490　新广西

清光绪三十一年（1905）广州商务印书馆石印本

21 厘米；有地图

【收藏机构及索书号】

美国普林斯顿大学图书馆：3074/4431

美国俄亥俄州立大学图书馆：DS793. K6

△0491　从化县新志 五卷

（清）郭遇熙纂修；（清）蔡廷镳增修

清宣统元年（1909）从化重刊

25 厘米；有地图

【收藏机构及索书号】

美国加州大学伯克利分校东亚图书馆：3230. 2821. 82

△0492　宣统南海县志 二十六卷 末一卷

（清）张凤喈等修；（清）桂坫等纂

清宣统二年（1910）广州南海县志局刻本（羊城西湖街陈氏超华斋承印）；广州陈氏超华斋刻本

徐信符印："南州书楼"朱文方印。姚钧石印："姚钧石藏"白文方印，"姚钧石藏书"朱文长方印，"蒲坂书楼"白文长方印，"钧石所藏金石书画印"，"民国庚辰"朱文方印。内封叶一题"南海县志"，内封叶二正面题"续修南海县志二十六卷"，背面牌记题"宣统庚戌十月锓板"，首宣统庚戌前南海县知县张凤喈序，续修职名，目录，末宣统三年何炳堃后序。案，卷一为图及图说，其第一部分第十九叶"三省铁路支线图"上锓有"广东陆军测绘学堂毕业招贺慈绘""羊城西湖街陈氏超华斋承印"，其卷末题有"邹伯奇总纂，邹珊分纂，罗照沧分纂，梁清总校"，此四人姓名未列在续修职名之中。卷末为捐签经费芳名册。框18厘米×14.9厘米，12行23字，白口，四周单边，双黑对鱼尾，版心上锓题名，中锓卷次，下锓"庚戌续修"。

【收藏机构及索书号】

加拿大不列颠哥伦比亚大学亚洲图书馆：Asian Rare-1 no.816

0493　东莞县志 一百零二卷 卷首 一卷

（清）黄时沛

清宣统三年（1911）东莞养和印务局

27厘米

【收藏机构及索书号】

美国哈佛大学图书馆：3230 5941.89

▲0494　广东通志列传

温廷敬辑纂

民国二十四年（1935）广州国立中山大学

22厘米

【收藏机构及索书号】

美国斯坦福大学图书馆：DS793. K7 K83

史部·职官类

0495

牧令书辑要

（清）徐栋撰

清同治十二年（1873）广东羊城书局

25 厘米

【收藏机构及索书号】

美国哈佛大学图书馆：GEN CHIN 967 HSU

△*0496*

历代职官表

（清）永瑢撰

清光绪二十二年（1896）广州广雅书局

30 厘米

【收藏机构及索书号】

美国哈佛大学图书馆：GEN 9100 0871（351-373）

史部·政书类

0497

通典武英殿本 二百卷

（唐）杜佑撰

清同治十年（1871）广东学海堂

30 厘米

【收藏机构及索书号】

美国加州大学伯克利分校东亚图书馆：9296. 4126 1871

0498　补注洗冤录集证 四卷 附检骨图格 一卷 作吏要言 一卷

（宋）宋慈撰；（清）王又槐增辑；（清）李观澜补辑

清道光二十四至二十七年（1833—1847）刻本

【收藏机构及索书号】

加拿大不列颠哥伦比亚大学亚洲图书馆：Asian Rare-1 no.1286

0499　重刊补注洗冤录集证 六卷

（清）王又槐增辑；（清）李观澜补辑；（清）孙光烈参阅；（清）阮其
新补注；（清）王又梧校订；（清）张锡蕃重订加丹

清道光二十四年（1844）广东翰墨园藏板，刘开域重校刊刻本

【收藏机构及索书号】

美国普林斯顿大学图书馆：Oversize TC43/1453xQ

0500　祥刑要览 四卷

（明）吴讷编

清道光十四年（1834）广州求放心斋

【收藏机构及索书号】

加拿大多伦多大学郑裕彤东亚图书馆：K. W9597 C4 1834

▲*0501*　翰林记

（明）黄佐撰

清道光十一年（1831）南海伍氏粤雅堂文字欢娱室刻本

【丛书题名】岭南遗书 第1辑

【收藏机构及索书号】

加拿大多伦多大学郑裕彤东亚图书馆：JQ1512. H84 1831

0502　东征集

（清）蓝鼎元撰；（清）王者辅评

清雍正十年（1732）广州

【收藏机构及索书号】

加拿大多伦多大学郑裕彤东亚图书馆：DS895. F75 L36 1732

▲0503　两广盐法志 三十五卷 卷首 一卷

（清）卢坤等修；（清）伍长华等纂

清道光十五年(1835)

29 厘米

【收藏机构及索书号】

斯坦福大学图书馆：4705. 32 2145 V. 1-6、4705. 32 2145 V. 7-12

▲0504　粤海关志 三十卷

（清）梁廷枏撰

清末广州业文堂

乙未丙申年签，清道光年间刻本

28 厘米

【收藏机构及索书号】

美国哈佛大学哈佛燕京图书馆：4548 3914

▲0505　粤东省例新纂 八卷

（清）黄恩彤等

清道光二十六年(1846)广州粤东藩署

【收藏机构及索书号】

美国哈佛大学图书馆：4762 0.486

0506　平平言

（清）方大湜

清光绪二十二年(1896)广州广雅书局

26 厘米

【收藏机构及索书号】

美国哈佛大学图书馆：JS7354. A2 K83 1997 vol. 7

0507　　抚吴公牍 五十卷

（清）丁日昌撰；（清）沈幼丹评选；（清）林达泉校刊

清光绪三年（1877）广州华英书局

27 厘米

【收藏机构及索书号】

美国加州大学伯克利分校东亚图书馆：4662. 88. 1066

0508　　直省释奠礼乐记

（清）应宝时等辑

清光绪十七年（1891）广州广东藩署刻本

31 厘米；有地图，有插图

【收藏机构及索书号】

加拿大多伦多大学郑裕彤东亚图书馆：DS723. C425 1891

美国加州大学伯克利分校东亚图书馆：4679. 0336 1891

加拿大不列颠哥伦比亚大学亚洲图书馆：Asian Rare-1 no. 218

0509　　名法指掌

（清）沈辛田编辑；（清）钮大炜增订

清道光四年（1824）广州

【收藏机构及索书号】

加拿大多伦多大学郑裕彤东亚图书馆：K. S5469 M5 1824

0510　　通商约章类纂 三十五卷

（清）徐宗亮辑

清光绪十八年（1892）广东善后局

【收藏机构及索书号】

美国普林斯顿大学图书馆：B77/1333

▲0511   驻粤八旗志 二十四卷首一卷

（清）长善等纂

清光绪五年（1879）广州翰文堂刻本

首光绪五年广州将军长善序及书成奏折，纂修衔名，目录。卷二十
四末行小字镌有"羊城学院前翰文堂承刻"。案，长善序及奏折中
皆有"开局"纂辑之语。又，加拿大不列颠哥伦比亚大学亚洲图书
馆藏本无内封叶，别本内封叶背面牌记题有"光绪五年岁在己卯仲
春月刊"。

【收藏机构及索书号】

加拿大不列颠哥伦比亚大学亚洲图书馆：Asian Rare-1 no.842

0512   秋谳辑要 六卷

（清）他塔拉·刚毅辑

清光绪十年（1884）广东学海堂刻本

23 厘米

【收藏机构及索书号】

美国普林斯顿大学图书馆：C43/3134

0513   牧令须知

（清）刚毅撰

清光绪十八年（1892）广州粤东书局

25 厘米

【收藏机构及索书号】

美国哈佛大学图书馆：GEN CHIN 969 KAN

0514　国朝柔远记 二十卷

（清）王之春编

清光绪十七年（1891）广州广雅书局刻本

内封背面牌记云"光绪十七年夏五，广雅书局刻"，首光绪六年王之春叙，八年彭玉麟叙，谭钧培叙，九年卫荣光叙，十年李元度叙，十一年俞樾叙。案目录所列，卷十九、二十为附编。框19厘米×13.5厘米，11行22字，黑口，左右双边，单黑鱼尾，版心中镌题名及卷次。

【收藏机构及索书号】

美国纽约州立宾汉姆顿大学图书馆：DS754.18.W36 1891

加拿大不列颠哥伦比亚大学亚洲图书馆：Asian Rare-1 no.693

美国加州大学伯克利分校东亚图书馆：FILM X700 2488.1035 1891

0515　驻防广州小志 五卷

（清）樊屏纂辑

清道光二十二年（1842）稿本

凌慰祖印："公武/之印"白文方印。姚钧石印："姚钧石藏书"朱文长方印，"蒲坂书楼"白文长方印，"民国庚辰"朱文方印。民国六年（1917）凌慰祖题识。无栏框，书22.2厘米×11.7厘米，8行20字，白口，无鱼尾。

【收藏机构及索书号】

加拿大不列颠哥伦比亚大学亚洲图书馆：Asian Rare-1 no.773

0516　朝廷准行正教录

清道光二十六年（1846）广州

19厘米

【收藏机构及索书号】

美国加州大学伯克利分校东亚图书馆：BR1608.C6 C43 1846

0517　大清律例案语 一百零四卷

清道光二十七年（1847）番禺海山仙馆

22 厘米

【收藏机构及索书号】

美国哈佛大学图哈佛燕京图书馆：4885 4332

0518　广东贷书传道会征信录

清道光年间广州广东贷书传道会刻本

21-25 厘米

【收藏机构及索书号】

美国加州大学伯克利分校东亚图书馆：1980. 6. 0525. 1

0519　三通序 三卷

（清）蒋德钧辑

清光绪十九年（1893）广州文英阁刻本

姚钧石印："姚钧石藏书"朱文长方印，"民国庚辰"朱文方印，
"蒲坂书楼"白文长方印。内封叶背面牌记云"光绪癸巳年孟夏，
双门底文英阁刊"，各卷末均有原刻书牌记"湘乡蒋氏刻梓龙安郡
署"。案书不分卷，然通典、通志、通考三部分叶码各自起讫，可
视为三卷。框 21 厘米×14 厘米，10 行 24 字，黑口，左右双边，单
黑鱼尾，版心中镌题名、各部分名及篇名。

【收藏机构及索书号】

加拿大不列颠哥伦比亚大学亚洲图书馆：Asian Rare-1 no. 666

0520　分析基塘及田产买卖契约汇约

清咸丰年间写本

书名据内容拟定；墨书，无行格

【收藏机构及索书号】

美国哈佛大学哈佛燕京图书馆：T4891. 2/8314

▲0521　梁诚书启簿及函电文牍

梁诚撰

清光绪二十九年至三十三年（1903—1907）抄本

【收藏机构及索书号】

美国哈佛大学哈佛燕京图书馆：T4662.88/3905

0522　中外政俗异同考

（清）桂坫撰

清光绪二十四年（1898）南海

20厘米

【收藏机构及索书号】

美国哈佛大学图书馆：2376 4146

0523　云路指南

（清）何廷谦编定

清同治十年（1871）广州提督学院

23厘米

【收藏机构及索书号】

美国加州大学伯克利分校东亚图书馆：5780.221

▲0524　读律提纲 一卷

（清）杨荣绪

清光绪三年（1877）广东学海堂刻本

【丛书题名】学海堂丛刻

【收藏机构及索书号】

美国哈佛大学图书馆：9100 7439（05）

0525
粤政务实钞 附豫政务实钞
清光绪五年（1879）
25 厘米
【收藏机构及索书号】
斯坦福大学图书馆：4762 2113

0526
宦乡要则 七卷
（清）张鉴瀛纂
清光绪十三年（1887）佛山近文堂刻本
内封叶题"沩宁张鉴瀛宝嚣氏辑，增订宦乡帖式应酬备要，内附礼制仪注，佛山近文堂藏板"，"光绪十三年新刊"。
【收藏机构及索书号】
加拿大不列颠哥伦比亚大学亚洲图书馆：BJ2007. C56 C37 1887

0527
防夷奏议
清代抄本
原二册，合订为一册。是书所抄辑者，均为清道光二十年至二十三年（1840—1843）间江苏、浙江、山东、广东四省军政要员关于防范英军入侵事务之奏折。半叶十二行字数不一，无行格。
【收藏机构及索书号】
美国哈佛大学哈佛燕京图书馆：T4664. 8/7550

0528
粤商自治会函件初编
清光绪三十四年（1908）广州粤商自治会
21 厘米
【收藏机构及索书号】
美国斯坦福大学图书馆：HF3779. K9 Y85

0529   编查录

清宣统二年(1910)广州广东谘议局

23 厘米

【收藏机构及索书号】

美国斯坦福大学图书馆：4762 0500v. 1、4762 0500v. 2

▲0530   广东财政说明书

清宣统二年(1910)广州广东清理财政局

27 厘米

【收藏机构及索书号】

美国斯坦福大学图书馆：4582. 32 0531v. 1-8、4582. 32 0531v. 9-16

▲0531   广东省出品协会出品说明书

清宣统二年(1910)广州总商会报刊

28 厘米；有插图

【收藏机构及索书号】

美国哈佛大学哈佛燕京图书馆：4557 0526

0532   重修广东都城隍庙征信录

清宣统三年(1911)广东两粤广仁善堂

27 厘米

【收藏机构及索书号】

美国普林斯顿大学图书馆：1783. 32/4470

史部·目录类

▲0533   遂初堂书目 一卷

(宋)尤袤撰

清道光二十九年(1849)番禺潘氏海山仙馆刻本

【丛书题名】海山仙馆丛书

【收藏机构及索书号】

加拿大多伦多大学郑裕彤东亚图书馆：Z997. Y86 1849

▲0534　　读书敏求记 四卷

（清）钱曾撰

清道光二十七年（1847）番禺潘氏海山仙馆刻本

【丛书题名】海山仙馆丛书

【收藏机构及索书号】

加拿大多伦多大学郑裕彤东亚图书馆：Z3102. C4 1847

▲0535　　藏书纪要

（清）孙从添撰

清光绪十六年（1890）新会刘氏藏修堂刻本

【丛书题名】藏修堂丛书

【收藏机构及索书号】

加拿大多伦多大学郑裕彤东亚图书馆：987. S86 1890

0536　　钦定四库全书总目 二百卷

（清）永瑢，纪昀等撰

清同治七年（1868）广东书局，富文齐、萃文堂、聚珍堂刻本

牌记题"同治七年广东书局重刊"，卷末"广东省城富文齐、萃文堂、聚珍堂承刊"。左右双边，半叶 9 行 20 字，小字双行同，白口，无鱼尾。

【收藏机构及索书号】

美国达特茅斯大学图书馆：Z3101. C5

美国加州大学伯克利分校东亚图书馆：9608. 1. 2360. 1868

美国普林斯顿大学图书馆：B9608/6105. 31

0537　钦定四库全书简明目录 二十卷

（清）永瑢，纪昀等撰

清同治七年（1868）广东书局刻本

牌记题"同治七年广东书局重刊"。左右双边，半叶9行20字，小字双行同，白口，无鱼尾。

【收藏机构及索书号】

美国达特茅斯大学图书馆：Z7059. C47

0538　钦定四库全书附存目录 十卷

（清）胡虔撰

清光绪十年（1884）广东学海堂

21厘米

【收藏机构及索书号】

美国哈佛大学图书馆：9608 2162. 422

▲0539　碧琳琅馆书目 四卷

（清）方功惠编

清代抄本

徐信符印："南州书楼"朱文方印。姚钧石印："姚钧石藏书"朱文长方印，"蒲坂书楼"白文长方印，"民国庚辰"朱文方印，"钧石所/藏金石书画印"朱文方印。同治五年（1866）方宗朝序，林之升"碧琳琅馆藏书歌"。框17厘米×12.2厘米，9行，字不等，白口，朱丝栏，四周双边，单鱼尾，版心上镌"碧琳琅馆书目"，中题部类。

【收藏机构及索书号】

加拿大不列颠哥伦比亚大学亚洲图书馆：Asian Rare-1 no. 979

0540　带经堂书目

（清）陈树杓撰；（清）周星诒，（清）陆心源批注

清宣统三年（1911）顺德邓氏风雨楼

【收藏机构及索书号】

美国哈佛大学图书馆：9628 1944

▲0541　三十有三万卷堂书目略 四卷

（清）孔广陶编

清代稿本

徐信符印："南州书楼"朱文方印。姚钧石印："姚钧石藏书"朱文长方印，"蒲坂书楼"白文长方印，"民国庚辰"朱文方印，"钧石所藏金石书画印"朱文方印。无卷端题名，亦不题编纂人，乃未定之稿本也。书名据版心。框 16.8 厘米×11 厘米，8 行，字不等，黑口，四周单边，双鱼尾，版心上镌题名，下镌"岳雪楼未定本"。

【收藏机构及索书号】

加拿大不列颠哥伦比亚大学亚洲图书馆：Asian Rare-1 no. 1025

▲0542　灵隐书藏纪事 一卷

（清）潘衍桐辑

清光绪十八年（1892）钱塘丁氏嘉惠堂刻本

【丛书题名】武林掌故丛编

【收藏机构及索书号】

加拿大不列颠哥伦比亚大学亚洲图书馆：DS796. H25　W88 S. 21v. 6：2

▲0543　广雅书院藏书目录 七卷

（清）廖廷相编

清光绪二十七年（1901）广州广雅书局刻本

【收藏机构及索书号】

加拿大不列颠哥伦比亚大学亚洲图书馆：Asian Rare-1 no. 1002

　广雅书局史学丛书目录 一卷

（清）吴翊寅编

清光绪年间广州广雅书局

【收藏机构及索书号】

加拿大不列颠哥伦比亚大学亚洲图书馆：Z3102. 8. W838 1890z

0545　　有是楼书目 四卷

（清）阮宽然编

清代稿本

梁汝洪印："梁/汝洪""紫云青华研斋"朱文方印，"姚钧石藏书"朱文长方印，"蒲坂书楼"白文长方印，"民国/庚辰"朱文方印。框 19.4 厘米×14 厘米，10 行，字不等，白口，绿丝栏，四周单边，无鱼尾，版心上镌书名，下镌"目耕堂易氏藏书"。

【收藏机构及索书号】

加拿大不列颠哥伦比亚大学亚洲图书馆：Asian Rare‑1 no. 994

▲0546　　岳雪楼藏书目初稿 一卷

清代稿本

梁汝洪印："紫云青华研斋藏书"白文长方印。姚钧石印："姚钧石藏书"朱文长方印，"蒲坂书楼"白文长方印，"民国/庚辰"朱文方印，"钧石所藏金石书画印"朱文方印。框 13 厘米×9.6 厘米，9 行，字不等，黑口，无鱼尾，左右双边。

【收藏机构及索书号】

加拿大不列颠哥伦比亚大学亚洲图书馆：Asian Rare‑1 no. 1000

史部·金石类

▲0547　　金石文字跋尾

（清）朱彝尊撰

清光绪十六年（1890）新会刘氏藏修堂刻本

【丛书题名】藏修堂丛书

【收藏机构及索书号】

加拿大多伦多大学郑裕彤东亚图书馆：Z7059. C4194 1890

▲0548　瘗鹤铭考 一卷

（清）汪士铉编

清咸丰二年（1852）广州粤东督署刻本

【丛书题名】岭南遗书

【收藏机构及索书号】

加拿大不列颠哥伦比亚大学亚洲图书馆：NK3634. T38 678 1852

0549　金石三例 十五卷

（清）卢见曾撰

清光绪四年（1878）南海冯氏读有用书斋刻本（朱墨套印本）

【收藏机构及索书号】

美国哈佛大学图书馆：2063 8116

加拿大不列颠哥伦比亚大学亚洲图书馆：Asian Rare‑1 no. 1081、
Asian Rare‑1 no. 1082

▲0550　粤东金石略 九卷 首一卷 附二卷

（清）翁方纲撰

清乾隆三十六年（1771）石洲草堂刻本

钤印有“禹门所有金石之记”“是书曾藏自强斋”。扉页镌“粤东
金石略。北平翁覃溪著。石洲草堂梓”。半叶为框，两框间有书口，
页上右双边，页下左双边，半叶 10 行 22 字，白口，单鱼尾。

【收藏机构及索书号】

美国哈佛大学哈佛燕京图书馆：T 2148 8202

加拿大不列颠哥伦比亚大学亚洲图书馆：Asian Rare‑1 no. 1138

0551　焦山鼎铭考

（清）翁方纲撰

清咸丰二年（1852）粤东督署刻本

【收藏机构及索书号】

美国哈佛大学图书馆：2106.6 8202

加拿大不列颠哥伦比亚大学亚洲图书馆：Asian Rare－1 no.1176、

Asian Rare－1 no.1177、Asian Rare－1 no.1178

△0552　粤东金石略 九卷 卷首卷 附二卷

（清）翁方纲录

清光绪十七年（1891）广州石经堂书局影印本

19 厘米

【收藏机构及索书号】

美国加州大学伯克利分校东亚图书馆：2148.8202

加拿大不列颠哥伦比亚大学亚洲图书馆：Asian Rare－1 no.1139

▲0553　粤东金石略 九卷 首一卷 附二卷

（清）翁方纲录

清乾隆年间刻本

【丛书题名】苏斋丛书

【收藏机构及索书号】

加拿大不列颠哥伦比亚大学亚洲图书馆：AC149.S93 1789 V.6－8

▲0554　积古斋钟鼎彝器款识 二卷

（清）阮元撰

清道光九年（1829）广东学海堂咸丰十年（1860）补刻本

【丛书题名】皇清经解卷 1057－1058

0555　平津读碑记 八卷 续一卷 再续一卷 三续二卷

（清）洪颐煊撰；（清）李盛铎辑

清光绪十一年（1885）北京木犀轩刻本

钤有"番禺张嘉珵所藏金石文字"印。牌记题"光绪乙酉秋木犀轩重刊"。左右双边，半叶11行21字，黑口，双黑鱼尾。

▲0556　筠清馆金石文字 五卷

（清）吴荣光撰

清道光二十二年（1842）吴氏筠清馆刻本

▲0557　芳坚馆题跋 四卷

（清）郭尚先撰

清光绪十六年（1890）新会刘氏藏修堂刻本

【丛书题名】藏修堂丛书

△0558　金石称例 四卷 续一卷

（清）梁廷枏纂

清光绪十四年（1888）吴县朱氏行素草堂刻本

【丛书题名】孙谿朱氏金石丛书

【收藏机构及索书号】

加拿大不列颠哥伦比亚大学亚洲图书馆：PL2448. S867 1888v. 34：1

▲0559　选集汉印分韵 上下卷

（清）袁日省撰原本；（清）谢云生摹录续集汉印；（清）谢景卿篆摹

清嘉庆二年（1797）广州漱艺堂

29 厘米

【收藏机构及索书号】

加拿大多伦多大学郑裕彤东亚图书馆：CD6173. X54 1797

△0560　南汉金石志 二卷

（清）吴兰修撰

清道光三十年（1850）南海伍氏开雕

【丛书题名】岭南遗书 第5辑

【收藏机构及索书号】

加拿大多伦多大学郑裕彤东亚图书馆：PL2447. W785 1850

斯坦福大学图书馆：PL2448. S483 1986 V. 4：2ND IN VOL

▲0561　秦汉三十体印证 二卷

（清）李阳辑

清道光二十年（1840）宝籀斋刻本

【收藏机构及索书号】

加拿大不列颠哥伦比亚大学亚洲图书馆：Asian Rare-1 no. 1334

史部·史评类

0562 史通削繁 四卷
（唐）刘知几撰；（清）浦起龙注删；（清）纪昀削繁
清道光十三年（1833）广州两广节署粤东省城翰墨园藏板
26 厘米
【收藏机构及索书号】
美国加州大学伯克利分校东亚图书馆：2460.7082.2 1833
美国哈佛大学哈佛燕京图书馆：GEN 2460 7282.26

0563 史通通释 二十卷 举例 一卷
（唐）刘知几撰；（清）浦起龙释；（清）蔡焯学
姚钧石印："姚钧石藏书"朱文长方印，"民国庚辰"朱文方印，
"蒲坂书楼"白文长方印。内封叶题"汪氏重校本，史通通释，翰
墨园印行"，卷末有浦起龙书后。框17.3厘米×13.3厘米，11行
22字，黑口，四周单边，无鱼尾，版心中镌题名、卷次及篇名，
版心下前十卷镌"内"、后十卷镌"外"。
【收藏机构及索书号】
加拿大不列颠哥伦比亚大学亚洲图书馆：Asian Rare-1 no. 660

0564 朱批鉴史提纲 四卷
（明）潘荣原本；（清）卢绚堂文锦补注
清嘉庆十三年（1808）广州麟书阁刻本
18 厘米
【收藏机构及索书号】
加拿大多伦多大学郑裕彤东亚图书馆：DS735. A2 P34 1803 v. 1-2

0565 历代史论 十二卷 附明史论 四卷 左传史论 二卷
《历代史论》（明）张溥撰；（清）孙琮评点；《明史论》（清）谷应泰

撰；《左传史论》(清)高士奇撰

清光绪十一年(1885)广州文陛阁朱墨套印本牌记题"光绪乙酉孟夏粤东文陛阁刊"。四周单边，半叶 11 行 21 字，白口，单黑鱼尾。

【收藏机构及索书号】

美国俄亥俄州立大学图书馆：DS735. C443 1885

0566　史记论文 一百三十卷

(清)吴见思评点；(清)吴兴祚参订

清康熙二十六年(1687)广东吴兴祚

框 19. 6 厘米×14. 1 厘米，9 行 21 字，小字双行，白口，左右双边，单黑鱼尾，版心上镌书名，中镌卷次及篇名。

【收藏机构及索书号】

美国普林斯顿大学图书馆：B367/3141

▲0567　史见 二卷

(清)陈遇夫撰

清道光三十年(1850)南海伍氏粤雅堂文字欢娱室刻本

【丛书题名】岭南遗书 第 3 辑

【收藏机构及索书号】

加拿大多伦多大学郑裕彤东亚图书馆：DS736. C418 1850

▲0568　读史管见 三卷

(清)李晚芳撰

清咸丰六年(1856)日本浪华书林群玉堂翻刻本

封面镌"尺木堂藏板"，卷末有李履中"读史管见跋"。左右双边，半叶 9 行 24 字，白口，单黑鱼尾。

【收藏机构及索书号】

美国俄亥俄州立大学图书馆：DS701. L53 1856

△0569　　　廿二史札记 三十六卷

（清）赵翼撰

清光绪二十年（1894）广州广雅书局

28 厘米

【丛书题名】广雅丛书

【收藏机构及索书号】

美国普林斯顿大学图书馆：B12/458

0570　　　三史拾遗 五卷

（清）钱大昕撰

清光绪十八年（1892）广州广雅书局

29 厘米

【收藏机构及索书号】

美国加州大学伯克利分校东亚图书馆：2515. 8546. 1 1891

0571　　　史目表 二卷

（清）洪饴孙撰

清光绪四年（1878）广州启秀山房刻本

【收藏机构及索书号】

加拿大不列颠哥伦比亚大学亚洲图书馆：Asian Rare－1 no. 662、
Asian Rare－1 no. 1020

△0572　　　史表功比说 一卷

（清）张锡瑜撰

清光绪十四年（1888）广州广雅书局

【收藏机构及索书号】

加拿大多伦多大学郑裕彤东亚图书馆：DS748. C514 1888

子

部

子部·儒家类

0573　郑志 三卷 拾遗 一卷 校勘记 一卷

（魏）郑小同撰

清光绪二十一年（1895）广州广雅书局翻刻本

【收藏机构及索书号】

加拿大不列颠哥伦比亚大学亚洲图书馆：Asian Rare-1 no. 262

0574　孝经小学正文 六卷 首一卷

（宋）朱熹撰

清同治四年（1865）广州右文堂刻本

姚钧石印："姚钧石藏书"朱文长方印，"民国庚辰"朱文方印，"蒲坂书楼"白文长方印。内封叶题"同治乙丑春镌，右文堂藏板，孝经小学正文"，首朱子小学书题。卷首为孝经正文，卷一至六为小学正文。卷端或题"禅山右文堂梓行"，或题"广城福文堂梓行"，或题"广城右文堂梓行"。框 18 厘米×12.5 厘米，7 行 15 字，有眉栏，白口，四周单边，单黑鱼尾，版心上镌题名，中镌卷次，卷一首叶下镌"右文堂"。

【收藏机构及索书号】

加拿大不列颠哥伦比亚大学亚洲图书馆：Asian Rare-1 no. 496

△0575　小学集解 六卷

（宋）朱熹撰；（明）张伯行辑注

清同治十一年（1872）广州

【收藏机构及索书号】

加拿大多伦多大学郑裕彤东亚图书馆：PL2679. H75 1872A

0576　大学衍义 四十三卷　大学衍义补 一百六十卷 首一卷

《大学衍义》（宋）真德秀撰；《大学衍义补》（明）丘濬撰

明嘉靖三十八年(1559)刻本

钤印有"阿波国文库"。《大学衍义补》前有嘉靖三十八年宗臣序。巡按福建监察御史古澄校刊。半叶 10 行 20 字，四周单边，白口，白鱼尾。全书分十二目，日正朝廷、正百官、固邦本、制国用、明礼乐、秩祭祀、崇宗教、备规则、慎刑宪、严武备、驭夷狄、成功化。

【收藏机构及索书号】

美国哈佛大学哈佛燕京图书馆：T1667/6330

0577　明崇祯刻本大学衍义补 一百六十卷 首一卷

（明）丘濬撰

明崇祯年间刻本

钤印有"小田氏藏""明霞馆图书记"。题"明阁臣前国子监祭酒丘濬进呈，经筵日讲官左谕德陈仁锡评阅"。半叶 10 行 20 字，四周单边，白口，单鱼尾。书眉上刻评。全书分十二目，日正朝廷、正百官、固邦本、制国用、明礼乐、秩祭祀、崇宗教、备规则、慎刑宪、严武备、驭夷狄、成功化。

【收藏机构及索书号】

美国哈佛大学哈佛燕京图书馆：T1319/7136C

0578　明崇祯刻本大学衍义补 一百六十卷 首一卷

（明）丘濬撰

明崇祯年间

钤印有"鲇贝藏书"。题"明阁臣前国子监祭酒丘濬进呈，经筵日讲官左谕德陈仁锡评阅"。半叶 10 行 20 字，四周单边，白口，单鱼尾。书眉上无评。

【收藏机构及索书号】

美国哈佛大学哈佛燕京图书馆：T1319/7136B

0579   家礼仪节 八卷

（明）丘濬撰

明成化十年（1474）刊本

【收藏机构及索书号】

加拿大不列颠哥伦比亚大学亚洲研究所：Asian Rare－1 no. 253

0580   成语考 两卷

（明）丘濬撰

清宣统二年（1910）佛山正同文书局

其他题名：幼学须知。

25 厘米

【收藏机构及索书号】

美国普林斯顿大学图书馆：5161/7236

▲*0581*   古文小学 九卷

（明）湛若水撰

明嘉靖年间刊本

【收藏机构及索书号】

美国国会图书馆：2012402206

▲*0582*   明夷待访录

（明）黄宗羲撰

清道光二十九年（1849）番禺潘氏海山仙馆

【丛书题名】海山仙馆丛书

【收藏机构及索书号】

加拿大多伦多大学郑裕彤东亚图书馆：PL2711. M5 1849

0583   圣谕像解 二十卷

（清）康熙，（清）梁延年撰

清光绪七年（1881）广州

【收藏机构及索书号】

加拿大多伦多大学郑裕彤东亚图书馆：B5234. C53 S48 1881

0584　圣谕像解 二十卷

（清）康熙，（清）梁延年撰

清咸丰六年（1856）广州味经堂书坊重刻本

姚钧石印："姚钧石藏书"朱文长方印，"蒲坂书楼"白文长方印，"姚钧石印"，"钧石所藏金石书画印"，"民国庚辰"朱文方印。内封叶正面题"咸丰丙辰初夏，圣谕像解，恩封光禄大夫建威将军叶志诜题"，背面牌记云"广州味经堂书坊重镌藏板汇印"。首圣谕十六条，康熙辛酉（二十年，1681）梁延年自序及自撰凡例。卷二十末行镌"马岗马学镌堂刊"。案此本乃广州味经堂书坊用梁氏承宣堂旧版修补重印。框23.9厘米×16.4厘米，10行21字，白口，四周单边，无鱼尾，版心上镌题名及卷次，卷四、五、十八至二十版心下多镌有"承宣堂"三字。略有缺叶。

【收藏机构及索书号】

加拿大多伦多大学郑裕彤东亚图书馆：B5234. C53 S48 1856

加拿大不列颠哥伦比亚大学亚洲图书馆：Asian Rare-1 no. 677

0585　五种遗规 十六卷

（清）陈宏谋辑

清道光年间广州山雷书屋刻本

训俗遗规内封叶框内右上镌"桂林陈榕门辑"，中镌"五种遗规"，左下镌"培远堂补锓"；右下镌"羊城双门底……堂发兑"；框外上镌"道光十年新刊"。训俗遗规补内封叶镌有"道光戊戌（十八年，1838）重镌""双门底……堂藏板"；其余三种内封叶均镌有"道光二十二年新刊""培远堂原本……堂藏板"。养正遗规又镌有"山雷书屋助镌"。训俗遗规卷末镌有道光二十四年、二十七年及咸

丰元年印送者姓名及数量，则为后印本也。训俗遗规框 18.4 厘米×
12.7 厘米，11 行 24 字，小字双行同，白口，四周单边，单黑鱼
尾，版心上镌书名，中镌卷数，下镌"培远堂"。
【收藏机构及索书号】
加拿大不列颠哥伦比亚大学亚洲图书馆：Asian Rare-2 no. 26

△0586　读书丛录 二十四卷
(清)洪颐煊撰
清道光二年(1822)广州
【收藏机构及索书号】
加拿大多伦多大学郑裕彤东亚图书馆：PL2712. U427 T8 1822
加拿大不列颠哥伦比亚大学亚洲图书馆：PL2461. Z7 H82 1822

△0587　愈愚录 六卷
(清)刘宝楠撰
清光绪十五年(1889)广州广雅书局
28 厘米
【收藏机构及索书号】
加拿大不列颠哥伦比亚大学亚洲图书馆：DS706 L586 1889
美国哈佛大学哈佛燕京图书馆：91557234

▲0588　汉儒通义
(清)陈澧撰
清道光四十年(1860)广州富文斋刻本
【丛书题名】番禺陈氏东塾丛书
【收藏机构及索书号】
加拿大多伦多大学郑裕彤东亚图书馆：PL2284. C443 1860

0589 　家塾条规 一卷

(清)阎敬铭辑并参订

清光绪十七年(1891)广州石经堂书局石印本

姚钧石印:"姚钧石藏书"朱文长方印,"民国庚辰"朱文方印,"蒲坂书楼"白文长方印。内封叶正面范友琦题签云"光绪辛卯,家塾条规",背面牌记云"广州石经堂书局影原本上石",首光绪辛卯偲怡堂主人序,言据马丕瑶刻本重印此书。末光绪丙子约盦居士识语,言辑书之事,光绪丙戌马丕瑶刻书原跋,并题有校字人名:训/崔学古原本;约盦居士参订。少学/崔学古原本;约盦居士参订。训蒙条约/陈芳生原本;约盦居士参订。

【收藏机构及索书号】

加拿大不列颠哥伦比亚大学亚洲图书馆:Asian Rare-1 no. 256

0590 　阙里述闻

(清)郑晓如撰

清同治七年(1868)广州

【收藏机构及索书号】

加拿大多伦多大学郑裕彤东亚图书馆:B128. C82 C473

0591 　翼教丛编 六卷

(清)苏舆辑

清光绪二十五年(1899)广州粤东领海报馆印本

牌记题"粤东领海报馆排印",存卷二至卷三。光绪己亥夏孟,翼教丛编,顺德黎国廉题。四周双边,无行格,半叶15行30字,白口,双黑鱼尾。

【收藏机构及索书号】

美国宾夕法尼亚州立大学图书馆:AC149. S9

▲*0592* 明珠 一卷

（清）邬宝珍辑

清宣统二年（1910）刻本

【收藏机构及索书号】

加拿大不列颠哥伦比亚大学亚洲图书馆：BJ1588. C5 W82 1910

子部·兵家类

▲*0593* 慎守要录 九卷

（明）韩霖撰

清道光二十九年（1849）番禺潘氏海山仙馆刻本

【丛书题名】海山仙馆丛书

【收藏机构及索书号】

加拿大多伦多大学郑裕彤东亚图书馆：UG443. H35 1849

▲*0594* 火攻挈要

〔德〕汤若望授；（明）焦勖纂；（清）赵仲撰

清道光二十九年（1849）番禺潘氏海山仙馆刻本

【丛书题名】海山仙馆丛书

【收藏机构及索书号】

加拿大多伦多大学郑裕彤东亚图书馆：TS535. S43 1849

0595 武备辑要 六卷 续编 十卷

（清）许乃钊辑

清道光十二年（1832）广州刻本

【收藏机构及索书号】

加拿大不列颠哥伦比亚大学亚洲图书馆：U17. M56 1832 V. 1-4

0596　稿本炮录 不分卷

（清）丁日昌辑

清同治年间稿本

目录页题"丰顺丁日昌编辑"。钤印有"丁印日昌""禹生""八渡沧海两登泰山""雨生入目"。半叶 8 行，22 至 24 字。

【收藏机构及索书号】

美国哈佛大学哈佛燕京图书馆：T8926/1266

子部·医家类

▲0597　神农本草经赞

（魏）吴普等述；（清）叶志诜撰赞

清道光三十年（1850）广州粤东抚署刻本

其他题名：本草经赞。

27 厘米

卷四附叶志诜《月令七十二候赞》。

【收藏机构及索书号】

美国普林斯顿大学图书馆：C117/2798

0598　唐王焘先生外台秘要 四十卷

（唐）王焘撰；（北宋）林亿校注；（明）程衍道再校注

清同治十三年（1874）广州翰墨园刻本

【收藏机构及索书号】

美国哈佛大学哈佛燕京图书馆：7980 1153

0599　外台秘要 四十卷 首一卷

（唐）王焘撰；（北宋）林亿校注；（明）程衍道再校注

清同治十三年（1874）广州翰墨园刻本

"绮云珍玩"椭圆印。姚钧石印："姚钧石藏书"朱文长方印，"蒲坂书楼"白文长方印。半叶 10 行 22 字。框高 21 厘米，宽 14 厘米，上下双边，白口，单白上鱼尾，上方具书名，下方列卷次，并计页次。书眉刻校评，日"尚德按"。

【收藏机构及索书号】

加拿大不列颠哥伦比亚大学亚洲图书馆：WZ290. W322 1874

0600　　增注类证活人书 二十二卷

（宋）朱肱撰

清光绪二十三年（1897）广州儒雅堂重刻本

其他题名：伤寒类证活人书，南阳活人书。

内封题"光绪廿三年广州儒雅堂重校刊"。版心下间或镌有"拾芥园"三字，案此乃儒雅堂翻刻或补刻拾芥园本。半叶 10 行 20 字，小字双行同，黑口，左右双边，双黑对鱼尾。

【收藏机构及索书号】

加拿大不列颠哥伦比亚大学亚洲图书馆：Asian Rare-5 no. 102

▲0601　　寿亲养老新书 四卷

（宋）陈直撰

清光绪十六年（1890）新会刘氏藏修堂刻本

【丛书题名】藏修堂丛书

【收藏机构及索书号】

加拿大多伦多大学郑裕彤东亚图书馆：RC952. C442 1890

▲0602　　张仲景注解伤寒百证歌

（宋）许叔微撰

清光绪十六年（1890）新会刘氏藏修堂刻本

【丛书题名】藏修堂丛书

【收藏机构及索书号】

加拿大多伦多大学郑裕彤东亚图书馆：RC195. C5 H784 1890

0603   医说 十卷

（宋）张杲撰

清咸丰十年（1860）番禺学海堂

【丛书题名】四库全书珍本六集

【收藏机构及索书号】

加拿大多伦多大学郑裕彤东亚图书馆：PL2464. Z6 H845 1860A

▲0604   调燮类编

（宋）赵希鹄撰

清道光二十七年（1847）番禺潘氏海山仙馆刻本

【丛书题名】海山仙馆丛书

【收藏机构及索书号】

加拿大多伦多大学郑裕彤东亚图书馆：Tx162. C5 C43 1847

0605   新刊增补万病回春原本 八卷

（明）龚廷贤辑

清光绪三十一年（1905）粤东翰文堂刻本

框 14 厘米×10.7 厘米，12 行 24 字，白口，四周单边，单黑鱼尾，版心上镌题名。

【收藏机构及索书号】

加拿大不列颠哥伦比亚大学亚洲图书馆：Asian Rare-5 no. 272

▲0606   傅青主女科

（清）傅山撰

清道光二十七年（1847）番禺潘氏海山仙馆刻本

【丛书题名】海山仙馆丛书

【收藏机构及索书号】

加拿大多伦多大学郑裕彤东亚图书馆：RG93. F8 1847

▲0607　产后编

（清）傅山撰

清道光二十七年（1847）番禺潘氏海山仙馆刻本

【丛书题名】海山仙馆丛书

【收藏机构及索书号】

加拿大多伦多大学郑裕彤东亚图书馆：RG93. F786 1847

▲0608　药证忌宜　一卷

（清）陈澈撰

清光绪十六年（1890）新会刘氏藏修堂刻本

【丛书题名】藏修堂丛书

【收藏机构及索书号】

加拿大多伦多大学郑裕彤东亚图书馆：RS125. C44 1890

0609　万氏医贯

（明）万咸撰

清光绪二十九年（1903）香港中华印务公司

25 厘米

【收藏机构及索书号】

美国普林斯顿大学图书馆：7981/4250

△0610　生草药性备要　二卷

（明）何其言撰

清末民初广州守经堂重刻本

【收藏机构及索书号】

加拿大不列颠哥伦比亚大学亚洲图书馆：Asian Rare-5 no. 285

外科证治全生集　二卷

0611　（清）王维德撰

清同治七年（1868）广州味闲主人重刻本

框 18.3 厘米×12.5 厘米，9 行 21 字，黑口，四周双边，对黑鱼尾，版心上镌题名，中镌卷次，下镌叶码。

【收藏机构及索书号】

加拿大不列颠哥伦比亚大学亚洲图书馆：Asian Rare-5 no. 71

0612　洄溪医案 一卷

（清）徐大椿撰

清光绪十六年（1890）岭南小嫏嬛阁刻本

内封牌记"咸丰七年海昌蒋氏衍芬草堂校梓"。案此本虽不题小嫏嬛阁藏板，然与其他几种小嫏嬛阁印本同在一处，纸墨相近，当为同时所印。框 17.1 厘米×12.2 厘米，9 行 21 字，黑口，左右双边，单黑鱼尾，版心中镌题名。

【丛书题名】徐氏医书八种

【收藏机构及索书号】

加拿大不列颠哥伦比亚大学亚洲图书馆：Asian Rare-5 no. 117

0613　兰台轨范 八卷

（清）徐大椿撰

清光绪十六年（1890）岭南小嫏嬛阁刻本

内封题"岭南小嫏嬛阁藏板"。框 17.5 厘米×12.8 厘米，9 行 25 字，白口，左右双边，单黑鱼尾，版心上镌题名，中镌卷次。

【丛书题名】徐氏医书八种

【收藏机构及索书号】

加拿大不列颠哥伦比亚大学亚洲图书馆：Asian Rare-5 no. 116

0614　伤寒论类方 一卷

（清）徐大椿撰

清光绪十六年(1890)岭南小嬛嬛阁刻本

内封题"吴江徐灵胎先生著，五集，伤寒类方，岭南小嬛嬛阁藏板"。框 17.5 厘米×12.3 厘米，9 行 25 字，白口，左右双边，单黑鱼尾，版心上镌题名，中镌卷次。

【丛书题名】徐氏医书八种

【收藏机构及索书号】

加拿大不列颠哥伦比亚大学亚洲图书馆：Asian Rare-5 no. 115

0615　　医贯砭 二卷

（清）徐大椿撰

清光绪十六年(1890)岭南小嬛嬛阁刻本

分上下卷，内封题"吴江徐灵胎先生著，四集，医贯砭，岭南小嬛嬛阁藏板"。框 17.6 厘米×12.8 厘米，9 行 25 字，白口，左右双边，单黑鱼尾，版心上镌题名，中镌卷次。

【丛书题名】徐氏医书八种

【收藏机构及索书号】

加拿大不列颠哥伦比亚大学亚洲图书馆：Asian Rare-5 no. 113

0616　　医学源流论 二卷

（清）徐大椿撰

清光绪十六年(1890)岭南小嬛嬛阁刻本

【丛书题名】徐氏医书八种

【收藏机构及索书号】

加拿大不列颠哥伦比亚大学亚洲图书馆：Asian Rare-5 no. 114

0617　　温病条辨 六卷 首一卷

（清）吴瑭撰

清光绪三十一年(1905)粤东惠济仓重刻本

内封题"淮阴鞠通吴氏著，温病条辨，粤东惠济仓重刊"。吴瑭自序，嘉庆辛未（十六年，1811）朱彬序，嘉庆十七年（1812）汪廷珍序，嘉庆癸酉（十八年，1813）征保序，道光十五年（1835）慈溪叶金潮重刻序，目录，凡例，重刻凡例。各卷端题"汪瑟庵先生参订，征以园先生同参，朱武曹先生点评，吴瑭鞠通氏著，慈溪叶氏潗吾楼重镌，梅桥阮志锐校字"。案此乃粤东惠济仓翻刻慈溪叶氏本。框 19.1 厘米×14 厘米，9 行 19 字，白口，左右双边，单黑鱼尾，版心上镌题名，中镌卷次及子目部类，天头镌有眉评。

【收藏机构及索书号】

加拿大不列颠哥伦比亚大学亚洲图书馆：Asian Rare-5 no. 112

0618　　便元集 二卷

（清）刘兼汇梓

清乾隆四十八年至五十七年（1783—1792）广东刘兼；汇梓：刘兼；

刻：刘兼；印：袁京安心简斋；藏板：滋德堂

25 厘米

【收藏机构及索书号】

美国普林斯顿大学图书馆：C83/2867

0619　　本草三家合注

（清）郭汝聪集注；（清）叶天士、张隐庵、陈修园合注

清广州登云阁

其他题名：神农本草经百种录。

28 厘米

附神农本草经百种录，徐灵胎著。

【收藏机构及索书号】

美国普林斯顿大学图书馆：7971/0237

0620　　理瀹骈文 不分卷

（清）吴师机撰

清光绪七年（1881）广州爱育堂刻本内封题"光绪辛巳年重镌，理瀹骈文，板藏粤东省城爱育堂"。有光绪七年爱育堂同人刻书序。半叶 10 行 21 字，白口，左右双边，单黑鱼尾。

【收藏机构及索书号】

加拿大不列颠哥伦比亚大学亚洲图书馆：Asian Rare－5 no. 101

▲0621　全体新论 十卷

（英）合信撰；（清）陈修堂同编译

清道光三十一年（1851）番禺潘氏海山仙馆刻本

【丛书题名】海山仙馆丛书

【收藏机构及索书号】

加拿大多伦多大学郑裕彤东亚图书馆：QM23. H56 1851

美国普林斯顿大学图书馆：7909/8626

0622　性理略论 三卷

清同治八年（1869）香港英华书院活字板；20 厘米

【收藏机构及索书号】

美国加州大学伯克利分校东亚图书馆：BR127. H75

△0623　皮肤新编

〔美〕嘉约翰撰

清同治十三年（1874）广东刻本

【收藏机构及索书号】

美国哈佛大学哈佛燕京图书馆：1. Mj. 75

0624　奇方汇辑

（清）潘向荣编辑

清光绪年间广州富强书局

19 厘米

【收藏机构及索书号】

美国普林斯顿大学图书馆：7976/3629

0625　　　经验救急良方

清光绪十八年(1892)南海崇德堂

23 厘米

【收藏机构及索书号】

美国加州大学伯克利分校东亚图书馆：RC87. 56 1892

▲0626　　名家医方歌诀

(清)林树红著

清光绪二十一年(1895)广州守经堂刻本

21 厘米

封面镌"新辑名家医方歌诀""学院前守经堂藏板"。框 14. 2 厘米
×10. 6 厘米，9 行 20 字，白口，左右双边，单黑鱼尾，版心上镌
"方歌从时"，中镌篇名，无直格。

【收藏机构及索书号】

美国加州大学伯克利分校东亚图书馆：RS180. C5 L546 1895

△0627　　验方新编 十八卷

(清)鲍相璈辑；(清)张绍棠删定

清光绪三十一年(1905)香港、广州、上海香港东华医院，广州广济
医院，上海广肇会馆铅印本

内封镌"光绪三十一年岁次乙巳冬月铅刻""板一存香港东华医
院，一存广东省城广济医院，一存上海广肇会馆"，版心下亦题有
此三处藏板者。

【收藏机构及索书号】

加拿大不列颠哥伦比亚大学亚洲图书馆：Asian Rare-5 no. 289

0628   少林寺存下班中跌打妇科万应良方

（清）冯润田撰

清末民初广州守经堂重刻本

【收藏机构及索书号】

加拿大不列颠哥伦比亚大学亚洲图书馆：Asian Rare-5 no. 283

子部·天文算法类

△0629   纪梦编年 一卷

〔希腊〕欧几里得撰

清道光二十七年（1847）番禺潘氏海山仙馆刻本

【丛书题名】海山仙馆丛书

【收藏机构及索书号】

加拿大多伦多大学郑裕彤东亚图书馆：QA31. E874 1847

▲0630   同文算指通编 二卷

〔意大利〕利玛窦撰

清道光二十九年（1849）番禺潘氏海山仙馆刻本

【丛书题名】海山仙馆丛书

【收藏机构及索书号】

加拿大多伦多大学郑裕彤东亚图书馆：QA139. R5 1849

0631   御制数理精蕴 五十三卷

（清）允祉，允禄等编纂

清光绪八年（1882）广州广东藩司刻本

【收藏机构及索书号】

加拿大不列颠哥伦比亚大学亚洲图书馆：QA27. C5 Y84 1882

▲*0632*　算迪 八卷

(清)何梦瑶撰

清道光二十五年(1845)南海伍氏粤雅堂文字欢娱室刻本

【丛书题名】岭南遗书 第 2 辑

【收藏机构及索书号】

加拿大多伦多大学郑裕彤东亚图书馆：QA43. H58 1845

▲*0633*　周髀算经述 一卷

(清)冯经撰

清道光三十年(1850)南海伍氏粤雅堂文字欢娱室刻本

【丛书题名】岭南遗书 第 4 辑

【收藏机构及索书号】

加拿大多伦多大学郑裕彤东亚图书馆：QA27. C5 C64 1850

▲*0634*　测天约术 一卷

(清)陈昌齐撰

清道光三十年(1850)南海伍氏粤雅堂文字欢娱室刻本

【丛书题名】岭南遗书 第 5 辑

【收藏机构及索书号】

加拿大多伦多大学郑裕彤东亚图书馆：QA537. C43 1850

▲*0635*　少广正负术 三卷

(清)孔广森撰

清光绪十六年(1890)新会刘氏藏修堂刻本

【丛书题名】藏修堂丛书

【收藏机构及索书号】

加拿大多伦多大学郑裕彤东亚图书馆：QA27. C5 K83 1890

0636 月令七十二侯赞

（清）叶志诜撰

清道光三十年（1850）广州粤东抚署

27 厘米

【收藏机构及索书号】

美国加州大学伯克利分校东亚图书馆：594.4040

0637 弧三角平视法 摹印述

（清）陈澧撰

清光绪年间广州广雅书局刻本

其他题名：Mo yin shu　摹印述。

【丛书题名】东塾遗书

【收藏机构及索书号】

美国普林斯顿大学图书馆：C138/1791

▲0638 邹征君遗书

（清）邹伯奇著；（清）夏鸾翔，（清）徐有壬撰

清同治十三年（1874）广州邹氏拾芥园刻本

27 厘米

卷一学计一得二卷；卷二补小尔雅释度量衡一卷，格术补一卷，对数尺记一卷，乘方捷算三卷；卷三至卷五邹征君存稿一卷，舆地全图，赤道南北恒星图；附夏氏算学四种/夏鸾翔撰，徐氏算学三种/徐有壬撰。

【收藏机构及索书号】

美国哈佛大学哈佛燕京图书馆：GEN 7023 2213

▲0639 翼梅 八卷

（清）江永撰

清道光二十七年（1847）番禺潘氏海山仙馆刻本

【丛书题名】海山仙馆丛书

【收藏机构及索书号】

加拿大多伦多大学郑裕彤东亚图书馆：QA27. C5 C4 1847

0640　　光绪十六年新通书

清光绪十六年(1890)广州藏经阁

26 厘米

【收藏机构及索书号】

美国普林斯顿大学图书馆：9315. 32/9240

0641　　天宝楼通书

清光绪三十一年(1905)佛山天宝楼书局朱墨套印

又名：Tian bao lou ji qi hong zi tou tong shu　天宝楼机器红字头

通书

【收藏机构及索书号】

美国哈佛大学图书馆：T 7190. 8 1343(1905)

子部·术数类

▲0642　　灵棋经

(汉)东方朔撰；(明)刘基解

清光绪十六年(1890)新会刘氏藏修堂刻本

【丛书题名】藏修堂丛书

【收藏机构及索书号】

加拿大多伦多大学郑裕彤东亚图书馆：BF1770. C5 L54 1890

0643　　择吉会要 四卷

(清)姚承舆著

清道光己酉二十九年(1849)广州广文堂刻

25 厘米

内封右上镌"道光己酉冬",书末镌"粤东省城学院前广文堂承刊"。

【收藏机构及索书号】

美国普林斯顿大学图书馆：C158/2764

0644 光绪十一年诹吉通书

清光绪十年(1884)广州丹柱堂

书面题"丹柱堂大字诹吉通书"。

【收藏机构及索书号】

美国加州大学伯克利分校东亚图书馆：9315.1885

0645 诹吉通书

清光绪十六年(1890)佛山镇英文堂朱墨套印本

书页题"英文堂顶大诹吉通书"。

【收藏机构及索书号】

美国哈佛大学哈佛燕京图书馆：T7190.8 0435(1890)

0646 神相金较剪 时款神相金较剪

(清)栖霞山人著

清光绪十八年(1892)广州璧经堂

题名页：羊城鉴心斋珍藏。

20 厘米

【收藏机构及索书号】

美国哈佛大学哈佛燕京图书馆：1745 4128

0647 太乙照神经 三卷 神相证验百条 二卷

(清)刘学诚辑

清光绪三十一年(1905)广州登云阁刻本

【收藏机构及索书号】

加拿大不列颠哥伦比亚大学亚洲图书馆：Asian Rare-5 no. 235

子部·艺术类

▲0648　广川画跋 六卷

（宋）董逌撰

清光绪十六年（1890）新会刘氏藏修堂刻本

【丛书题名】藏修堂丛书

【收藏机构及索书号】

加拿大多伦多大学郑裕彤东亚图书馆：D1043. T85 1890

▲0649　书苑菁华 二十卷

（宋）陈思撰

清光绪十六年（1890）新会刘氏藏修堂刻本

【丛书题名】藏修堂丛书

【收藏机构及索书号】

加拿大多伦多大学郑裕彤东亚图书馆：Z44. C387 1890

▲0650　法书名画见闻表 一卷

（明）张丑撰

清光绪十六年（1890）新会刘氏藏修堂刻本

收录在张丑的《张氏四种》中

【丛书题名】藏修堂丛书

【收藏机构及索书号】

加拿大多伦多大学郑裕彤东亚图书馆：ND1042. C418 1890

0651　书画题跋记

（明）郁逢庆撰

清宣统三年(1911)顺德

26 厘米

【收藏机构及索书号】

美国哈佛大学哈佛燕京图书馆：GEN 9100 61(0816)

▲0652　蓼怀堂琴谱

(清)云志高撰

清康熙年间琼海蓼怀堂

25 厘米

【收藏机构及索书号】

美国哈佛大学图书馆 Loeb Music Library：Mus 549. 9. 13

0653　江村销夏录 三卷

(清)高士奇撰

清宣统二年(1910)顺德

康熙三十二年(1694)重印本

27 厘米

【收藏机构及索书号】

美国哈佛大学哈佛燕京图书馆：GEN 9100 7143(20-22)

0654　大瓢偶笔 八卷 总碑目 一卷

(清)杨宾撰

清道光二十七年(1847)粤东粮道署刻本

【收藏机构及索书号】

加拿大不列颠哥伦比亚大学亚洲图书馆：PL2448. Y23 1847

▲0655　竹云题跋 四卷

(清)王澍撰

清道光二十七年(1847)番禺潘氏海山仙馆刻本

【丛书题名】海山仙馆丛书
【收藏机构及索书号】
加拿大多伦多大学郑裕彤东亚图书馆：PL2447. W376 1847

0656　吴越所见书画录 六卷
（清）陆时化撰
清宣统二年（1910）顺德
【收藏机构及索书号】
美国哈佛大学哈佛燕京图书馆：GEN 9100 7143（11-16）

0657　隶八分辨 一卷
（清）方辅撰
清乾隆五十四年（1789）粤东彭翥刻本
徐信符印："南州书楼"朱文方印。姚钧石印："姚钧石藏书"朱文长方印，"民国庚辰"朱文方印，"蒲坂书楼"白文长方印。首乾隆丁卯（十二年，1747）厉鹗序，版心题为"原序"，则非刻书时所写。案此书凡两刻，初刻于粤东，由彭翥刻于乾隆五十四年再刻于浙江，由新安吴德治刻，约晚于彭刻数年。吴刻本中有乾隆五十四年彭氏刻书序，及吴氏再刻识语，吴氏云"顾彭君刻于粤东，去江浙甚遥。且予更为商订数处，故重刻以资览者"。近年出版之"续修四库全书"所收即吴氏重刻本，卷端题有"新安方辅著，同里吴德治校"，然却以为彭氏初刻本，误。本馆此本，彭氏序虽已残缺，然卷端仅题"新安方辅著"，并不题吴氏名，可知非吴氏本，且原藏于广州徐氏之南州书楼，当为彭氏粤东刻本无疑。此本存世极少，十分珍贵。框 17.5 厘米×11.5 厘米，8 行 16 字，白口，四周双边，无鱼尾，版心下镌叶码。
【收藏机构及索书号】
加拿大不列颠哥伦比亚大学亚洲图书馆：Asian Rare-1 no. 432

△0658　苏米斋兰亭考 八卷

（清）翁方纲撰

清道光二十四年（1844）广州吴江赵亨衢刻本

【收藏机构及索书号】

加拿大不列颠哥伦比亚大学亚洲图书馆：NK3634. W3 A558 1844

0659　倦舫法帖 八卷

（清）洪颐煊，洪瞻墉集；（清）梁琨同，梁端荣镌

清道光五年（1825）广东

33 厘米

【收藏机构及索书号】

美国哈佛大学哈佛燕京图书馆：TP0041

△0660　常惺惺斋书画题跋 二卷 游罗浮日记 一卷

（清）谢兰生撰

清同治十年（1871）郁洲谢氏家塾刻本

【收藏机构及索书号】

加拿大不列颠哥伦比亚大学亚洲图书馆：ND1042. H83 1871

△0661　艺谈录 二卷

（清）张维屏撰；（清）沈世良，倪鸿校

清道光、咸丰年间广州张氏刻本

26 厘米

卷分上下。卷上末镌“粤东省城西湖街富文斋承接刊印”。

【收藏机构及索书号】

美国加州大学伯克利分校东亚图书馆：5219. 8. 1327. 1

0662　粤讴

（清）招子庸著

清道光八年(1828)广州豆云阁

27 厘米

【收藏机构及索书号】

美国加州大学伯克利分校东亚图书馆：5730. 32. 5610 1828

0663　校本正粤讴 一卷

（清）招子庸撰

清末民初广州以文堂石印本

封面朱文题"校本正粤讴"，并小字注云"粤东省城状元坊内太平
新街以文堂机器板"，版心下题"以文堂"，卷末题"省城状元坊
内太平新街以文堂板"，并有识语云"此书与别板不同，本堂诸多
巧较，乃得招子庸先生原本，只字无讹"。

【收藏机构及索书号】

加拿大不列颠哥伦比亚大学亚洲图书馆：Asian Rare‑5 no.212

▲0664　续三十五举 一卷

（清）黄子高撰

清光绪三年(1877)广东学海堂刻本

【丛书题名】学海堂丛刻

【收藏机构及索书号】

美国哈佛大学图书馆：9100 7439(04)

▲0665　鬼趣图题咏 一卷

（清）潘仕成辑

清咸丰元年(1851)广州海山仙馆刻本

【收藏机构及索书号】

加拿大不列颠哥伦比亚大学亚洲图书馆：Asian Rare‑1 no.1504、
Asian Rare‑1 no.1505

▲0666 　岳雪楼书画录 五卷
　　　　（清）孔广陶撰
　　　　清光绪十五年（1889）南海三十有三万卷堂刻本
　　　　【收藏机构及索书号】
　　　　美国哈佛大学哈佛燕京图书馆：6148 1107
　　　　加拿大不列颠哥伦比亚大学亚洲图书馆：Asian Rare－1 no. 1455、
　　　　AsianRare－2 no. 31

0667 　百孝图 二卷
　　　　（清）张之洞编辑；（清）叶尔宽增辑
　　　　清咸丰、光绪年间广州
　　　　25 厘米；有插图
　　　　【收藏机构及索书号】
　　　　美国哈佛大学哈佛燕京图书馆：GEN 2258 1333
　　　　美国普林斯顿大学图书馆：1682. 5/1333

0668 　摹古印式 四卷
　　　　（清）谢爔撰
　　　　清咸丰五年（1855）钤印本
　　　　【收藏机构及索书号】
　　　　加拿大不列颠哥伦比亚大学亚洲图书馆：CD6173. 5. X53 A4 1855

▲0669 　广艺舟双楫 六卷 首一卷
　　　　（清）康有为撰
　　　　清光绪二十八年（1902）粤东书坊重印本
　　　　【收藏机构及索书号】
　　　　加拿大不列颠哥伦比亚大学亚洲图书馆：Asian Rare－1 no. 1466

0670

古印藏真 不分卷

（清）居巢藏并钤印

清光绪五年（1879）广州居巢钤印本。居巢印：“居巢”白文方印，“某生”“梅生”朱文方印。杨永衍印：“添茅小屋书画印”朱文方印。柯有榛印：“柯有榛”朱文方印。潘飞声印：“潘兰史家珍藏”朱文长方印，“梧棠庭院词客平生快睹之章”朱文方印。姚钧石印：“蒲坂书楼”白文长方印，“民国庚辰”“钧石所藏金石书画印”朱文方印。全谱用番禺杨氏添茅小屋印刷之朱色花边纸钤印，每叶正面钤二至五印不等，凡八十五印，无释文。框 13.2 厘米×9 厘米，朱色边框及书口，无鱼尾，版心下镌“添茅小屋”。

【收藏机构及索书号】

加拿大不列颠哥伦比亚大学亚洲图书馆：Asian Rare-1 no. 1387

△0671

楹联述录 十二卷

（清）林庆铨辑

清光绪十一年（1885）广州

19 厘米

【收藏机构及索书号】

美国普林斯顿大学图书馆：5789/4908

0672

广川画跋校勘记

（清）刘晚荣撰

清光绪十六年（1890）新会刘氏藏修堂刻本

【丛书题名】藏修堂丛书

【收藏机构及索书号】

加拿大多伦多大学郑裕彤东亚图书馆：ND1043. T825 1890

0673

改良最新粤讴

（清）璧经堂校选

清宣统二年（1910）广州璧经堂

20 厘米

【收藏机构及索书号】

美国加州大学伯克利分校东亚图书馆：PL2519. F6 G35 1910

0674　中国文学史

（清）张德瀛著

清宣统三年（1911）广东法政学堂

25 厘米

【收藏机构及索书号】

美国加州大学伯克利分校东亚图书馆：5220.1323

0675　天下有山堂画艺　二卷

（清）汪之元编绘

清雍正十二年（1734）樵石山房刻套印本

馆藏复本一部，二册，无扉页。钤印有"犬养氏图书"及"门方外普华朴安、梅谿侄钧云奏父同校"。半叶 8 行 18 字，四周双边，白口，无鱼尾。

【收藏机构及索书号】

美国哈佛大学哈佛燕京图书馆：T6178/3131

子部 · 谱录类

▲0676　清秘藏　二卷

（明）张应文撰；（明）张谦德编

清光绪十六年（1890）新会刘氏藏修堂刻本

【丛书题名】藏修堂丛书

【收藏机构及索书号】

加拿大多伦多大学郑裕彤东亚图书馆：N7343. C423 1890

▲0677   茶董补 二卷

(明)陈继儒辑

清道光二十七年(1847)番禺潘氏海山仙馆刻本

【丛书题名】海山仙馆丛书

【收藏机构及索书号】

加拿大多伦多大学郑裕彤东亚图书馆：SB271. C43 1847

▲0678   墨表

(明)万寿祺撰

清光绪十六年(1890)新会刘氏藏修堂刻本

【丛书题名】藏修堂丛书

【收藏机构及索书号】

加拿大多伦多大学郑裕彤东亚图书馆：Z45. W35 1890

▲0679   墨志

(明)麻三衡撰

清同治十三年(1874)南海伍氏粤雅堂刻本

18 厘米

【丛书题名】粤雅堂丛书

【收藏机构及索书号】

美国普林斯顿大学图书馆：6295/0912

▲0680   石画记 五卷

(清)阮元撰

清光绪三年(1877)广东学海堂刻本

【丛书题名】学海堂丛刻

【收藏机构及索书号】

美国哈佛大学图书馆：9100 7439(01-02)

▲0681　　端溪砚史 三卷

（清）吴兰修编

清道光三十年（1850）南海伍氏粤雅堂文字欢娱室刻本

28 厘米；有插图

【丛书题名】岭南遗书 第 5 辑

【收藏机构及索书号】

皇家安大略博物馆：NK6035. 2. C6 W85 1850

子部·杂家类

0682　　图像山海经详注 一卷

（晋）郭璞撰；（清）吴志伊注

清代佛山福文堂刻本

内封一题"仁和吴志伊注，新安汪氏汉校，圆像山海经详注，福文堂板"；仁和吴志伊注，新安汪氏汉校，明吴中珩校订，柴绍炳序。

左右双边，半叶 10 行 30 字，小字双行同，白口，单黑鱼尾。

【收藏机构及索书号】

美国宾夕法尼亚州立大学图书馆：DS707. S473K87

▲0683　　洞天清禄集 一卷

（宋）赵希鹄撰

清道光二十九年（1849）番禺潘氏海山仙馆刻本

【丛书题名】海山仙馆丛书

【收藏机构及索书号】

加拿大多伦多大学郑裕彤东亚图书馆：N7343. C43 1849

▲0684　　考古质疑 六卷

（宋）叶大庆撰

清光绪十一年（1885）番禺潘氏海山仙馆刻本

【丛书题名】海山仙馆丛书

【收藏机构及索书号】

加拿大多伦多大学郑裕彤东亚图书馆：DS736. Y44 1885

▲0685　云谷杂记

（宋）张淏撰

清道光二十九年（1849）番禺潘氏海山仙馆刻本

【丛书题名】海山仙馆丛书

【收藏机构及索书号】

加拿大多伦多大学郑裕彤东亚图书馆：PL2687. C326 Y8 1849

▲0686　敬斋古今黈 八卷

（元）李冶撰

清道光二十九年（1849）番禺潘氏海山仙馆刻本

【丛书题名】海山仙馆丛书

【收藏机构及索书号】

加拿大多伦多大学郑裕彤东亚图书馆：PL2461. Z6 L48 1849

▲0687　隐居通议

（元）刘埙撰

清道光二十九年（1849）番禺潘氏海山仙馆刻本

【丛书题名】海山仙馆丛书

【收藏机构及索书号】

加拿大多伦多大学郑裕彤东亚图书馆：PL2694. L26 Y5 1849

0688　七修类稿 五十一卷 续编 七卷

（明）郎瑛著

清光绪六年（1880）广州翰墨园重刊本

【收藏机构及索书号】

美国哈佛大学哈佛燕京图书馆：9153 321

▲0689　　　　疑耀 七卷

（明）张萱撰

清道光二十五年（1845）南海伍氏粤雅堂文字欢娱室刻本

【丛书题名】岭南遗书 第2辑

【收藏机构及索书号】

加拿大多伦多大学郑裕彤东亚图书馆：PL2698.C28 I17 1845

0690　　　　群谈采余 十卷

（明）倪绾撰

明万历壬辰二十年（1592）广州倪思益刻本

缺卷首1册，存19册

5毫米；缩微胶片：国会图书馆摄制北京图书馆善本书胶片＝Rare
books National Library Peiping reel 2

【收藏机构及索书号】

美国普林斯顿大学图书馆：Microfilm 9101/1165.1 r.27（1）

0691　　　　古香斋春明梦余录 七十卷

（清）孙承泽撰

清光绪七年（1881）南海孔氏三十有三万卷堂藏板

【丛书题名】古香斋袖珍十种

【收藏机构及索书号】

加拿大多伦多大学郑裕彤东亚图书馆：DS753.S84 1881A

▲0692　　　　菰中随笔

（清）顾炎武撰

清道光二十五年（1845）番禺潘氏海山仙馆刻本

【丛书题名】海山仙馆丛书

【收藏机构及索书号】

加拿大多伦多大学郑裕彤东亚图书馆：PL2716. K8 1845

0693 居易录 三十四卷

（清）王士祯刊

清康熙四十年（1701）广州

26 厘米

【收藏机构及索书号】

美国普林斯顿大学图书馆：9155/1143

▲0694 蠡勺编 四十卷

（清）凌扬藻撰

清道光四十三年（1863）南海伍氏粤雅堂文字欢娱室刻本

【丛书题名】岭南遗书 第6辑

【收藏机构及索书号】

加拿大多伦多大学郑裕彤东亚图书馆：PL2718. I54 L55 1863

0695 供冀小言 一卷

（清）林伯桐撰

清光绪三年（1877）广东学海堂

【收藏机构及索书号】

美国哈佛大学图书馆：9100 7439（03）

0696 砚耕绪录 十六卷

（清）林昌彝撰

清同治五年（1866）广州

27 厘米

【收藏机构及索书号】

美国加州大学伯克利分校东亚图书馆：9155.4962

▲0697　十二石山斋丛录 九卷 摘句图 一卷

（清）梁九图辑

清道光二十八年（1848）顺德梁氏十二石山斋刻本

【收藏机构及索书号】

加拿大不列颠哥伦比亚大学亚洲图书馆：Asian Rare-1 no. 2775

△0698　粤小记

（清）黄芝撰；（清）培芳参订

清嘉庆二十三年（1818）刻本影印本，年代不详

18 厘米

【收藏机构及索书号】

美国斯坦福大学图书馆：DS793. K7 Y84 1970

▲0699　岭海剩 四卷

（清）林辉撰；（清）赵古农辑

清道光四年（1824）梅梦草堂刻本

【收藏机构及索书号】

加拿大不列颠哥伦比亚大学亚洲图书馆：Asian Rare-1 no. 2620

▲0700　自西徂东 五卷

（清）花之安撰

清光绪十年（1884）广东小书会真宝堂刻本

26 厘米

【收藏机构及索书号】

美国哈佛大学哈佛燕京图书馆：TA 9199 259

▲0701　课余汇钞 八卷

（清）何文绮编

清咸丰元年（1851）粤东省城同文堂刻本

【收藏机构及索书号】

加拿大不列颠哥伦比亚大学亚洲图书馆：Asian Rare-2 no. 59

0702　中国六大政治家

（清）梁启超等撰

清宣统三年（1911）广东广智书局铅印本

缺《张江陵》；版权题"宣统三年六月十五日三版，著作者新会梁启超，顺德麦孟华"。

【收藏机构及索书号】

美国达特茅斯大学图书馆：JA84. C6C5

0703　校正唐注写信必读

（清）唐芸洲编

清光绪三十一年（1905）香港日新书局

16 厘米

【收藏机构及索书号】

美国加州大学伯克利分校东亚图书馆：PL1275 T36 1905

▲0704　岭海丛谭

清光绪二十一年（1895）广州翰文堂刻本

25 厘米

【收藏机构及索书号】

美国普林斯顿大学图书馆：3073/2330

0705　中外褆福

清光绪二十二年（1896）广州多文堂

封面标题：丙申年大字通书。

25 厘米

【收藏机构及索书号】

美国加州大学伯克利分校东亚图书馆：9315. 5233

▲0706　吉祥录 一卷

（清）邬宝珍辑

清宣统元年（1909）刻本

【收藏机构及索书号】

加拿大不列颠哥伦比亚大学亚洲图书馆：BJ1588. C5 W82 1910

子部·小说类

0707　水浒图赞

（明）杜堇绘撰

清光绪八年（1882）广州藏修堂刻本 Lithoprint. Imprint date from preface.

21 厘米；有插图

【收藏机构及索书号】

美国加州大学伯克利分校东亚图书馆：6178. 4141. 1882

0708　阅微草堂笔记

（清）纪昀撰

清道光十五年（1835）广州财政司

【收藏机构及索书号】

加拿大多伦多大学郑裕彤东亚图书馆：PL2705. I18 Y84 1835

▲0709　二十二史感应录

（清）彭希涑撰

清道光二十九年（1849）番禺潘氏海山仙馆刻本

【丛书题名】海山仙馆丛书

【收藏机构及索书号】

加拿大多伦多大学郑裕彤东亚图书馆：BJ117. P46 1849

0710　　镜花缘

（清）李汝珍撰

清道光二十一年（1841）顺德芥子园刻本

【收藏机构及索书号】

加拿大多伦多大学郑裕彤东亚图书馆：PL2718. I15 C5 184

0711　　红楼梦传奇 八卷

（清）陈锺麟撰

清道光至清末广东汗青斋

【收藏机构及索书号】

美国哈佛大学哈佛燕京图书馆：T 5710 7980

0712　　九命奇冤

（清）吴趼人著

清同治五年（1866）至清末香港广智书局

20 厘米；有插图

【收藏机构及索书号】

美国俄亥俄州立大学图书馆：PL2732. U35 C4

美国国会图书馆：PL2732. U35

杜威：895. 1348

0713　　吉美棣女包探案

（清）温俊臣译

清道光二十年（1840）香港循环日报馆

21 厘米

【收藏机构及索书号】

美国加州大学伯克利分校东亚图书馆：PL2275. D48 J45 1906

0714

骗女娲镜

清同治年间广州第七甫丹柱堂

【收藏机构及索书号】

美国加州大学伯克利分校东亚图书馆：5717. 32. 7448

0715

桃花女阴阳斗法传

清同治三年(1864)广州以文堂

16. 5 厘米

【收藏机构及索书号】

Royal Ontario Museum：PL2511. T36 1864(BOX D)

0716

奇逢抢伞 二卷 骂阎罗王 二卷 女贞国进奇花 二卷 庄子试妻 西篷击
掌 二卷 春娥教子 散瓦岗寨 彩凤问

清同治十年(1871)广州丹柱堂刊本。书名上题：周天乐班本。与女
贞国进奇花等合订一册。

【收藏机构及索书号】

美国加州大学伯克利分校东亚图书馆：5717. 32. 4358

0717

大棚三凤鸾全套

清同治十一年(1872)香港第七甫五桂堂木刻本

20 厘米

【收藏机构及索书号】

加拿大多伦多大学郑裕彤东亚图书馆：PL3031. K8852 S36 1872

0718 　李铁拐收妖 刘金定灌药 夜送寒衣 二卷 陶三春挂帅 二卷 永乐观灯
二卷 李良困宫 二卷 金定斩四门 二卷
清同治十一年（1872）广州富经堂刊本
书名上题：丹山凤班本。与《刘金定灌药》等合订一册。
【收藏机构及索书号】
美国加州大学伯克利分校东亚图书馆：5717.32.7833

0719 　韩信问路斩樵夫 二卷
清同治年间广州富经堂
其他题名：新刻班本韩信二龙山葬母。
【收藏机构及索书号】
美国加州大学伯克利分校东亚图书馆：5717.32.4276

0720 　京津拳匪纪略
（清）侨析生，余缙云编辑
清光绪二十七年（1901）香港书局
框 13 厘米×8.2 厘米，无界行，四周双边，白口，单黑鱼尾，版心
上印书名，中印小题卷次。
16 厘米；有插图
【收藏机构及索书号】
美国加州大学伯克利分校东亚图书馆：2913.2242

△0721 　廿载繁华梦
（清）黄小配著
清光绪三十三年（1907）广州时事画报
22 厘米；有插图
【收藏机构及索书号】
美国加州大学伯克利分校东亚图书馆：5765.4091.1

△0722　绘图廿载繁华梦

（清）黄小配著

清光绪三十三年（1907）香港

21 厘米；有插图

框 15.8 厘米×11.6 厘米，白口，四周双边，单黑鱼尾，版心上镌
"天路历程"。

【收藏机构及索书号】

美国加州大学伯克利分校东亚图书馆：PL2652. H83 1907

0723　岑督征西

（清）梁纪佩，潘侠魂合著

清宣统元年（1909）广州悟群著书社

21 厘米

【收藏机构及索书号】

美国俄亥俄州立大学图书馆：PL2718. I33

美国普林斯顿大学图书馆：5766/392 2. 1

0724　三保太监下西洋

（清）彭鹤龄撰

清宣统二年（1910）广州觉群小说社

21 厘米

【收藏机构及索书号】

美国加州大学伯克利分校东亚图书馆：DS753. 6. C48 P45 1910

0725　苗宫夜合花 初集 续集

（清）何恭弟著

清广州一帆出版公司

封面题签书名：清代秘史。

21 厘米

【收藏机构及索书号】

美国普林斯顿大学图书馆：5749/2248.1

子部·类书类

0726　古香斋初学记

（唐）徐坚撰

清光绪八年（1882）南海孔氏三十有三万卷堂藏板

【丛书题名】古香斋袖珍十种

【收藏机构及索书号】

加拿大多伦多大学郑裕彤东亚图书馆：AE2. C4485 1882

▲0727　龙筋凤髓判 二卷

（唐）张鷟撰

清道光二十六年（1846）番禺潘氏海山仙馆刻本

【丛书题名】海山仙馆丛书

【收藏机构及索书号】

加拿大多伦多大学郑裕彤东亚图书馆：PL2677. C37 L85 184

子部·释家类

0728　金刚般若波罗蜜经

（东晋）鸠摩罗什译；（清）陈允宽书

清嘉庆十二年（1807）广州宗然刻

25 厘米

【收藏机构及索书号】

加拿大多伦多大学郑裕彤东亚图书馆：BQ1210. T75 1807

0729

易筋经图说

（西竺）达摩祖师著；（清）梁士贤辑

清宣统三年(1911)广州守经书局

附录：经验药方。其他题名：易筋图说。

21厘米

【收藏机构及索书号】

美国普林斯顿大学图书馆：7913/3305.1

▲0730

一切经音义

（唐）释玄应撰；（清）庄炘，（清）钱坫，（清）孙星衍校

清道光二十九年(1849)番禺潘氏海山仙馆刻本

【丛书题名】海山仙馆丛书

【收藏机构及索书号】

加拿大多伦多大学郑裕彤东亚图书馆：BL1411. T82 H75 1849

0731

明刻本冥枢会要

（宋）释祖心编

明代刻本

题"黄龙庵主祖心集"。半叶9行18字，四周双边，白口，双鱼尾。

【收藏机构及索书号】

美国哈佛大学哈佛燕京图书馆：T1880/1444.3

0732

天然昰禅师语录 十二卷

（清）释函昰撰；（清）释今应编

清代与木石居抄本

应纬印："应纬""与草木/石居/钞本"朱文方印，"应纬""应纬/私印""与木/石居/藏本"等白文方印。姚钧石印："姚钧石/藏书""民国/庚辰"朱文长方印，"蒲坂书楼"白文长方印。康熙庚

戌（九年，1670）陆世楷等序，每册钤有"与草木/石居/钞本"朱文方印及"应纬""应纬私印"等，当为抄录者。框20.8厘米×14厘米，10行20字，朱丝栏，四周双边，白口，无鱼尾。

【收藏机构及索书号】

加拿大不列颠哥伦比亚大学亚洲图书馆：Asian Rare-1 no. 2241

0733　高王观世音经

清嘉庆、光绪年间广州翰经楼

封面题"粤东省城龙藏街翰经楼藏板刷印"。

22厘米；有插图

【收藏机构及索书号】

美国加州大学伯克利分校东亚图书馆：1826.0144

0734　大悲神咒像

清同治九年（1870）广州

26厘米

【收藏机构及索书号】

美国普林斯顿大学图书馆：ND1040.T73

子部·道家类

0735　抱朴子内篇 二十卷

（晋）葛洪撰

清嘉庆十七年（1812）兰陵孙星衍平津馆刻本

【丛书题名】平津馆丛书

【收藏机构及索书号】

加拿大不列颠哥伦比亚大学亚洲图书馆：AC149.P564 1812 V.37-39

0736 抱朴子外篇 五十卷

（晋）葛洪撰

清嘉庆十七年（1812）兰陵孙星衍平津馆刻本

【丛书题名】平津馆丛书

【收藏机构及索书号】

加拿大不列颠哥伦比亚大学亚洲图书馆：AC149. P564 1812 V. 40－43

0737 身世绳规

（宋）吕祖垂训

清同治四年（1865）广州正文堂

26 厘米

册一：易，书，诗；册二：周礼，仪礼，春秋左氏传；册三：春秋公羊传，谷梁传，礼记，论语，尔雅；册四：小学说；册五：广韵说。

【收藏机构及索书号】

美国普林斯顿大学图书馆：1922. 4/6624

0738 古文参同契集解 三卷 周易参同契附考 一卷 周易参同契补图 一卷

（明）蒋一彪辑；（清）李光廷辑

清同治十二年（1873）番禺抄本

徐信符印："南州书楼"朱文方印。姚钧石印："姚钧石藏书"朱文长方印，"蒲坂书楼"白文长方印，"姚钧石印""民国庚辰"朱文方印。卷末有清同治癸酉（十二年，1873）李光廷跋，言此书乃从毛晋津逮秘书中抄出，原书共三卷八篇，抄录时附增了四库提要，并补录原本参同契及图，且略附考证。

【收藏机构及索书号】

加拿大不列颠哥伦比亚大学亚洲图书馆：Asian Rare－1 no. 74

▲0739　　庄子辩正 六卷

（清）胡方撰

清嘉庆十九年（1814）胡氏鸿楠堂刻本

【收藏机构及索书号】

加拿大不列颠哥伦比亚大学亚洲图书馆：BL1900. C575 H76 1814

0740　　老子章义 二卷

（清）姚鼐撰

清光绪年间广州广雅书局刻本

【收藏机构及索书号】

加拿大不列颠哥伦比亚大学亚洲图书馆：BL1900. L35 Y26 1880z

0741　　庄子雪 三卷

（清）陆树芝撰

清嘉庆四年（1799）南海伍氏粤雅堂刻本

26 厘米

【收藏机构及索书号】

加拿大多伦多大学郑裕彤东亚图书馆：BL1900. C5 L82 1799

0742　　长春道教源流 八卷

（清）陈铭珪著

清光绪五年（1879）广州荔庄刻本荔庄藏板

27 厘米

【收藏机构及索书号】

美国普林斯顿大学图书馆：1934/7275

0743　　长春道教源流 八卷

（清）陈铭珪撰

清末刻本

加拿大不列颠哥伦比亚大学亚洲图书馆：BL1943. C55 C46 1908

▲0744　道德经注

（清）吴澄述撰

清道光三十五年（1855）南海伍氏粤雅堂刻本

20 厘米

【丛书题名】粤雅堂丛书 第七十卷至七十一卷

【收藏机构及索书号】

加拿大多伦多大学郑裕彤东亚图书馆：BL1900. L25 W76 1853A

0745　参同契阐幽 七卷

（清）朱元育撰

清同治十二年（1873）番禺抄本

徐信符印："南州书楼"朱文方印。姚钧石印："姚钧石藏书"朱文长方印，"蒲坂书楼"白文长方印，"姚钧石印""民国庚辰"朱文方印。首康熙己酉（八年，1669）朱元育序，末弟子静观识语。案此本与馆藏《古文参同契集解》（Asian Rare－1 no. 74）等书均出自番禺李光廷之手，约同时所抄录。

【收藏机构及索书号】

加拿大不列颠哥伦比亚大学亚洲图书馆：Asian Rare－1 no. 73

0746　庸言涉趣 二卷

（清）汤尹材编辑

清光绪二十二年（1896）广州翼化堂

22 厘米

【收藏机构及索书号】

美国加州大学伯克利分校东亚图书馆：5739. 3214

子部·诸教类

0747　　诸经品节 二十卷
　　　　（明）杨起元撰
　　　　明万历十九年（1591）刊本
　　　　【收藏机构及索书号】
　　　　美国国会图书馆：2014514184

0748　　轻世全书便览 四卷
　　　　〔葡萄牙〕阳玛诺译述；（清）吕若翰注
　　　　清道光二十八年（1848）顺德粤东天主堂
　　　　28 厘米
　　　　吕修灵堂藏板 26 厘米
　　　　【收藏机构及索书号】
　　　　美国哈佛大学哈佛燕京图书馆：T（A）1979.7 4124
　　　　美国美国普林斯顿大学图书馆：1978/5485

0749　　释疑汇编 二卷
　　　　（清）杜鼎如编
　　　　广州泰安药房藏真宝堂印本
　　　　【收藏机构及索书号】
　　　　美国加州大学伯克利分校东亚图书馆：1978.9.4124

0750　　耶稣基利士督我主救者新遗诏书
　　　　清嘉庆十七至十八年（1812—1813）广东
　　　　28 厘米
　　　　卷 1：Mabao shu；卷 2：Ma'erke shu；卷 3：Lujia shu；卷 4：
　　　　Ruohan shu；卷 5：Shi tu xing shu；卷 6：Yu Luoma bei shu,
　　　　Kelinduo bei di yi shu, Kelinduo bei di er shu；卷 7：Elashiya bei

shu，Yifusuo bei shu，Feilibi shu，Keluosuo shu，Disaniya di yi shu，
Disaniya di er shu，Dimoshi di yi shu，Dimoshi di er shu，Diduo shu，
Feilimen shu；卷8：Xibiliu shu，Zhemishi shu，Biduoluo di yi shu，
Biduoluo di er shu，Ruohan di yi shu，Ruohan di er shu，Ruohan di
san shu，Ruda shu，Ruohan xian shi shu。

【收藏机构及索书号】

皇家安大略博物馆：BS315. C58 1813

0751　书经读本

（清）徐立纲撰

清道光二十二年（1842）广州登云阁刻本

重印嘉兴钱氏经苑本

【收藏机构及索书号】

加拿大多伦多大学郑裕彤东亚图书馆：PL2465. K7 1842

0752　养心赞神诗五十七条

清道光二十九年（1849）香港裙带路重刊本

23 厘米

【收藏机构及索书号】

美国普林斯顿大学图书馆：1987/8303

0753　耶稣圣教洗礼规式

清咸丰元年（1851）香港圣保罗书院

25 厘米

【收藏机构及索书号】

美国加州大学伯克利分校东亚图书馆：BX5149. B2 Y48 1851

0754　救世主耶稣新遗诏书

清咸丰四年（1854）香港福汉会

25 厘米

【收藏机构及索书号】

美国加州大学伯克利分校东亚图书馆：1977c. 1854 v. 2

0755　旧遗诏圣书 卷一至六

清咸丰五年（1855）香港福汉会

25 厘米

【收藏机构及索书号】

美国加州大学伯克利分校东亚图书馆：1977c. 1854 v. 1

0756　旧新约全书

清同治三至五年（1864—1866）香港英华书院

29 厘米

【收藏机构及索书号】

美国加州大学伯克利分校东亚图书馆：1977c. 1864

0757　述史浅译 五卷

（美）花波编

清同治五年（1866）广东福音堂

本书系粤语撮译新旧约全书，自序末署"美国信女花波氏手定稿"。

20 厘米

【收藏机构及索书号】

美国普林斯顿大学图书馆：C971/162. ebhm

0758　续天路历程土话 六卷

清同治九年（1870）广州惠师礼堂刻本

题名 = Pilgrim's progress PT II. Canton vernacular

21 厘米

美国加州大学伯克利分校东亚图书馆：5988.5.1584 1870

0759　天路历程土话 五卷

清同治十年(1871)广州惠师礼堂刻本

封面镌"同治十年 天路历程土话羊城惠师礼堂镌"。正文为图画，每幅有中文图名。版框外上方位英文图名；框 15.8 厘米×11.6 厘米，白口，四周双边，单黑鱼尾，版心上镌"天路历程"。

美国普林斯顿大学图书馆：1987/1672.2

0760　贷书传道会章程

(清)广东贷书传道会

清光绪十七年(1891)广州

25 厘米

美国加州大学伯克利分校东亚图书馆：1980.6.0525 FRYER

子部·蒙学类

0761　千字文释句

(南朝)周兴嗣撰

清咸丰八年(1858)香港皇家义学刻本

美国加州大学伯克利分校东亚图书馆：5161.7276.1

0762　千字文句释

(南朝)周兴嗣编

广州醉经书局

19 厘米

【收藏机构及索书号】

美国普林斯顿大学图书馆：5161/2300.12

0763　新增龙文鞭影 训蒙四字经初集 二卷

（明）萧良有著；（明）杨臣诤增订；（清）李晖吉，徐灜同撰

佛镇翰文堂

【收藏机构及索书号】

美国普林斯顿大学图书馆：5161/4234

▲0764　明万历刻本分韵四言对偶启蒙音律启蒙 分韵四言对偶启蒙 不分卷
音律启蒙 五卷

（明）史垂教删补；（明）吴默泉撰

明万历三十四年（1606）端州六委斋刻本

前有万历三十四年周从龙序，檇李周从龙校顶。半叶 10 行 18 字，
四周双边，白口，单鱼尾。

【收藏机构及索书号】

美国哈佛大学哈佛燕京图书馆：T5134/4322

▲0765　韵府萃音

（清）龙柏

清嘉庆十五年（1810）广州心简斋

21 厘米

【收藏机构及索书号】

美国哈佛大学哈佛燕京图书馆：5175 0146

0766　智环启蒙塾课 初步

〔英〕理雅各译

清同治三年（1864）香港英华书院

美国加州大学伯克利分校东亚图书馆：4961.7466

▲0767　英语集全　六卷

（清）唐廷枢编

清同治元年（1862）广州纬经堂刻本

版心下刻"纬经堂板"；题"羊城唐廷枢景星甫著；兄植茂枝、弟庚应星参校；陈恕道逸溪、廖冠芳若谿同订"。前有同治元年张玉堂序，同治元年吴湘序，唐廷枢自序。半叶6行20字，四周双边，白口，单鱼尾。

《读法》《切字论》《字母》

美国加州大学伯克利分校东亚图书馆：5196.0614

美国哈佛大学哈佛燕京图书馆：T5196/0614

0768　汉洋合字汇

〔葡萄牙〕江沙维

清道光十三年（1833）澳门

20厘米

美国加州大学伯克利分校东亚图书馆：5199.1073.6

△0769　正音撮要　四卷

（清）高静亭撰

清道光十四年（1834）连云阁刻本

内封题"道光甲午年春镌"。四周单边，半叶9行18字，白口，单黑鱼尾。

美国俄亥俄州立大学图书馆：PL1737. G3 1834

0770   晓初训道

〔英〕俾士著

清同治元年（1862）广州

15 厘米

【收藏机构及索书号】

美国加州大学伯克利分校东亚图书馆：1987. 1447 1861

△0771   对类引端 三卷

（清）黄堃撰

清光绪九年（1883）广州森宝阁藏板

18 厘米

【收藏机构及索书号】

美国加州大学伯克利分校东亚图书馆：5178. 4000

0772   粤音指南 五卷

清光绪二十一年（1895）香港文裕堂活字板承印

28 厘米

【收藏机构及索书号】

美国加州大学伯克利分校东亚图书馆：5157. 2054

0773   粤音指南 四卷

清光绪二十九年（1903）香港聚珍书楼重刊本

28 厘米

【收藏机构及索书号】

美国加州大学伯克利分校东亚图书馆：5157. 2054 1903

0774   新增三字鉴

万青铨编注

清光绪二十二年(1896)广州璧经堂昌记刻本

其他题名：增订三字鉴注释，三字鉴。

25 厘米

【收藏机构及索书号】

美国普林斯顿大学图书馆：2516/4274

▲0775　拼音字谱

（清）王炳耀撰

清光绪二十七年(1901)广州圣教书楼藏板刻本

29 厘米；有插图

【收藏机构及索书号】

美国加州大学伯克利分校东亚图书馆：5135.1099 1901

0776　史鉴节要便读 六卷 卷末 一卷

（清）鲍东里著

清光绪二十八年(1902)广州麟书阁

26 厘米

【收藏机构及索书号】

美国普林斯顿大学图书馆：2516/2156

▲0777　妇孺释词

清光绪二十八年(1902)广州蒙学书塾刻本

22 厘米

【收藏机构及索书号】

美国加州大学伯克利分校东亚图书馆：5157.799

0778　改良楷书妇孺须知 二卷

清光绪二十九年(1903)澳门蒙学书塾

21 厘米

【收藏机构及索书号】

美国普林斯顿大学图书馆：Pams/NR 20/Chinese/Box 213 82007

0779　改良绘图妇孺三字书 五种

清光绪二十九年（1903）澳门蒙学书塾

18 厘米

【收藏机构及索书号】

美国普林斯顿大学图书馆：Pams/NR 20/Chinese/Box　213　82004

0780　改良绘图四字书 三卷

清光绪二十九年（1903）澳门蒙学书塾

18 厘米

【收藏机构及索书号】

美国普林斯顿大学图书馆：Pams/NR 20/Chinese/Box 213 82005

0781　改良绘图五字书

清光绪二十九年（1903）澳门蒙学书塾

18 厘米

【收藏机构及索书号】

美国普林斯顿大学图书馆：Pams/NR 20/Chinese/Box 213 82006

0782　粤英要语

（清）郭申生

清光绪三十四年（1908）广州

19 厘米

【收藏机构及索书号】

美国哈佛大学哈佛燕京图书馆：5157 0252

0783　幼学诗

清末广州以文堂

【收藏机构及索书号】

美国哈佛大学哈佛燕京图书馆：5161 2270

0784　幼学诗句释

清末广州麟书阁活字本

21 厘米

【收藏机构及索书号】

美国哈佛大学哈佛燕京图书馆：5161 2270.09

集

部

集部·别集类

0785　中郎集 十卷 外纪 一卷 外集 四卷 传表 一卷
（汉）蔡邕撰
清光绪十六年（1890）番禺
其他题名：蔡中郎外集。
卷末：后汉书蔡邕列传，年表（清）王昶辑。杨氏刻本系重刻（明）
万历徐子器本，而此本扉叶称仿宋本，实非。
【收藏机构及索书号】
美国普林斯顿大学图书馆：D33/197

0786　蔡中郎集 十卷 外纪 一卷 外集 四卷 附列传 一卷 年表 一卷
（汉）蔡邕撰
清光绪十六年（1890）番禺陶氏爱庐刻本
【收藏机构及索书号】
加拿大不列颠哥伦比亚大学亚洲图书馆：Asian Rare-1 no. 1842

0787　陶渊明集
（晋）陶潜撰
清光绪五年（1879）广州 Yu xiu shan ge 刻本
Reprint of Tang shi ge ben；9 行 21 字，小字双行，白口，四周双
边，单鱼尾。
【收藏机构及索书号】
加拿大多伦多大学郑裕彤东亚图书馆：PL2665. T3 1879

0788　徐孝穆全集 六卷 附备考
（南朝）徐陵撰
清光绪二年（1876）广东翰墨园
27 厘米

【收藏机构及索书号】

美国哈佛大学图书馆：5276 233d

0789　庾子山集 十六卷

（北周）庾信撰；（清）倪璠注释

清光绪二十年（1894）广州儒雅堂

卷末刻有"粤东双门底儒雅堂校刊"。左右双边，半叶10行20字，间有小字双行，下黑口，单黑鱼尾。

【收藏机构及索书号】

美国俄亥俄州立大学图书馆：PL2668. S6 1894

0790　杜工部草堂诗笺 二十二卷 附诗话 二卷 年谱 二卷

（唐）杜甫撰；（宋）鲁訔编次；（宋）蔡梦弼笺

清光绪元年（1875）广州巴陵方氏碧琳琅馆刻本

【收藏机构及索书号】

加拿大不列颠哥伦比亚大学亚洲图书馆：PL2675. A1 1875

0791　杜工部集 二十卷 首一卷

（唐）杜甫撰；（明）王世贞，（明）王慎中，（清）王士禛，（清）宋荦，（清）邵长蘅评

清光绪二年（1876）广州翰墨园刻本（六色套印本）

五家评本。内封题"杜工部集/五家评本/王弇洲紫笔/王遵岩蓝笔/王阮亭朱墨笔/宋牧仲黄笔/邵子湘绿笔"，内封背面镌"光绪丙子三月粤东翰墨园刊"。

【收藏机构及索书号】

加拿大不列颠哥伦比亚大学亚洲图书馆：PL2675. A1 1876

0792　昌黎先生诗集注 十一卷 年谱 一卷

（唐）韩愈撰；（清）顾嗣立删补

清光绪九年（1883）广州翰墨园刻本（朱墨蓝三色套印本）

内封正面有题名及评者姓名，并题"秀野堂本"，背面牌记云"光绪癸未春三月，广州翰墨园开雕"，版心亦镌有"膺德堂重刊顾氏本"。案此乃翰墨园翻刻膺德堂本，改朱墨两色为朱墨蓝三色套印本。姚钧石印："蒲坂书楼"白文长方印，"姚钧石藏书"朱文长方印，"民国庚辰"朱文方印。框 18.5 厘米×14.8 厘米，11 行 20 字，小字双行同，白口，单黑鱼尾，左右双边，版心下正面镌"膺德堂重刊顾氏本"，背面有蓝、红板叶数。

【收藏机构及索书号】

加拿大不列颠哥伦比亚大学亚洲图书馆：Asian Rare-1 no. 1968

0793　　李文公集 十八卷 补遗 一卷

（唐）李翱撰

清光绪元年（1875）南海冯氏读书有用斋刻本

【收藏机构及索书号】

加拿大不列颠哥伦比亚大学亚洲图书馆：Asian Rare-1 no. 1980

0794　　李长吉集 四卷 附外卷 一卷

（唐）李贺撰；（明）黄淳耀评；（清）黎简批点

清光绪十八年（1892）广州叶衍兰刻本（朱墨套印本）

内封题"李长吉集，黄陶庵先生评本，黎二樵先生批点"。四周单边，半叶 9 行，字数不等，白口。

【收藏机构及索书号】

美国纽约州立宾汉姆顿大学图书馆：PL2677. L5 A17 1892

加拿大不列颠哥伦比亚大学亚洲图书馆：Asian Rare-1 no. 1981

0795　　李长吉集 四卷

（唐）李贺撰；（清）黄陶庵，（清）黎二樵评

清光绪十八年（1892）广州刻本

9 行 20 字，白口，四周单边。

【收藏机构及索书号】

加拿大多伦多大学郑裕彤东亚图书馆：PL2677. L5 1892

0796　李义山诗集

（唐）李商隐著

清同治九年（1870）广州倅署

已改装为西式精装

【收藏机构及索书号】

美国哈佛大学哈佛燕京图书馆：5318. 3 2932 c. 3

▲0797　桂苑笔耕集 二十卷

（唐）崔致远撰

清道光二十七年（1847）番禺潘氏海山仙馆刻本

【丛书题名】海山仙馆丛书

【收藏机构及索书号】

加拿大多伦多大学郑裕彤东亚图书馆：PL2677. T7 K84 1847

0798　王临川文集 六十三卷

（宋）王安石著；（清）殷保康校

清光绪八年（1882）广州大兴殷氏厚庵

26 厘米

【收藏机构及索书号】

美国加州大学伯克利分校东亚图书馆：5343. 4.1882

0799　苏文忠公诗集 五十卷 目录 二卷

（北宋）苏轼撰

纪文达公评本

清道光十四年（1834）广州刻本

美国哈佛大学哈佛燕京图书馆：5345. 3 2162

加拿大多伦多大学郑裕彤东亚图书馆：PL2685. A17 1834

0800　苏文忠公诗集 五十卷 目录 二卷

（宋）苏轼撰；（清）纪昀评点

清同治八年（1869）韫玉山房刻本

徐信符印："南州书楼"朱文方印。姚钧石印："蒲坂书楼"白文长方印，"姚钧石藏书"朱文长方印，"民国庚辰"朱文方印。框17. 9 厘米×13 厘米，10 行 21 字，天头眉批为朱文，小字 7 字，行不等，白口，单黑鱼尾，左右双边，版心上镌题名，下镌朱墨两色叶数。

【收藏机构及索书号】

加拿大不列颠哥伦比亚大学亚洲图书馆：Asian Rare－1 no. 2052、Asian Rare－4 no. 54

0801　苏文忠公诗集 五十卷 目录 二卷

（北宋）苏轼撰

纪文达公评本

清同治八年（1869）广州翰墨园刻本

29 厘米

【收藏机构及索书号】

美国加州大学伯克利分校东亚图书馆：5345. 3. 2162 1869

0802　古香斋苏诗

（宋）苏轼著

清光绪八年（1882）南海孔氏三十有三万卷堂藏板

【丛书题名】古香斋袖珍十种

【收藏机构及索书号】

加拿大多伦多大学郑裕彤东亚图书馆：PL2685. A17 1882

0803　后山集 二十四卷

（北宋）陈师道撰

清光绪十一年（1885）广州萃文堂刻本

【收藏机构及索书号】

加拿大不列颠哥伦比亚大学亚洲图书馆：PL2687. C443

0804　后山先生集 二四卷 首一卷

（宋）陈师道撰；（清）陶福祥校

清光绪十一年（1885）广州陶氏爱庐活字重刊清雍正（1730）赵鸿烈

本；活字本

10 行，21 字。

【收藏机构及索书号】

美国加州大学伯克利分校东亚图书馆：12837808

▲0805　晁具茨诗集

（宋）晁冲之撰

清道光二十七年（1847）番禺海山仙馆刻本

【丛书题名】海山仙馆丛书

【收藏机构及索书号】

加拿大多伦多大学郑裕彤东亚图书馆：PL2687. C3627 A17 1847

0806　陈同甫集 三十卷

（宋）陈亮撰

清道光年间岭南寿经堂活字本

此本无内封叶及刻印序跋，各馆著录不一，约道光间岭南寿经堂木

活字印本。陈启濂印："景颐斋陈氏藏书"朱文细条印。框 23.8 厘

米×16 厘米，10 行 21 字，白口，四周双边，单黑鱼尾，版心上题书名及卷次。

【收藏机构及索书号】

加拿大不列颠哥伦比亚大学亚洲图书馆：Asian Rare－2 no. 68

▲0807　刘希仁文集

（宋）刘希仁

清道光二十五年（1845）南海伍氏粤雅堂文字欢娱室刻本

【丛书题名】岭南遗书 第 2 辑

【收藏机构及索书号】

加拿大多伦多大学郑裕彤东亚图书馆：PL2677. L577 A16 1845

▲0808　崔清献公集 五卷 言行录 三卷

（宋）崔与之撰

清道光三十年（1850）南海伍氏粤雅堂文字欢娱室刻本

内封题"崔清献公集五卷"。四周单边，半叶 11 行 22 字，黑口，双黑鱼尾。

【丛书题名】岭南遗书

【收藏机构及索书号】

加拿大多伦多大学郑裕彤东亚图书馆：PL 2687. T787 1850、DS751. T78 L5 1850

美国达特茅斯大学图书馆：PL2687. T789

△0809　南海百咏 一卷

（宋）方信孺撰

清光绪十四年（1888）会稽董氏取斯堂刻本

【丛书题名】琳琅秘室丛书

【收藏机构及索书号】

加拿大不列颠哥伦比亚大学亚洲图书馆：AC149. L565 1888

S. 3v. 4：1

△0810 文溪集 二十卷
(宋)李昴英撰；(清)伍崇曜辑
清道光二十年(1840)南海伍氏诗雪轩刻本
【丛书题名】粤十三家集 01-03
【收藏机构及索书号】
美国哈佛大学图书馆：5235 2126(01-03)
美国普林斯顿大学图书馆：5241.32/2114v. 1-2

△0811 秋晓先生覆瓿集 四卷
(宋)赵必瓛撰；(清)伍崇曜辑
清道光二十年(1840)南海伍氏诗雪轩
【丛书题名】粤十三家集 04
【收藏机构及索书号】
美国哈佛大学图书馆：5235 2126(04)
美国普林斯顿大学图书馆：5241.32/2114v. 3(1)

▲0812 益斋乱稿 十卷 附拾遗集志 一卷
〔朝鲜〕李齐贤撰
清同治元年(1862)南海伍氏粤雅堂刻本
卷首题"益斋乱稿，高丽李齐贤仲思撰"。左右双边，半叶 9 行 21
字，小字双行同，无鱼尾，黑口。
【丛书题名】粤雅堂丛书
【收藏机构及索书号】
美国达特茅斯大学图书馆：PL2694. L4 1862

0813 白沙子全集 十卷 首一卷 附录 一卷 古诗教解 二卷

(明)陈献章,(明)湛若水撰

清乾隆三十六年(1771)碧玉楼

钤有"今关天彭藏书之印","寿"印。四周双边,半叶 10 行 21 字,白口,单黑鱼尾。

【收藏机构及索书号】

美国俄亥俄州立大学图书馆:PL2698 C37 1771

△0814 白沙先生全集 二十一卷

(明)陈献章撰

明嘉靖三十年(1551)新会刻本

【收藏机构及索书号】

美国哈佛大学哈佛燕京图书馆:FC4876(979−980)

0815 白沙子全集 六卷 卷首

(明)陈献章撰;(清)何九畴重编;(清)顾嗣协校正

清康熙五十年(1711)新会

存缩微胶卷 2 卷;26 厘米

【收藏机构及索书号】

美国加州大学伯克利分校东亚图书馆:5413.7920.1711

0816 白沙子全集 十卷 卷首末 各一卷

(明)陈献章,(明)湛若水撰

清康熙五十年(1711)新会碧玉楼

27 厘米

【收藏机构及索书号】

美国俄亥俄州立大学图书馆:PL2698.C43

△0817　　白沙子全集 十卷 首一卷 末一卷 附白沙子古诗教解 二卷

（明）陈献章撰

清乾隆三十六年（1771）广州陈世泽碧玉楼刻本

【收藏机构及索书号】

加拿大多伦多大学郑裕彤东亚图书馆：PL2698. C47 1771A

0818　　清乾隆刻本白沙子全集 十卷 首一卷

（明）陈献章撰

清乾隆三十六年（1771）印本

前有乾隆三十四年欧阳永裿新序，乾隆三十六年陈炎宗序。钤印有"芳川藏书""溪莺新收""藕横林氏藏书记""长崎海关管史捡明"。半叶 10 行 21 字，四周双边，白口，单鱼尾。

首一卷为新序三篇，原序十一篇，明史儒林传一篇，像赞四篇，文目录、诗目录；卷一奏疏二篇，序二十四篇，记二十四篇；卷二论七篇，说四篇，题跋二十二篇，杂著十篇，赋二篇，赞一篇，铭三篇，启四通；卷三至四书三百二十通；卷五传一篇，行状二篇，祭文三十篇，墓志铭十四篇，墓表一篇；卷六四言诗五首，五言古诗一百四十一首，七言古诗三十首，长短歌行十二首；卷七五言律诗三百十七首；卷八七言律诗四百三十首，五言排律五首，七言排律三首；卷九五言绝句一百九十八首，六言绝句十六首，七言绝句三百九十七首；卷一〇七言绝句五百十九首。

【收藏机构及索书号】

美国哈佛大学哈佛燕京图书馆：T5409/7920A

△0819　　明万历刻本白沙子全集 九卷

（明）陈献章撰

明万历四十年（1612）刻本

前有万历四十年何熊祥序，万历四十年黄淳序。半叶 9 行 18 字，四周单边，白口，单鱼尾。

0820　东墅诗集 二卷

(明)周述撰；(明)周镡编

明景泰二年(1451)广东周镡刊本

缩微胶片

0821　小山类稿选 二十卷 附录

(明)张岳撰

刊刻年代不详

26 厘米

明万历十五年(1587)广东吴文华附录一卷为"张襄惠公辑略"，版心上镌"小山类稿附"，中镌"辑略"。卷十八卷端题"温陵张岳著"。著者据万历丁亥吴文华"苍梧重刻集选序"，该序并言刻书事。正文前有天启辛酉(元年，1621)何乔远像赞。多次补版，字体不一。框 21 厘米×13.3 厘米，9 行 20 字，白口，四周双边，单黑鱼尾，版心上镌"小山类稿选"，下偶镌刻工。

▲0822　青藤书屋文集 三十卷

(明)徐渭撰；(明)袁宏道编

清道光二十六年(1846)番禺潘氏海山仙馆刻本

【丛书题名】海山仙馆丛书

0823　明万历刻本蠙衣生粤草 十卷 蜀草 十卷

（明）郭子章撰

明万历十八年（1590）南京刻本

钤印有"海丰吴氏""史体任藏书印""松陵史蓉庄藏""史印开基""体仁""五峰居士"。题"泰和郭子章相奎甫著"。半叶 10 行 20 字，四周单边，白口，单鱼尾。

【收藏机构及索书号】

美国哈佛大学哈佛燕京图书馆：T5422/0210

0824　区太史诗集 二十七卷

（明）区大相撰；（清）伍崇曜辑

清道光二十年（1840）南海伍氏诗雪轩刻本

【丛书题名】粤十三家集 13－17

【收藏机构及索书号】

美国哈佛大学图书馆：5235 2126（13－17）

美国普林斯顿大学图书馆：5241.32/2114v.9－11

△0825　莲须阁集 二十六卷

（明）黎遂球撰；（清）伍崇曜辑

清道光二十年（1840）南海伍氏诗雪轩刻本

【丛书题名】粤十三家集 21－28

【收藏机构及索书号】

美国哈佛大学图书馆：5235 2126（21－28）

美国普林斯顿大学图书馆：5241.32/2114v.14－22

▲0826　莲香集 五卷

（明）彭日贞辑

清乾隆三十年（1765）西城草堂刻本（后印本）

案，天津图书馆有藏本，其内封叶镌有"乾隆乙酉重镌""西城草堂藏板"，并钤有"拜经堂发兑"印，卷前有梁钅于所撰"重刻莲香集序"及总目。中山大学图书馆亦有藏本，内封叶、梁序虽有破损缺字，然尚可辨认，所题与天津图书馆藏本相同。《中国古籍善本书目》有著录。UBC 图书馆藏此本无内封叶，亦无梁氏重刻序，然有重刻之捐刻姓氏，墓图前有梁钅于"张丽人墓图"题辞，落款署"顺德梁钅于澧隅补书"，则知与前二者实为同版。又，"张丽人小影"后有西城子题辞，或即西城草堂主人。唯此本乃后印，书板有断裂，有补字，且将卷中黎遂球、屈大均之名字剜去。考黎、屈二人于乾隆修四库全书时皆在禁毁之列，故此本当印于乾隆末年。中山大学藏本亦为后印本，并多出"乔仙遗像"一叶。首"重刻莲香集捐刻姓氏"两叶，列黎朴园、梁鉴塘等九十六人。卷一为原刻序跋、纪略、引文、墓志铭、诔文、题辞、小影、墓图、捐赠记等；卷二为众人唱和诗；卷三为彭日贞诗；卷四为张乔诗；卷五为重刻时所增补之屈大均等人诗文，卷端题"重刻莲香集续编卷五"，其中第六至八叶为抄补，第九叶缺。卷中偶有佚名朱笔圈阅及墨笔校补。梁汝洪印："紫云青华研斋"朱文方印。姚钧石印："姚钧石藏书"朱文长方印，"民国庚辰"朱文方印，"蒲坂书楼"白文长方印。框 17 厘米×12 厘米，半叶为框，版心处不相连。8 行 18字，写刻，白口，四周单边，无鱼尾，版心上镌"莲香集"，中镌类目名称，下镌叶码。

【收藏机构及索书号】

加拿大不列颠哥伦比亚大学亚洲图书馆：Asian Rare-1　no. 2221

▲0827　陈岩野先生全集 四卷

（明）陈邦彦撰

清嘉庆十年（1805）听松阁刻本

内封题"嘉庆乙丑孟夏重镌"。卷末有温汝能同年跋，题"同里后学温汝能谦山校辑"。四周双边，半叶 11 行 21 字，白口，单黑鱼尾。

【收藏机构及索书号】

美国俄亥俄州立大学图书馆：PL2698.C39 1805

▲0828 二丸居集选 九卷 续集 一卷 外集 一卷

（清）黎景义撰

清光绪元年（1875）顺德黎光泽堂刻本

29 厘米

【收藏机构及索书号】

美国哈佛大学图书馆：5429 2368

▲0829 清刻本峤雅 二卷

（明）邝露撰

清代海雪堂刻本

钤印有“翰墨香”“绮云”“羊城未隐”。题“明福洞邝露湛若撰”。

半叶 8 行 15 字，四周单边，无鱼尾。

【收藏机构及索书号】

美国哈佛大学哈佛燕京图书馆：T5429/0216

0830 青湖文集 十四卷 首一卷 末二卷

（明）汪应轸撰；汪璨等编校

清同治十一年（1872）广州

又名：青湖先生文集。

20 厘米

【收藏机构及索书号】

美国普林斯顿大学图书馆：5417/3105

0831 天然昰禅师诗集 天然昰禅师梅花诗 一卷 雪诗 一卷

（清）释函昰撰

清嘉庆年间楞严寺刻本

题“门人今辩重编”。半叶 10 行 20 字，四周双边，白口，无鱼尾。

【收藏机构及索书号】

美国哈佛大学哈佛燕京图书馆：T5436/1761

▲0832　瞎堂诗集 二十卷 首一卷

（清）释函昰撰

清代刻本

【收藏机构及索书号】

加拿大不列颠哥伦比亚大学亚洲图书馆：PL2698. T33 A17 1800z

△0833　千山诗集 二十卷

（明）释函可撰

清康熙四十二年（1703）广东

【收藏机构及索书号】

美国哈佛大学哈佛燕京图书馆：5439 1712

0834　疏香阁遗集 一卷 附集 一卷

（明）叶小鸾撰

清光绪二十二年（1896）广州秋梦庵刻本

【收藏机构及索书号】

加拿大不列颠哥伦比亚大学亚洲图书馆：PL2698. Y397 S58 1896

0835　白社稿 十四卷

（明）董遹撰

明天启、崇祯年间广东公安李学元刻本

缩微胶片

【收藏机构及索书号】

美国哈佛大学图书馆：FC4876（844）. Microform

0836 　中山文钞 四卷 诗钞 四卷 奏议 四卷 史论 二卷

（清）郝浴撰

清康熙年间印本

题"中山郝浴雪海甫著"。半叶 10 行 20 字，左右双边，白口，单鱼尾。

《文钞》卷一赋，序；卷二记，论；卷三书，说，解；卷四跋，墓表，行状，疏引，祭文等。《诗钞》卷一乐府（篇、曲、歌、行），古体四言、七言；卷二近体五言律；卷三七言律；卷四五言绝句，七言绝句。《奏议》卷一《按蜀疏》；卷二《还台疏》；卷三《巡蹉疏》；卷四《抚粤疏》。

【收藏机构及索书号】

美国哈佛大学哈佛燕京图书馆：T5453/4236

▲0837 　海日堂集 七卷 补遗 一卷

（清）程可则撰

清道光五年（1825）一经书室重刻本

【收藏机构及索书号】

加拿大不列颠哥伦比亚大学亚洲图书馆：PL2705. E82 1825

▲0838 　六莹堂集 九卷 二集 八卷

（清）梁佩兰；（清）伍崇曜辑

清道光二十年（1840）南海伍氏诗雪轩刻本

Library has：卷 1-4

【丛书题名】粤十三家集 39-45

【收藏机构及索书号】

美国普林斯顿大学图书馆：5241. 32/2114v. 31-34

美国哈佛大学图书馆：5235 2126（39-45）

▲0839 清康熙刻本翁山诗外 十八卷

（清）屈大均撰

清康熙年间刻本

钤印有"书庄图书""据梧居士"。日本水山彰跋，题"番禺屈大均撰"，目录页题"男明洪编"。半叶 11 行 19 字，四周单边，黑口，双鱼尾。

卷一至二五言古，卷三至四七言古，卷五至八五言律，卷九至一〇七言律，卷一一五七言排律，卷一二五言绝句，卷一三至一四七言绝句，卷一五杂体，卷一六至一七词，卷一八词（嗣出）。

【收藏机构及索书号】

美国哈佛大学哈佛燕京图书馆：T5460/7244.3

▲0840 道援堂集 十三卷

（明）屈大均撰

清康熙年间番禺本堂藏板刻本

双门底四宝轩寄卖；26 厘米

【收藏机构及索书号】

美国加州大学伯克利分校东亚图书馆：5460.7744 1700

▲0841 道援堂诗集 十二卷 词 一卷

（清）屈大均撰

清康熙年间刻本

【收藏机构及索书号】

加拿大不列颠哥伦比亚大学亚洲图书馆：PL2698.C793 1722

0842 道援堂五律 一卷 道援堂七律 一卷

（清）屈大均撰

清代抄本

此抄本五、七律各一卷，书衣有"天南遁叟"题签，或即出自清末报人王韬之手也。曾为李汉声、黄真如夫妇旧物，卷中二人朱笔批校圈点甚多，并钤有印记。李汉声（1897—1949），字沧萍，广东丰顺人，曾任教于岭南大学，黄真如乃黄遵宪之孙女。后归澳门姚氏蒲坂书楼。李汉声印："鞠生"朱文方印，"沧萍"白文方印大小各一方。黄真如印："黄印／真如"，"苔之华"白文方印。姚钧石印："姚钧石藏书"朱文长方印，"钧石所／藏金石／书画印"，"民国／庚辰"朱文方印，"蒲坂书楼"白文长方印。无栏框，书22.8厘米×14.5厘米，10行25字，白口。

【收藏机构及索书号】

加拿大不列颠哥伦比亚大学亚洲图书馆：Asian Rare-1 no. 2234

△0843　　独漉堂诗集 十五卷 文集 十五卷

（清）陈恭尹撰

清道光五年（1825）刻本

【收藏机构及索书号】

加拿大不列颠哥伦比亚大学亚洲图书馆：PL2705. E538 1825

△0844　　秋笳集 八卷 补遗 一卷

（清）吴兆骞撰

清宣统三年（1911）顺德邓氏风雨楼

26厘米

【收藏机构及索书号】

美国哈佛大学哈佛燕京图书馆：9100 7143（34-36）

美国俄亥俄州立大学图书馆：PL2732. U25

▲0845　　秋笳集 八卷

（清）吴兆骞撰；（清）伍崇曜辑

清道光二十九年至光绪元年（1849—1875）南海伍氏粤雅堂刊巾箱本

18厘米

【收藏机构及索书号】

美国哈佛大学哈佛燕京图书馆：9100 2211（090－093）

0846　大樗堂初集 十二卷

（明末清初）王隼撰；（清）伍崇曜辑

清道光二十年（1840）南海伍氏诗雪轩刻本

【收藏机构及索书号】

美国哈佛大学图书馆：5235 2126（46－47）

美国普林斯顿大学图书馆：5241.32/2114v.35

0847　陈清端公文集 八卷

（清）陈璸撰

清乾隆三十年（1765）兼山堂刻本

此本有扉页，刊"清端文集。乾隆乙酉冬镌。兼山堂刻本"。半叶
9行21字，四周双边，白口，单鱼尾。

卷一疏三篇；卷二至五条陈、告示、呈稿等二十二篇；卷六序十二
篇；卷七碑记、祭文等十三篇；卷八五言古六首、七言古五首、五
言律十一首、《古田下乡征粮》十九首、七言律二十七首、五言绝六
首、七言绝三首。

【收藏机构及索书号】

美国哈佛大学哈佛燕京图书馆：T5466/7918A

0848　陈学士文集 十八卷

（清）陈仪撰

清乾隆十八年（1753）福州兰雪斋

版心下镌"兰雪斋藏本"。左右双边，半叶9行22字，白口，单黑
鱼尾。

【收藏机构及索书号】

美国俄亥俄州立大学图书馆：PL2700.C43 1753

▲0849　九谷集 六卷

（清）方殿元撰；（清）伍崇曜辑

清道光二十年（1840）南海伍氏诗雪轩

【丛书题名】粤十三家集 34-38

【收藏机构及索书号】

美国哈佛大学图书馆：5235 2126（34-38）

美国普林斯顿大学图书馆：5241.32/2114v.28-30

▲0850　岭南集 八卷

（清）杭世骏撰

清光绪七年（1881）广东学海堂刻本

【收藏机构及索书号】

加拿大不列颠哥伦比亚大学亚洲图书馆：PL2710. A6 L56 1811

0851　经笥堂文钞

（清）雷铉撰

清嘉庆十六年（1811）广州秋水园

27 厘米

【收藏机构及索书号】

美国加州大学伯克利分校东亚图书馆：5475.1083 1811

加拿大不列颠哥伦比亚大学亚洲图书馆：PL2718. E45 C6 1760

▲0852　宝纶堂文钞

（清）齐召南撰

清光绪十六年（1890）新会刘氏藏修堂刻本

【丛书题名】藏修堂丛书

【收藏机构及索书号】

加拿大多伦多大学郑裕彤东亚图书馆：PL2705. I158 P3 1890

▲0853 　东原集 二卷

（清）戴震著

清道光九年（1829）广东学海堂咸丰十年（1860）补刻本

【丛书题名】皇清经解卷 565－566

【收藏机构及索书号】

美国普林斯顿大学图书馆：A137/33v. 145－153

加拿大多伦多大学郑裕彤东亚图书馆：PL2726. A11860A

0854 　纪晓岚先生笔记五种 二十四卷

（清）纪昀撰

清道光十五年（1835）广州版藏广州财政司

28 厘米

【收藏机构及索书号】

美国加州大学伯克利分校东亚图书馆：5748. 2162 1835

0855 　纪晓岚先生笔记五种 二十四卷

（清）纪昀撰

清道光十三年（1833）广州重刻本

【收藏机构及索书号】

加拿大不列颠哥伦比亚大学亚洲图书馆：PL2705. I17 Y83 1835

0856 　忠雅堂诗集

（清）蒋士铨撰

清嘉庆二十二年（1817）广州

27 厘米

【收藏机构及索书号】

俄亥俄州立大学图书馆：PL2705. I26

0857　知足斋集 三十二卷

（清）朱珪撰

清同治十一年（1872）广州

27 厘米

【收藏机构及索书号】

美国加州大学伯克利分校东亚图书馆：5487.2011

▲0858　学吟集 十卷

（清）任兆麒撰

清乾隆四十八年（1783）任氏寄螺斋刻本

【收藏机构及索书号】

加拿大不列颠哥伦比亚大学亚洲图书馆

0859　五百四峰草堂诗稿

（清）黎简撰

清乾隆至嘉庆年间稿本

黎简印："黎简/之印""黎简/印信""北正侯/远孙""燕国/老农"白文方印。邓蓉镜印："邓氏/蓉镜""邓印/蓉镜""蓉镜"白文方印，"莲裳"朱文方印等。梁汝洪印："梁汝/洪珍""紫云青/华研斋"朱文方印。姚钧石印："姚钧/石印"朱文方印，"姚钧石/藏书"朱文长方印，"民国/庚辰"朱文方印，"蒲坂书楼"白文长方印。此乃黎简手稿残本，几经装裱，次序混乱。现存乙巳年及辛亥年、丁未年、丙辰年及丁巳年三册。卷中涂改之处甚多，所钤印记亦多。丙辰丁巳卷乃嘉庆元年刻二十五卷本所未收，至民国间始名为续集问世。丁未卷首题"未裁居士简"，并有冯愿题签"二樵山人手书残本，五百四峰堂诗稿，濠上藏，狷斋冯愿补题"，末有丁巳年（民国六年，1917）马一浮题识，言得书经过，落款"逷翁书于濠上草堂"并印记，此卷为马氏购于书肆，首有黎简印记。乙巳辛亥卷曾为清末进士邓蓉镜所有，卷中邓氏印记颇多，然并无黎简印记，马氏亦未言及此卷。丙辰丁巳卷首题"二樵山人手存"，并黎简印记及"小草山庄"等印，而无邓、马二人题记藏印，则为二人所未见。而此三卷中皆有梁汝洪及姚均石藏印，则合璧于梁氏之手，而后归于姚氏矣。框20.1厘米×13.5厘米，9行，字不等，白口，四周单边，单黑鱼尾，版心上镌"二樵山人集"。

【收藏机构及索书号】

加拿大不列颠哥伦比亚大学亚洲图书馆：Asian Rare-1 no. 2954

△0860　五百四峰堂诗钞 二十五卷

（清）黎简撰

清同治十三年（1874）南海陈氏重刻本

【收藏机构及索书号】

加拿大不列颠哥伦比亚大学亚洲图书馆：PL2718. I118 W87

▲0861　五百四峰堂诗钞 二十五卷

（清）黎简撰

清光绪六年（1880）顺德黎教忠堂刻本

28厘米

【收藏机构及索书号】

美国加州大学伯克利分校东亚图书馆：5490. 2382

△0862　吴氏遗著 五卷

（清）吴凌云撰；（清）陈其干编录

清光绪十七年（1891）广州广雅书局

29厘米

【收藏机构及索书号】

美国普林斯顿大学图书馆：Q9155/2341

0863   士林彝训 八卷

（清）关槐述

清乾隆五十四年（1789）广东端溪书院

23 厘米

【收藏机构及索书号】

加拿大多伦多大学郑裕彤东亚图书馆：BJ1548. K82 1789

0864   两当轩诗钞 十四卷 竹眠词钞 二卷

（清）黄景仁撰

清道光十三年（1833）广州刻本

【收藏机构及索书号】

加拿大不列颠哥伦比亚大学亚洲图书馆：PL2710. U272 A17 1833

▲0865   诒晋斋集 八卷

（清）永瑆撰

清光绪十六年（1890）新会刘氏藏修堂刻本

【丛书题名】藏修堂丛书

【收藏机构及索书号】

加拿大多伦多大学郑裕彤东亚图书馆：PL2735. N84 1890

0866   简庄文钞

（清）陈鳣撰

清光绪年间广东海昌羊氏传卷楼

27 厘米

【丛书题名】海昌丛载

（v.3）新坂土风（1 卷）/（清）陈鳣撰；蚕桑摘要（1 卷）图说（1 卷）/
（清）羊复礼撰；经验痧子症良方（1 卷）又经验痧子症方（1 卷）/
（清）阙名撰；（v.4）容庵遗文钞（1 卷）存稿钞（1 卷）/（明）许令瑜
撰；止谿文钞（1 卷）诗集钞（1 卷）/（清）朱嘉征撰。

【收藏机构及索书号】

美国普林斯顿大学图书馆：5493/7921

▲0867　留春草堂诗钞 七卷

(清)伊秉绶撰

清嘉庆十九年(1814)广州秋水园刻本

27 厘米

(v.1-2)简庄文钞 6 册续编 2 册，河庄诗钞 1 册/(清)陈鳣撰；

(v.3)新坂土风(1 册)/(清)陈鳣撰，蚕桑摘要(1 册)图说(1 册)/

(清)羊复礼撰，经验痒子症良方(1 册)又经验痒子症方(1 册)/

(清)阙名撰；(v.4)容庵遗文钞 1 册存稿钞 1 册/(明)许令瑜撰，

止谿文钞 1 册诗集钞 1 册/(清)朱嘉征撰。

【收藏机构及索书号】

美国哈佛大学哈佛燕京图书馆：5493 2522

加拿大不列颠哥伦比亚大学亚洲图书馆：Asian Rare-1 no.2905

△0868　留春草堂诗钞 七卷

(清)伊秉绶撰

28 厘米

【收藏机构及索书号】

美国加州大学伯克利分校东亚图书馆：5496.2522

△0869　携雪斋文钞 三卷

(清)温汝适撰

清嘉庆二十年(1815)广州竹香斋刻本

【收藏机构及索书号】

加拿大不列颠哥伦比亚大学亚洲图书馆：PL2732.E546 H8 1784

0870 　曲江集考证 二卷 年谱 一卷

（清）温汝适撰

清嘉庆二十二年（1817）珍恕堂刻本

【收藏机构及索书号】

加拿大不列颠哥伦比亚大学亚洲图书馆：PL2677. C15 Z8 1817

△0871 　药洲花农诗略 六卷

（清）凌扬藻撰

清道光八年（1828）海雅堂刻本

【丛书题名】海雅堂集

【收藏机构及索书号】

加拿大不列颠哥伦比亚大学亚洲图书馆：PL2537 K86 1826

△0872 　著花庵集 八卷 吴门集 八卷 南归集 四卷

（清）李黼平撰

清嘉庆十二年（1807）广州以文堂刻本

【收藏机构及索书号】

加拿大不列颠哥伦比亚大学亚洲图书馆：PL2718. I125 Z5 1807

0873 　补读书斋遗稿 十卷 集外稿

（清）沈维鐈著

清光绪元年（1875）广州沈宗济

28 厘米

【收藏机构及索书号】

美国加州大学伯克利分校东亚图书馆：5503. 3128 1899

▲0874 　听松庐诗略 两卷

（清）张维屏撰

清光绪三年（1877）广东学海堂刻本

【丛书题名】学海堂丛刻

【收藏机构及索书号】

美国哈佛大学图书馆：9100 7439(04)

0875 　登云山房文稿 二卷

（清）温训撰；（清）潘正理编

清道光三年(1823)刻本

【收藏机构及索书号】

加拿大不列颠哥伦比亚大学亚洲图书馆：PL2732. E5435 A16 1829

▲0876 　诵芬堂诗草 一卷

（清）罗文俊撰

清光绪二十三年(1897)广州刻本

粤东全经阁藏板

【收藏机构及索书号】

加拿大不列颠哥伦比亚大学亚洲图书馆：PL2718. U965 1897

▲0877 　绿萝书屋遗集 四卷 附录 一卷

（清）罗文俊撰

清光绪二十三年(1897)广州刻本

所附一卷即《诵芬堂诗草》一卷。

【收藏机构及索书号】

加拿大不列颠哥伦比亚大学亚洲图书馆：PL2718. U965 1897

▲0878 　止斋文钞 两卷

（清）马福安撰

清光绪三年(1877)广东学海堂刻本

【丛书题名】学海堂丛刻

【收藏机构及索书号】
美国哈佛大学图书馆：9100 7439(11)

△0879　吉羊溪馆诗钞 三卷
（清）熊景星撰
清代稿本
首同治三年谭莹序，卷端题南海熊景星伯晴，卷末题南海梁以瑭校字。考卷中所校改之处，同治五年刻本均已改正，则即以此为底本也。梁汝洪印："梁/汝洪""梁汝/洪珍""紫云青/华研斋"朱文方印，"紫云青华/研斋藏书"白文方印。姚钧石印："姚钧石藏书"朱文长方印，"钧石所/藏金石/书画印"，"民国/庚辰"朱文方印，"蒲坂书楼"白文长方印。无栏框，书 23.4 厘米×13.6 厘米，8 行 20 字，白口，无鱼尾，版心题书名及卷数。
【收藏机构及索书号】
加拿大不列颠哥伦比亚大学亚洲图书馆：Asian Rare-1 no. 2945

▲0880　岳雪楼诗存 四卷
（清）孔继勋撰
清咸丰十年(1860)刻本
【收藏机构及索书号】
加拿大不列颠哥伦比亚大学亚洲图书馆：PL2461. Z7 S46 1854

0881　龚定庵全集 十七卷
（清）龚自珍撰
清光绪二十三年(1897)万本书堂刻本
【收藏机构及索书号】
加拿大不列颠哥伦比亚大学亚洲图书馆：PL2717. U5 A12 1897

▲*0882*　面城楼集钞 四卷

（清）曾钊撰

清光绪三年（1877）广东学海堂刻本

【丛书题名】学海堂丛刻

【收藏机构及索书号】

美国哈佛大学图书馆：9100 7439（08-09）

▲*0883*　面城楼集钞 四卷

（清）曾钊撰；（清）陈璞编

清光绪十二年（1886）广东学海堂刻本

两册

【丛书题名】学海堂丛刻

【收藏机构及索书号】

加拿大不列颠哥伦比亚大学亚洲图书馆：Asian Rare-1 no. 2924

▲*0884*　藤花亭散体文初集 十卷

（清）梁廷枏撰

清代刻本

【收藏机构及索书号】

加拿大不列颠哥伦比亚大学亚洲图书馆：PL2718. I36 A6 1800z

▲*0885*　选楼集句 二卷 卷首

（清）许祥光集

清道光二十年（1840）广州富文斋刻本

25 厘米

【收藏机构及索书号】

美国加州大学伯克利分校东亚图书馆：5508. 0439

加拿大不列颠哥伦比亚大学亚洲图书馆：Asian Rare-1 no. 2932

▲0886 乐志堂文集 十八卷

（清）谭莹撰

清咸丰九年（1859）吏隐园刻本

【收藏机构及索书号】

加拿大不列颠哥伦比亚大学亚洲图书馆：PL2727. A57 A17 1859

▲0887 乐志堂诗集 十二卷 文集 十八卷

（清）谭莹撰

清咸丰十一年（1861）吏隐园刻本

左右双边，半叶 10 行 21 字，黑口，单黑鱼尾。

【收藏机构及索书号】

美国俄亥俄州立大学图书馆：PL2727. A57 L6 1860

▲0888 乐志堂文略 四卷

（清）谭莹撰

清光绪三年（1877）广东学海堂刻本

【丛书题名】学海堂丛刻

【收藏机构及索书号】

美国哈佛大学图书馆：9100 7439（12-13）

0889 大山先生文集

（清）李象靖撰

清嘉庆七年（1802）新宁

34 厘米

【收藏机构及索书号】

美国哈佛大学哈佛燕京图书馆：TK1422 4030. 2

0890 求自得之室文钞 十二卷

（清）吴嘉宾撰

清同治五年（1866）广州富文斋

27 厘米

【收藏机构及索书号】

美国加州大学伯克利分校东亚图书馆：5510. 2343

0891　倭文端公遗书

（清）倭仁撰

清同治十六年（1877）广州粤东翰元楼

【收藏机构及索书号】

加拿大多伦多大学郑裕彤东亚图书馆：BJ1568. C5 W63 1877

是汝师斋遗诗 一卷

▲0892　（清）朱次琦撰

清光绪三年（1877）广东学海堂刻本

【丛书题名】学海堂丛刻

【收藏机构及索书号】

美国哈佛大学图书馆：9100 7439（14）

▲0893　朱九江先生集 十卷

（清）朱次琦撰

清光绪二十三年（1897）顺德简氏读书草堂刻本

30 厘米

【收藏机构及索书号】

美国加州大学伯克利分校东亚图书馆：5517. 2031

▲0894　朱九江先生集 十卷 首四卷 附年谱 一卷

（清）朱次琦撰

清光绪二十三年（1897）顺德简氏读书草堂刻本

首光绪二十三年简朝亮序，言及辑刻书缘由卷末多题有"再传弟子校刊于读书草堂"。卷首之二为简朝亮撰"朱九江先生年谱"。姚钩石印:"姚钩石藏书"朱文长方印,"民国庚辰"朱文方印,"蒲坂书楼"白文长方印。框 21.5 厘米×14.5 厘米, 11 行 24 字, 白口, 左右双边, 单黑鱼尾, 版心上镌题名, 中镌各卷类目, 下镌卷次。

【收藏机构及索书号】

加拿大不列颠哥伦比亚大学亚洲图书馆:Asian Rare-1 no. 2641、Asian Rare-1 no. 3256

0895　　朱子襄先生杂稿

(清)朱次琦撰

清末民初抄本

姚钩石印:"姚钩石/藏书"朱文长方印,"蒲坂书楼"白文长方印,"民国/庚辰"朱文方印。框 18.7 厘米×13 厘米, 9 行 23 字, 朱丝栏, 四周双边, 白口, 单鱼尾, 版心下镌"秀文斋"。

【收藏机构及索书号】

加拿大不列颠哥伦比亚大学亚洲图书馆:Asian Rare-1 no. 1557

▲0896　　东塾集 六卷 附申范 一卷

(清)陈澧撰

清光绪十八年(1892)广州菊坡精舍刻本

【收藏机构及索书号】

加拿大不列颠哥伦比亚大学亚洲图书馆:PL2705. E54 1892

▲0897　　海骚 十二卷

(清)陈昙撰

清嘉庆十六年(1811)邝斋刻本

【收藏机构及索书号】

加拿大不列颠哥伦比亚大学亚洲图书馆:PL2705. E5634 A17 1811

△0898 感遇堂外集 四卷 诗集 八卷

(清)陈昙撰

清咸丰二年(1852)邝斋刻本

【收藏机构及索书号】

加拿大不列颠哥伦比亚大学亚洲图书馆：PL2705. E5634 A16 1852

▲0899 宛湄书屋文钞 十一卷

(清)李光廷撰

清光绪四年(1878)肇庆端溪书院刻本

【收藏机构及索书号】

加拿大不列颠哥伦比亚大学亚洲图书馆：PL2718. I117 A6 1878

▲0900 罗文恪公遗集 一卷 试律 一卷

(清)罗惇衍撰

清代刻本

【收藏机构及索书号】

加拿大不列颠哥伦比亚大学亚洲图书馆：Asian Rare‑1 no. 2602

△0901 二知轩诗钞 十四卷 续钞 二十二卷

(清)方濬颐撰

清同治五年(1866)广州刻本

24 厘米

【收藏机构及索书号】

美国加州大学伯克利分校东亚图书馆：5517. 0237. 1

加拿大不列颠哥伦比亚大学亚洲图书馆：PL2708. A248 A6 1865

△0902 紫藤馆诗钞 一卷

(清)梁九图撰

清道光年间抄本

【收藏机构及索书号】

加拿大不列颠哥伦比亚大学亚洲图书馆：PL2718.I336 A17 1843

△0903　赐书楼诗草 一卷 续集 一卷

（清）胡亦常撰

清嘉庆年间刻本

【收藏机构及索书号】

加拿大不列颠哥伦比亚大学亚洲图书馆：PL2712.U44 A17 1816

△0904　广经室文钞 一卷

（清）刘恭冕撰

清光绪十五年（1889）

牌记题"光绪十五年广雅书局刻"。卷末注"番禺沈宝枢初校，南海潘乃成覆校"。四周单边，半叶 11 行 24 字，黑口，单黑鱼尾。

【收藏机构及索书号】

美国俄亥俄州立大学图书馆：PL2718 I86 K8 1889

▲0905　随山馆诗简编 四卷

（清）汪瑔撰

清光绪十七年（1891）广州萃经堂

26 厘米

半叶 11 行 21 字。

【收藏机构及索书号】

美国普林斯顿大学图书馆：5526.3/3113

0906　芝隐室诗存 八卷 附存 续存

（清）长善撰

清同治十年（1871）广州芝隐居室藏板

27 厘米

【收藏机构及索书号】

美国加州大学伯克利分校东亚图书馆：5526.7380 1882

0907　粟香随笔 八卷 二笔 八卷 三笔 八卷 四笔 八卷 五笔 八卷

（清）金武祥撰

清光绪七至十六年（1881—1890）广州刻本

【收藏机构及索书号】

加拿大不列颠哥伦比亚大学亚洲图书馆：Asian Rare-1 no. 3076

△0908　听春楼诗钞 四卷

（清）刘嘉谟撰

清道光二十七年（1847）稿本

首道光丁未（二十七年，1847）自序，二十八年黄培芳题辞，均言及
著书及校订之事。卷一“己亥生朝作”诗有“马齿今年六十三”
之句，则其生于乾隆四十一年（1776）也。黄培芳批校题辞。无栏
框，书 26.35 厘米×15.3 厘米，10 行 21 字，白口，无鱼尾。

【收藏机构及索书号】

加拿大不列颠哥伦比亚大学亚洲图书馆：Asian Rare-1 no. 2929

▲0909　南海百咏续编 四卷

（清）樊封撰

清道光二十九年（1849）刻本

【收藏机构及索书号】

加拿大不列颠哥伦比亚大学亚洲图书馆：Asian Rare-1 no. 1788

▲0910　鳌洲诗草 十二卷 诗余 一卷

（清）林蒲封撰

清道光年间刻本（重印本）

【收藏机构及索书号】

加拿大不列颠哥伦比亚大学亚洲图书馆：PL2718.I47 A6 1876

0911　　曼陀罗花室词 一卷 文 三卷

（清）吴翊寅撰

清光绪十九年（1893）广州广雅书局刻本

【收藏机构及索书号】

加拿大不列颠哥伦比亚大学亚洲图书馆：PL2732.U25 A17 1893

0912　　曼陀罗花室诗 三卷

（清）吴翊寅撰

清光绪二十年（1894）广州广雅书局刻本

【收藏机构及索书号】

加拿大不列颠哥伦比亚大学亚洲图书馆：PL2732.U25 A17 1894

0913　　骈花阁文选 四卷

（清）沈宗畸辑

清宣统二年（1910）番禺沈氏晨风阁

26厘米

【丛书题名】晨风阁丛书 乙集

【收藏机构及索书号】

美国普林斯顿大学图书馆：5238.8—9/3136（2）

0914　　炼庵骈体文选 四卷

（清）沈宗畸辑

清宣统二年（1910）番禺沈氏晨风阁

26厘米

【丛书题名】晨风阁丛书 甲集

美国普林斯顿大学图书馆：5238.8—9/3136（1）

0915　微尚斋诗 二卷

（清）汪兆镛撰

清宣统三年（1911）刻本

牌记题"辛亥冬刊"；番禺汪兆镛伯序。左右双边，半叶 11 行 21 字，小字双行同，无鱼尾，黑口。

美国达特茅斯大学图书馆：PL2822. C38W4

倚松阁诗钞 十五卷 附凌虚阁诗草 一卷 试帖 一卷

▲0916　（清）冯锡镛，（清）冯炽宗撰

清同治九年（1870）刻本

根据内封牌记，《倚松阁诗钞》之《于滇集》刻于清道光十七年（1837）。

加拿大不列颠哥伦比亚大学亚洲图书馆：PL2708. E86 A17 1870

0917　皇甫持正集 六卷 补遗 一卷

清光绪二年（1876）南海冯氏读书有用斋刻本

加拿大不列颠哥伦比亚大学亚洲图书馆：Asian Rare‐1 no. 1962

0918　孙可之集 十卷

清光绪二年（1876）南海冯氏读书有用斋刻本

加拿大不列颠哥伦比亚大学亚洲图书馆：Asian Rare‐1 no. 1978

▲0919　泛香斋诗钞 四卷

（清）温承悌撰

清光绪三年（1877）刻本

【收藏机构及索书号】

加拿大不列颠哥伦比亚大学亚洲图书馆：PL2732. E543 A6 1877

▲0920　昙花阁诗钞 三集

（清）刘慧娟撰

清光绪六年（1880）香山梁氏镜古堂刻本

25 厘米

【收藏机构及索书号】

美国哈佛大学图书馆：5526 7254

▲0921　不慊斋漫存 七卷

（清）徐赓陛撰

清光绪八年（1882）南海官署刻本

【收藏机构及索书号】

加拿大不列颠哥伦比亚大学亚洲图书馆：DS754. B877 1882

△0922　草草草堂诗草 二卷

（清）何仁山撰；（清）何寿泉笺注

清光绪十一年（1885）刻本

【收藏机构及索书号】

加拿大不列颠哥伦比亚大学亚洲图书馆：PL2710. O62 A17 1885

▲0923　磨甋斋文存 一卷

（清）张杓撰

清光绪十二年（1886）广东学海堂

△0924　学诂斋文集 二卷

（清）薛寿撰

清光绪十五年(1889)广州广雅书局

牌记题"光绪十五年广雅书局刻"。四周单边，半叶 11 行 24 字，间有小字双行，黑口，单黑鱼尾。

△0925　所诣山房诗集 四卷 首一卷

（清）周遐桃撰

清光绪年间

左右双边，半叶 9 行 21 字，白口，单黑鱼尾。

0926　棣华小庐诗钞 四卷

（清）冯昭文撰

清光绪十六年(1890)广州陈业文堂刻本

0927　莲溪先生文存 二卷

（清）沈濂著

清光绪十七年(1891)广州

26 厘米

【收藏机构及索书号】

美国加州大学伯克利分校东亚图书馆：5510.3133

▲*0928*　写趣轩近稿 二卷 旧稿 三卷 集陆别编 一卷

（清）谭国恩撰

清光绪十九年（1893）铅印本

【收藏机构及索书号】

加拿大不列颠哥伦比亚大学亚洲图书馆：PL2727. A535 A6 1893

▲*0929*　粤轺集 四卷

（清）徐琪撰

清光绪二十年（1894）刻本

【收藏机构及索书号】

加拿大不列颠哥伦比亚大学亚洲图书馆：Asian Rare-1 no. 2764

△*0930*　番禺潘氏诗略二十三种

（清）潘仪增编

清光绪二十年（1894）

钤有"老杳所藏"印。左右双边，半叶 10 行 21 字，黑口，单黑鱼尾。

《南雪巢诗钞》《义松堂遗稿》《常阴堂遗诗》《怡怡堂诗草》《万松山房诗钞》《漱石山房剩稿》《丽泽轩诗钞》《北游草》《暹圃诗存》《黎哉诗草》《听帆楼诗钞》《六崧园诗集》《海山仙馆丛稿》《培春堂吟草》《双桐圃集》《三长物诗钞》《紉茝轩吟稿》《三十六村草堂诗钞》《天璽琴斋诗草》《梧桐庭院诗钞》《健盦剩草》《望琼仙馆诗钞》《松下清斋小草》

【收藏机构及索书号】

美国俄亥俄州立大学图书馆：PL2516. P3 P3

0931　　绿窗庭课吟卷 一卷 诗余 一卷

（清）邱掌珠撰

清光绪二十二年（1896）顺德龙山邱园刻本

【收藏机构及索书号】

加拿大不列颠哥伦比亚大学亚洲图书馆：Asian Rare－1 no. 2753

0932　　吟香室诗草 二卷

（清）杨蕴辉撰

清光绪二十三年（1897）南海县署刻本

【收藏机构及索书号】

加拿大不列颠哥伦比亚大学亚洲图书馆：PL2733. A564 Y56 1897

0933　　吟香室诗草 二卷续刻 一卷 附刻 一卷

（清）杨蕴辉撰

清光绪二十三年至民国四年（1897—1915）；南海县署清光绪二十三
年（1897）刻，民国四年（1915）重印

28 厘米

【收藏机构及索书号】

美国哈佛大学图书馆：5532. 9 4249

0934　　仲渔诗草 二卷

（清）任锡纯撰

清光绪二十四年（1898）顺德

29 厘米

【收藏机构及索书号】

美国哈佛大学图书馆：5481 2182

▲0935　　紫荆吟馆诗集 四卷

（清）曹秉哲撰

清光绪二十五年(1899)番禺曹氏刻本

【收藏机构及索书号】

加拿大不列颠哥伦比亚大学亚洲图书馆：Asian Rare-2 no. 86

0936   壮怀堂诗二集 四卷 三集 十四卷

(清)林直撰

清光绪三十一年(1905)刻本

【收藏机构及索书号】

加拿大不列颠哥伦比亚大学亚洲图书馆：PL2718. I45 A17 1856

智因阁诗集 一卷

0937   (清)邬宝珍辑

清宣统二年(1910)刻本

【收藏机构及索书号】

加拿大不列颠哥伦比亚大学亚洲图书馆：BJ1588. C5 W82 1910

▲0938   味灵华馆诗 六卷

(清)商廷焕撰

清宣统二年(1910)刻本

【收藏机构及索书号】

加拿大不列颠哥伦比亚大学亚洲图书馆：PL2724. H25 A17 1910

▲0939   清芬集 二卷

(清)潘誉征撰

清宣统三年(1911)南海潘氏刻本

28 厘米

【收藏机构及索书号】

美国普林斯顿大学图书馆：5531/3672

▲0940　在山草堂烬余诗 十四卷

（清）黄绍宪撰

清宣统三年（1911）铅印本

【收藏机构及索书号】

加拿大不列颠哥伦比亚大学亚洲图书馆：PL2710. U2787. T82 1911

0941　绿野草堂诗钞 八卷

潘定祥著

清宣统三年（1911）香港荣记印务

26 厘米

【收藏机构及索书号】

美国加州大学伯克利分校东亚图书馆：5550. 3633

▲0942　暖姝轩诗选 四卷

（清）温子颢撰

清代刻本

【收藏机构及索书号】

加拿大不列颠哥伦比亚大学亚洲图书馆：PL2732. E567 A6 1890z

0943　云华集 一卷

（清）易宏撰

清代刻本

【收藏机构及索书号】

加拿大不列颠哥伦比亚大学亚洲图书馆：No call number available

集部·总集类

△0944　九峰先生集 三卷

（南宋）区仕衡撰；（清）伍崇曜辑

清道光二十年(1840)南海伍氏诗雪轩刻本

【丛书题名】粤十三家集 05

【收藏机构及索书号】

美国哈佛大学图书馆：5235 2126(05)

美国普林斯顿大学图书馆：5241.32/2114v.3(2)

△0945　李驾部前集 四卷 后集 二卷 青霞漫稿 一卷

(明)李时行撰；(清)伍崇曜辑

清道光二十年(1840)南海伍氏诗雪轩刻本

【丛书题名】粤十三家集 06-08

【收藏机构及索书号】

美国哈佛大学图书馆：5235 2126(06-08)

美国普林斯顿大学图书馆：5241.32/2114v.4-5

△0946　瑶石山人诗稿 十六卷

(明)黎民表撰

清道光二十年(1840)南海伍氏诗雪轩刻本

【丛书题名】粤十三家集 09-12

【收藏机构及索书号】

美国普林斯顿大学图书馆：5241.32/2114v.6-8

0947　古论玄箸 八卷

(明)傅振商辑

明万历四十年(1612)顺德国士书院

30 厘米

框21.7厘米×14.7厘米，9行20字，白口，四周单边，单黑鱼尾，版心上镌书名及卷次，中镌类别。

【收藏机构及索书号】

美国普林斯顿大学图书馆：Oversize TD73/3040Q

加拿大多伦多大学郑裕彤东亚图书馆：PL2606. G845 1612

0948 陈文忠公遗集 十一卷

（明）陈子壮撰；（清）伍崇曜辑

清道光二十年（1840）南海伍氏诗雪轩刻本

【丛书题名】粤十三家集 18-20

【收藏机构及索书号】

美国哈佛大学图书馆：5235 2126（18-20）

美国普林斯顿大学图书馆：5241.32/2114v. 3（2）

0949 邝研集 一卷 石经阁邝砚倡酬集 一卷

（明）邝露集

清道光八年（1828）刻本

【收藏机构及索书号】

加拿大不列颠哥伦比亚大学亚洲图书馆：PL2536. S62 1828

0950 古文世编 一百卷

（明）潘士达编；（明）刘廷元等校

明万历三十七年（1609）广东

【收藏机构及索书号】

美国哈佛大学图书馆：T 5238.07 4643

0951 古文世编 一百卷

（明）潘士达编；陈原道等校

缩微胶卷；第4卷遗失，存第1—3卷、5—10卷

框 19.9 厘米×15.1 厘米，9 行 18 字，小字双行同，白口，四周双

边，单黑鱼尾，版心上镌书名，中镌卷次。

【收藏机构及索书号】

美国普林斯顿大学图书馆：Microfilm TC328/1139

▲0952 尺牍新钞 十二卷

（清）周亮工撰

清道光二十七年（1847）番禺潘氏海山仙馆刻本

【丛书题名】海山仙馆丛书

【收藏机构及索书号】

加拿大多伦多大学郑裕彤东亚图书馆：PL2610. C46 1847

0953 中洲草堂遗集 二十六卷

（明）陈子升撰；（清）伍崇曜辑

清道光二十年（1840）南海伍氏诗雪轩刻本

【丛书题名】粤十三家集 29-33

【收藏机构及索书号】

美国普林斯顿大学图书馆：5241. 32/2114v. 23-27

0954 翰海 十二卷

（明）沈佳胤撰

清光绪二十六年至三十二年（1900—1906）广州广东法政学堂

25 厘米

【收藏机构及索书号】

美国俄亥俄州立大学图书馆：PL2263

0955 古香斋古文渊鉴 六十四卷

（清）徐乾学等编注

清光绪十年（1884）南海孔氏三十有三万卷堂刻本

【收藏机构及索书号】

加拿大不列颠哥伦比亚大学亚洲图书馆：Asian Rare-1 no. 1662

▲0956　南园后五先生诗 二十五卷 附南园花信诗 一卷

（明）欧大任，（明）梁有誉，（明）黎民表，（明）吴旦，（明）李时行，（明）黎遂球撰

清同治九年(1870)南海陈氏樵山草堂刻本

【收藏机构及索书号】

加拿大不列颠哥伦比亚大学亚洲图书馆：PL2536. N35 1870

　　　颜氏家藏尺牍 四卷

▲0957　（清）颜光敏辑

清道光二十七年(1847)番禺潘氏海山仙馆刻本

【丛书题名】海山仙馆丛书

【收藏机构及索书号】

加拿大多伦多大学郑裕彤东亚图书馆：PL2610. Y45 1847

△0958　岭南三大家诗选 二十四卷

（清）王隼辑

清同治七年(1868)南海陈氏重刻本

【收藏机构及索书号】

加拿大不列颠哥伦比亚大学亚洲图书馆：Asian Rare－1 no. 1787

0959　唐诗百名家全集

（清）席启寓编

清光绪八年(1882)广东

24 厘米

【收藏机构及索书号】

美国哈佛大学图书馆：5237. 48 0233b

0960　古香斋古文渊鉴 六十四卷

（清）清圣祖御选；（清）徐乾学编注

清光绪十年（1884）南海孔氏三十有三万卷堂藏板

【丛书题名】古香斋袖珍十种

【收藏机构及索书号】

加拿大多伦多大学郑裕彤东亚图书馆：PL2451. H83 1884

0961　何义门先生家书 四卷

（清）何焯著；（清）吴荫培编

清宣统元年（1909）广州平江吴氏

28 厘米

【收藏机构及索书号】

美国加州大学伯克利分校东亚图书馆：5466. 2294

0962　清晖赠言 十卷

（清）徐永宣等辑

清宣统三年（1911）顺德邓氏风雨楼

牌记题"辛亥八月顺德邓氏风雨楼依原刊本重镌"。

【收藏机构及索书号】

美国俄亥俄州立大学图书馆：ND1049. W32 H8

0963　御选唐宋诗醇 四十七卷

（清）高宗弘历编

清同治十三年（1874）广州孔氏岳雪楼刻本

【收藏机构及索书号】

加拿大不列颠哥伦比亚大学亚洲图书馆：Asian Rare－1 no. 1724

0964　章实斋信摭

（清）章学诚撰

清宣统二年（1910）顺德

其他题名：信摭。

【收藏机构及索书号】

美国哈佛大学图书馆：9100 7143（17）

0965　钦定全唐文 一千卷

（清）董诰辑

清光绪二十七年（1901）广州广雅书局

29 厘米

【收藏机构及索书号】

美国哈佛大学图书馆：5238.4 8380c

0966　全上古三代秦汉三国六朝文 七百四十六卷

（清）严可均校辑；（清）王毓藻校刊

清光绪十三至十九年（1887—1893）广州广雅书局

30 厘米

【收藏机构及索书号】

美国加州大学伯克利分校东亚图书馆：5236.08.6414

加拿大多伦多大学郑裕彤东亚图书馆：PL2451.Y4 1887a

加拿大不列颠哥伦比亚大学亚洲图书馆：PL 2618 C573 1887

▲0967　学海堂集初集 十六卷

（清）阮元选辑

清道光五年至光绪十二年（1825—1886）广州启秀山房刻本

【收藏机构及索书号】

美国哈佛大学哈佛燕京图书馆：5236.88 7392（1-6）

▲0968　学海堂集 四集

（清）阮元等辑

清道光五年至光绪十二年（1825—1886）广州启秀山房刻本

27 厘米

初集：十六卷/阮元选辑—v.7-16；二集：二二卷/吴兰修选辑—v.17-24；三集：二四卷/张维屏选辑—v.25-40；四集：二八卷/金锡龄等选辑。

【收藏机构及索书号】

美国哈佛大学哈佛燕京图书馆：5236.88 7392

▲0969

学海堂集初集 十六卷 二集 二十二卷 三集 二十四卷 四集 二十四卷

（清）阮元等辑

清道光五年至光绪十二年（1825—1886）广州启秀山房刻本

【收藏机构及索书号】

加拿大不列颠哥伦比亚大学亚洲图书馆：PL2455.X84 1886

▲0970

学海堂集三集 廿四卷

（清）张维屏选辑

清道光五年至光绪十二年（1825—1886）广州启秀山房刻本

【收藏机构及索书号】

美国哈佛大学哈佛燕京图书馆：5236.88 7392（17-24）

▲0971

学海堂集四集 廿八卷

（清）金锡龄选辑

清光绪十三年（1887）广州镕经铸史斋刻本

【收藏机构及索书号】

美国哈佛大学哈佛燕京图书馆：5236.88 7392（25-40）

▲0972

学海堂集

（清）吴兰修编

清道光年间广州启秀山房刻本

原馆对刊刻机构著录为"Rong jing ju shi zhai"，疑为"镕经铸史斋"的误拼，待进一步查证。10 行 20 字，小字双行同，白口，左右双边，单鱼尾。

初集十六册，二集二十二册，三集二十四册，四集二十八册。

【收藏机构及索书号】

加拿大多伦多大学郑裕彤东亚图书馆：PL2615. H74

▲0973　学海堂集二集 廿二卷

（清）吴兰修选辑

清道光五年至光绪十二年（1825—1886）广州启秀山房刻本

【收藏机构及索书号】

美国哈佛大学哈佛燕京图书馆：5236. 88 7392（7-16）

▲0974　越台舆颂 一卷

（清）耆英等撰

清道光二十八年（1848）广州富文斋刻本

【收藏机构及索书号】

美国加州大学伯克利分校东亚图书馆：5241. 32. 4478

加拿大多伦多大学郑裕彤东亚图书馆：PL2540. Y8 1848

美国哈佛大学哈佛燕京图书馆：5237. 86 4643

▲0975　粤诗搜逸

（清）黄子高辑

清道光三十年（1850）南海伍氏粤雅堂文字欢娱室刻本

【丛书题名】岭南遗书 第 5 辑

【收藏机构及索书号】

加拿大多伦多大学郑裕彤东亚图书馆：PL2517. H8 1850

△0976　粤台征雅录 一卷

（清）罗元焕撰；（清）陈仲鸿注

清嘉庆元年（1796）航南书屋刻本

【收藏机构及索书号】

加拿大不列颠哥伦比亚大学亚洲图书馆：PL2718. O32 Y8 1796

▲0977　朱氏传芳集 八卷 首一卷

（清）朱次琦辑

清咸丰十一年（1861）刻本

【收藏机构及索书号】

加拿大不列颠哥伦比亚大学亚洲图书馆：Asian Rare-1 no. 964

0978　朱九江先生遗墨 不分卷

（清）朱次琦撰

清同治、光绪间稿本

朱次琦晚年日记及杂录手稿，第四面有日期如"癸酉十二月卅日"
"甲戌"。首唐恩溥题签。经折装，册23.8厘米×16.6厘米，20面，
字14面。（日记）框13厘米×10.2厘米，字不等，朱丝栏。

【收藏机构及索书号】

加拿大不列颠哥伦比亚大学亚洲图书馆：Asian Rare-1 no. 1553

0979　朱九江先生遗墨 不分卷

（清）朱次琦撰

清末稿本

首书信一封，余则皆其点评弟子课业之批语，每则后均钤有其印
记，盖咸丰五年（1855）辞官还乡后讲学期间所为也。朱次琦印：
"朱/次琦"阴阳文小方印。姚钧石印："姚钧石/藏书"朱文长方
印，"蒲坂书楼"白文长方印，"民国/庚辰"，"钧石所/藏金石/书
画印"朱文方印。经折装，册32.7厘米×19厘米，22面，字14
面，绿格纸，大小不等，题名自拟。

【收藏机构及索书号】

加拿大不列颠哥伦比亚大学亚洲图书馆：Asian Rare-1 no. 1552

▲0980 粤十三家集

（清）伍崇曜辑

清道光二十年（1840）南海伍氏诗雪轩刻本

【收藏机构及索书号】

美国哈佛大学图书馆：5235 2126

美国普林斯顿大学图书馆：5241.32/2114

▲0981 菊坡精舍集 二十卷

（清）陈澧辑

清光绪二十三年（1897）广州廖廷相刻本

【收藏机构及索书号】

美国加州大学伯克利分校东亚图书馆：9155.4498

▲0982 菊坡精舍集 二十卷

（清）陈澧辑

清光绪二十三年（1897）广州富文斋刻本

【收藏机构及索书号】

加拿大不列颠哥伦比亚大学亚洲图书馆：PL2537.J8 1897

▲0983 岭表诗传 十六卷

（清）梁九图，（清）吴炳南辑

清道光二十年（1840）顺德梁氏紫藤馆刻本

UBC 著录为"岭表明诗传"，按卷端著录为"岭表诗传"。

【收藏机构及索书号】

加拿大不列颠哥伦比亚大学亚洲图书馆：Asian Rare-1 no.1785

▲0984 南园前五先生诗 五卷

（清）陈璞编

清同治九年(1870)南海陈氏樵山草堂刻本

【收藏机构及索书号】

加拿大不列颠哥伦比亚大学亚洲图书馆：Asian Rare-1 no. 1806

0985　萃锦吟 八卷

（清）奕䜣辑

清光绪十八年(1892)广州广东抚署刻本

【收藏机构及索书号】

加拿大不列颠哥伦比亚大学亚洲图书馆：Asian Rare-1 no. 1727

0986　云华阁诗略 六卷 坡亭词钞 一卷

（清）易宏，（清）伍崇曜辑

清道光二十年(1840)南海伍氏诗雪轩刻本

【收藏机构及索书号】

美国哈佛大学图书馆：5125 2126(48)

美国普林斯顿大学图书馆：5241. 32/2114v. 36

0987　两浙𬨎轩续录 五十四卷 补遗 六卷

（清）潘衍桐辑

清光绪十七年(1891)浙江书局

牌记题"光绪十七年浙江书局刻"。左右双边，半叶 12 行 23 字，
白口，单黑鱼尾。

【收藏机构及索书号】

美国俄亥俄州立大学图书馆：PL2537. L45

▲0988　石楼八景诗 一卷

（清）陈龙韬等辑；（清）张维屏评定

清道光二十一年(1841)行恕堂刻本

▲0989　粤东三子诗钞 十四卷

（清）黄玉阶编

清道光二十二年（1842）广州刻本

27 厘米

△0990　杏庄题咏 四卷

（清）邓大林辑

清道光二十六年（1846）刻本

▲0991　白云洞志 五卷 附白云洞倡和诗册 一卷 白云洞游览诗 一卷 白云洞诗合编 一卷

（清）黄亨纂辑；（清）冼文焕辑

清道光二十七年（1847）刻本

UBC 案，洞志辑成于道光戊戌年冬，故光绪重刊本题有“道光戊戌孟冬镌”，然附刻题诗则陆续增刻，此本已增至道光丁未年九月。凡增刻者皆注明时间，如唱和诗第九叶注云“以上戊戌冬十月刊”，第十叶云“以上腊月刊”，第十一叶云“己亥初夏刊”等；游览诗第十四叶云“以上己亥初夏刊”，第二十五叶云“以上冬月刊”等；至合编第五十九叶则云“丁未初秋刻”。黄、邓等人皆南海县人，然当时均住广州。UBC 图书馆藏此本首尾破损较甚，虽经修补，缺字仍多，卷末并有缺叶。又，此书于光绪及民国年间均有重刊，然仅重刊洞志，而未刊诗。书凡上下两册，上册为《白云洞志》，无内封叶，首道光己亥邓士宪序，道光戊戌关炳垣序，黄亨自序，凡例，目录。末道光己亥邓翔跋。目录前有编订姓氏一叶，题"邓鉴堂先生鉴定，里人黄亨嘉圃纂辑，门人卢维球夔石校辑，受业弟宜贵菊屏、男瓒步皋校刊"，以及同订诸先生曾钊等五人姓名。正文不题分卷，而分为五册，册一有白云洞图，题"里人桐轩陈羽新画"。下册为时人题诗，分为三部分：唱和诗、游览诗及合编。内封叶题有"白云洞唱和诗册""佳章随到随刻"等，首洗文焕序。徐信符印："南州书楼"朱文方印。姚钧石印："姚钧石藏"白文方印，"姚钧石藏书"朱文长方印，"蒲坂书楼"白文长方印，"钧石所藏金石书画印"，"民国庚辰"朱文方印。框19厘米×14.5厘米，10行21字，白口，四周双边，单黑鱼尾，版心上镌题名，中镌册次。

【收藏机构及索书号】

加拿大不列颠哥伦比亚大学亚洲图书馆：Asian Rare-1 no.938

▲0992　白云洞唱和诗册 一卷

（清）黄亨纂辑

清道光二十七年（1847）刻本

【收藏机构及索书号】

加拿大不列颠哥伦比亚大学亚洲图书馆：PL2516.5.P35 P3 1839

▲0993　国朝岭南文钞 十八卷

（清）陈在谦评辑

清道光年间广州富文斋刻本

书名据卷一卷端；27厘米

【收藏机构及索书号】

美国普林斯顿大学图书馆：5241.32/7940

▲0994　国朝岭南文钞 十八卷

（清）陈在谦评辑

清道光年间学海堂刻本

【收藏机构及索书号】

加拿大不列颠哥伦比亚大学亚洲图书馆：Asian Rare-1 no. 1677

0995　江南闱墨 二卷 光绪二十八年补行庚子辛丑恩正并科

（清）戴鸿慈，（清）黄均隆鉴定

清末广州鸿都阁印售聚奎堂原本

22 厘米

【收藏机构及索书号】

美国加州大学伯克利分校东亚图书馆：5781. 3476 1902

0996　国朝常州骈体文录 三十一卷

（清）屠寄辑

清光绪十六年（1890）广州陶濬宣署

29 厘米

附结一宦骈体文一卷。

【收藏机构及索书号】

美国哈佛大学哈佛燕京图书馆：5241. 28 9232

0997　国朝常州骈体文录 三十一卷

（清）屠寄辑

清光绪十六年（1890）广州刻本

未标明卷数，据高校古文献数据库诸校著录信息补充。据北大提供书影，内封背面题“光绪十六年九月陶濬宣署”，卷三十一末行刻“广东省城西湖/街富文斋刻字”。另，不知此本是否附结一宦骈体文一卷。

【收藏机构及索书号】

加拿大不列颠哥伦比亚大学亚洲图书馆：PL 2612 K863 1890

▲0998　芸香草堂雅集唱和诗 一卷

（清）冯树勋辑

清咸丰九年（1859）南海冯氏芸香堂刻本

【收藏机构及索书号】

加拿大不列颠哥伦比亚大学亚洲图书馆：PL2537. Y894 1859

▲0999　见山堂全集 四卷

（清）温汝造，（清）温承皋撰

清同治四年（1865）顺德龙山温氏刻本

【收藏机构及索书号】

加拿大不列颠哥伦比亚大学亚洲图书馆：PL2732. E568 A6 1865

△1000　岭南三大家诗选 二十四卷

（清）王准选

清同治七年（1868）南海陈氏刻本

26 厘米

【收藏机构及索书号】

美国加州大学伯克利分校东亚图书馆：5241. 32. 1020 1868

▲1001　古赋首选 一卷

（清）梁蘷谱辑

清同治八年（1869）顺德梁镜古堂刻本

内封叶题"同治八年夏五月，古赋首选，梁镜古堂家藏板"，首同治七年顺德梁蘷谱撰凡例，言编刻书事。框 16. 2 厘米×12 厘米，9 行 25 字，小字双行不等，白口，四周双边，单黑鱼尾，天头有眉评。

【收藏机构及索书号】

加拿大不列颠哥伦比亚大学亚洲图书馆：Asian Rare-5 no. 41

△1002　柳堂师友诗录 不分卷

（清）李长荣辑

清同治十二年（1873）广州富文斋刻本

【收藏机构及索书号】

加拿大不列颠哥伦比亚大学亚洲图书馆：PL2537. L58 1873

△1003　寿苏集初编 一卷

（清）李长荣辑

清光绪元年（1875）广州柳堂刻本

【收藏机构及索书号】

加拿大不列颠哥伦比亚大学亚洲图书馆：PL2685. Z5 S59 1875

1004　南山佳话 一卷

（清）邬庆时辑

清光绪三十四年（1908）广州耕云别墅刻本

版心下方镌"耕云别墅藏板"，书末邬庆时"记"后有"羊城西湖街超华斋刊印"字样。

【收藏机构及索书号】

加拿大不列颠哥伦比亚大学亚洲图书馆：Asian Rare-1 no. 2866

▲1005　唐贤三昧集笺注 三卷

（清）王士禛选；（清）吴煊，（清）胡棠辑注；（清）黄培芳评

清光绪九年（1883）广州翰墨园刻本

朱墨套印本

【收藏机构及索书号】

加拿大不列颠哥伦比亚大学亚洲图书馆：Asian Rare-1 no. 1729

1006　菊坡精舍课卷 一卷

（清）刘己千选录

清同治至光绪年间稿本

题名自拟。封面题"贴堂选录，超等第一名，番禺学附生刘己千"。"菊坡精舍/监院钤记"朱文长方印。姚钧石印："姚钧石藏书"朱文长方印，"蒲坂书楼"白文长方印，"民国/庚辰"朱文方印。无栏框，册 24.4 厘米×11.8 厘米，6 行 20 字，白口，无鱼尾。经折装，8 面，字 6 面。

【收藏机构及索书号】

加拿大不列颠哥伦比亚大学亚洲图书馆：Asian Rare-1 no. 1555

1007　菊坡精舍课卷 一卷

（清）金佑基选录

清同治至光绪年间稿本

题名自拟。封面题"菊坡课卷选录，超等第一名，番禺学附生金佑基"。无栏框，册 24.6 厘米×11.8 厘米，6 行 20 字，白口，无鱼尾。经折装，16 面，字 13 面。

【收藏机构及索书号】

加拿大不列颠哥伦比亚大学亚洲图书馆：Asian Rare-1 no. 1556

▲1008　文选拾遗 八卷

（清）朱铭辑

清光绪十八年（1892）刻本

内封题"光绪十八年五月刊成"。

【收藏机构及索书号】

加拿大不列颠哥伦比亚大学亚洲图书馆：PL 2490 W463 C48 1892

▲1009 邱园八咏 一卷

（清）邱诰桐辑

清光绪十九年（1893）邱园刻本

【收藏机构及索书号】

加拿大不列颠哥伦比亚大学亚洲图书馆：Asian Rare-1 no. 1762

1010 名贤手札 十卷

（清）关弼臣校辑

清光绪二十年（1894）广州守经堂刻本

亦名：十贤手札；17 厘米

卷一：曾文正公手札；卷二：骆文忠公手札；卷三：胡文忠公手札；卷四：沈文肃公手札；卷五：左恪靖侯手札；卷六：彭大司马手札；卷七：曾威毅伯手札；卷八：李肃毅伯手札；卷九：曾袭侯手札；卷十：王方伯手札。

【收藏机构及索书号】

美国普林斯顿大学图书馆：5773/7717

▲1011 宁阳诗存 六卷 外编 一卷

（清）赵天锡撰

清光绪二十一年（1895）新宁明善社

23 厘米

【收藏机构及索书号】

美国哈佛大学图书馆：5241. 32 4127

1012 万家密电 一卷

清光绪二十五年（1899）南海县署

29 厘米

【收藏机构及索书号】

美国哈佛大学图书馆：4525 4331

1013 广东乡试闱卷 光绪癸卯恩科

卢熙辑

清光绪二十九年(1903)广州镌文堂

23 厘米

【收藏机构及索书号】

美国哈佛大学哈佛燕京图书馆：4668.932 2173

▲1014 萝峰纪略 一卷 附游览各诗 不分卷

（清）钟凤编

清光绪年间刻本

案，此书乃钟凤于乾隆四十一年稍后编著，叙萝峰之小史，并辑录钟氏子孙及友人游萝峰之诗文。萝峰，即萝冈洞之尽头，位于广东番禺县境内，上有萝峰寺及玉岩书院等建筑，钟氏宗祠亦在其间。此书辑成后，钟氏族人复陆续增补，其一百二十三叶以前约为钟凤原辑，之后则增入道光、同治、光绪间诗文。无内封及牌记，首钟大为序，洪瑞元序，皆未署年代。次萝峰全图，题"钟敬绘"，图后有林攀龙题词。次"玉岩公遗像"，像后有王宏诲题词。正文卷端题"萝峰纪略"，凡九叶，末题"梧林钟凤鸣周氏"，第十叶首行题"游览各诗"，叶码一贯到底，至一百六十五叶止。姚钧石印："姚钧石藏书"朱文长方印，"民国庚辰"朱文方印，"蒲坂书楼"白文长方印。框19.2 厘米×13.5 厘米，9 行 20 字，白口，四周单边，单黑鱼尾，前九叶版心上镌"萝峰纪略"，第十叶起镌"游览各诗"，间或镌有"游览各记"。

【收藏机构及索书号】

加拿大不列颠哥伦比亚大学亚洲图书馆：Asian Rare-1 no.871

1015 恩科会试墨卷 光绪甲辰科

（清）岑光樾编

清末广东西湖街留香斋

27 厘米

【收藏机构及索书号】

美国哈佛大学图书馆：MLC-C

1016　广东乡试朱卷 光绪辛丑科

劳为章编

清末广州

十七页；27 厘米

【收藏机构及索书号】

美国哈佛大学哈佛燕京图书馆：MLC-C

集部·诗文评类

1017　文心雕龙 十卷

（梁）刘勰撰；（清）黄叔琳注；（清）纪昀评

清道光十三年(1833)广州翰墨园藏板

【收藏机构及索书号】

加拿大多伦多大学郑裕彤东亚图书馆：PL2263. L5 1833

美国加州大学伯克利分校东亚图书馆：5212. 7043. 4 1833

1018　文心雕龙 十卷

（梁）刘勰撰；（清）黄叔琳注；（清）纪昀评

清道光十三年(1833)广州两广节署朱墨套印本

牌记题"道光十三年冬刊于两广节署"。钤有"滕信""竹东"印。

嘉应吴兰修"跋"。左右双边，半叶 10 行 21 字，间有小字双行，

白口，单黑鱼尾。

【收藏机构及索书号】

美国俄亥俄州立大学图书馆：PL2261. L58 1833

1019　昌黎先生诗集注 十一卷

（唐）韩愈撰；（清）顾嗣立注

清光绪九年（1883）广州翰墨园刊朱墨蓝三色套印本。

29 厘米

【收藏机构及索书号】

美国加州大学伯克利分校东亚图书馆：5308. 3. 1883

1020　李义山诗集辑评 三卷 附录 一卷 诗谱 一卷

（唐）李商隐撰；（清）朱鹤龄笺注；（清）沈厚埌辑评

清同治九年（1870）广州刻本

【收藏机构及索书号】

加拿大多伦多大学郑裕彤东亚图书馆：PL2672. A1 1870

加拿大不列颠哥伦比亚大学亚洲图书馆：PL2672. A19 1870

▲1021　苕溪渔隐丛话

（宋）胡仔撰

清道光二十六年（1846）番禺潘氏海山仙馆刻本

【丛书题名】海山仙馆丛书

【收藏机构及索书号】

加拿大多伦多大学郑裕彤东亚图书馆：PL2687. H77 T5 1846

▲1022　四溟诗话

（明）谢榛撰

清道光二十五年（1845）番禺海山仙馆刻本

【丛书题名】海山仙馆丛书

【收藏机构及索书号】

加拿大多伦多大学郑裕彤东亚图书馆：PL2306. H75 1845

△1023　诗薮 内编 六卷 外编 四卷 杂编 六卷

（明）胡应麟撰

清广州广雅书局

29 厘米

【收藏机构及索书号】

美国加州大学伯克利分校东亚图书馆：PL2306. H823

1024　诗薮

（明）胡应麟撰

明崇祯五年（1632）

【收藏机构及索书号】

美国加州大学伯克利分校东亚图书馆：5213. 4201 1973

1025　带经堂诗话 三十卷

（清）王士禛撰；（清）张宗柟编纂

清同治十二年（1873）广州藏修堂

25 厘米

【收藏机构及索书号】

美国哈佛大学哈佛燕京图书馆：5213 1334

美国加州大学伯克利分校东亚图书馆：5213. 1043 1873

1026　古文眉铨 七十九卷

（清）浦起龙撰

清光绪二十四年（1898）广州良产书屋刻本

【收藏机构及索书号】

加拿大不列颠哥伦比亚大学亚洲图书馆：Asian Rare−1 no. 1666

▲1027　辽诗话

（清）周春撰

清光绪十六年(1890)新会刘氏藏修堂刻本

【丛书题名】藏修堂丛书

【收藏机构及索书号】

加拿大多伦多大学郑裕彤东亚图书馆：PL2323. C57 1890

▲1028　宋四六话

（清）彭元瑞撰

清道光二十六年(1846)番禺潘氏海山仙馆刻本

【丛书题名】海山仙馆丛书

【收藏机构及索书号】

加拿大多伦多大学郑裕彤东亚图书馆：PL2619. P48 1846

1029　全唐文纪事 一百二十二卷

（清）陈鸿墀辑

清同治十二年(1873)广州巴陵方公惠

29 厘米

【收藏机构及索书号】

美国加州大学伯克利分校东亚图书馆：5224. 7934

△1030　国朝诗人征略 六十卷

（清）张维屏辑

清道光十年(1830)广州富文斋

卷末刻有"粤东省城西湖街富文斋刊刷"双行小字。左右双边，半叶 10 行 22 字，黑口，单黑鱼尾。

【收藏机构及索书号】

美国俄亥俄州立大学图书馆：PL2277. C43 1830

加拿大不列颠哥伦比亚大学亚洲图书馆：Asian Rare-1 no. 1463

△1031　国朝诗人征略二编 六十四卷

（清）张维屏辑

清道光二十二年（1842）番禺张氏

25 厘米

【收藏机构及索书号】

美国加州大学伯克利分校东亚图书馆：5219.8.1327

▲1032　春秋诗话 五卷 首一卷

（清）劳孝舆撰

清乾隆年间张汝霖刻本

首清乾隆辛未（十六年，1751）苏珥序，何梦瑶序，雍正癸丑（十一年，1733）盛逢澜序，末罗天尺跋，并附有乾隆二十七年（1762）劳济、劳潼撰之"先明府诗钞纪后"。案据序跋所云，此书乃乾隆十六年佛山令张汝霖（号柏园）付刻，二十七年劳孝舆之子劳济、劳潼在刻其诗文集时又重印，故卷中文字略有漫漶之处。又，据"先明府诗钞纪后"载，劳孝舆于乾隆丁卯年（十二年，1747）卒于贵州镇远县，享年五十。徐信符印："南州书楼"朱文方印。姚钧石印："姚钧石藏书"朱文长方印，"民国庚辰"朱文方印，"蒲坂书楼"白文长方印。框18.8厘米×14厘米，9行20字，白口，四周双边，单黑鱼尾，版心上镌题名，中镌卷次。

【收藏机构及索书号】

加拿大不列颠哥伦比亚大学亚洲图书馆：Asian Rare-1 no.182

▲1033　十二石山斋诗话 十卷

（清）梁九图撰

清道光二十六年（1846）梁氏十二石山斋刻本

【收藏机构及索书号】

加拿大不列颠哥伦比亚大学亚洲图书馆：PL2306.L534 1846

1034　诗韵集成 五卷 附词林典腋 一卷

（清）余照辑

清道光十八年（1838）广州拾芥园刻本

内封叶题"道光十八年镌，谨遵佩文韵府，诗韵集成，翻刻必究，拾芥园藏板"。两截板，下截板刻诗韵集成，上截板刻词林典腋。框 15.3 厘米×10 厘米，下截板高 10.8 厘米，大字 9 行，字不等，小字双行 25 字，上截板高 4.5 厘米，小字 18 行 11 字。白口，四周单边，无鱼尾。版心上镌"诗韵集成"，中镌卷次，下镌韵部及叶码。

【收藏机构及索书号】

加拿大不列颠哥伦比亚大学亚洲图书馆：Asian Rare-5 no. 38

1035　海山诗屋诗话 十卷

（清）李文泰辑

清光绪四年（1878）森宝阁铅印本

【收藏机构及索书号】

加拿大不列颠哥伦比亚大学亚洲图书馆：PL2306. L526 1878

△**1036**　小厓说诗 八卷

（清）梁邦俊撰

清道光二十九年（1849）刻本

【收藏机构及索书号】

加拿大不列颠哥伦比亚大学亚洲图书馆：PL2306. L54 1849

1037　俗话爽心 四卷

（清）邵纪棠评辑

清光绪十九年（1893）广州以文堂藏板刊本

【收藏机构及索书号】

美国加州大学伯克利分校东亚图书馆：5739. 1229

▲1038　立德堂诗话 一卷

（清）邬以谦撰

清宣统二年（1910）刻本

【收藏机构及索书号】

加拿大不列颠哥伦比亚大学亚洲图书馆：BJ1588. C5 W82 1910

△1039　诗学要言 三卷 耕云别墅诗话 一卷 耕云别墅诗集 一卷 达庵随笔
一卷

（清）邬启祚，（清）邬宝理撰

刻本

【收藏机构及索书号】

加拿大不列颠哥伦比亚大学亚洲图书馆：PL2306. W83 1911

集部·词类

▲1040　词苑丛谈

（清）徐釚撰

清道光二十七年（1847）番禺海山仙馆刻本

【丛书题名】海山仙馆丛书

【收藏机构及索书号】

加拿大多伦多大学郑裕彤东亚图书馆：PL2336. H78 1847

▲1041　桐花阁词钞 一卷

（清）吴兰修撰

清光绪十二年（1886）广东学海堂刻本

【丛书题名】学海堂丛刻

【收藏机构及索书号】

美国哈佛大学图书馆：9100 7439（05）

△1042　桐花阁词钞 附桐花阁集外词

（清）吴兰修撰

民国三年（1914）广东抱瓮斋活字本

吴嵩梁、陈良玉序，古直辑佚并跋。8 行 19 字，白口单边单鱼尾。

【收藏机构及索书号】

加拿大多伦多大学郑裕彤东亚图书馆：9100 7439（05）

1043　景诗斋词略 一卷

（清）姚诗雅撰

清光绪三年（1877）广东学海堂

【收藏机构及索书号】

美国哈佛大学图书馆：9100 7439（14）

▲1044　楞华室词钞 二卷

（清）沈世良撰

清咸丰四年（1854）刻本

【收藏机构及索书号】

加拿大不列颠哥伦比亚大学亚洲图书馆：PL2724. H46 A6 1854

▲1045　粤东词钞 不分卷

（清）许玉彬，（清）沈世良辑

清道光二十九年（1849）广州蘤芳斋刻本

【收藏机构及索书号】

加拿大不列颠哥伦比亚大学亚洲图书馆：Asian Rare－1 no. 1810、
Asian Rare－1 no. 1813

▲1046　粤东三家词钞 三卷

（清）叶衍兰辑

清光绪二十二年（1896）番禺叶衍兰刻本

【收藏机构及索书号】

加拿大不列颠哥伦比亚大学亚洲图书馆：PL2561. Y83 1896

▲1047　倚铜琶馆词钞 一卷

（清）温子颙撰

清末民初稿本

潘飞声印："梧桐/庭院/藏本"，"潘飞声/藏于梧/桐庭院"朱文方印，"兰/士"白文方印，"潘兰史/家珍藏"朱文长方印。姚钧石印："姚钧石/藏书"朱文长方印，"民国/庚辰"朱文方印，"蒲坂书楼"白文长方印。框 19.2 厘米×10.9 厘米，8 行 18 字，白口，朱丝栏，四周单边，无鱼尾，版心下镌"暖姝轩吟草"。

【收藏机构及索书号】

加拿大不列颠哥伦比亚大学亚洲图书馆：Asian Rare–1 no. 3019

集部·曲类

1048　一片石 一卷

（清）蒋士铨撰

清道光、咸丰年间广州

【丛书题名】蒋氏四种

【收藏机构及索书号】

美国哈佛大学哈佛燕京图书馆：9117 4448(36)

1049　第二碑又名后一片石 一卷

（清）蒋士铨撰

清道光、咸丰年间广州

【丛书题名】蒋氏四种

【收藏机构及索书号】

美国哈佛大学哈佛燕京图书馆：9117 4448（39）

1050　空谷香传奇 二卷

（清）蒋士铨撰

清道光、咸丰年间广州

【丛书题名】蒋氏四种

【收藏机构及索书号】

美国哈佛大学哈佛燕京图书馆：9117 4448（29-30）

1051　雪中人 一卷

（清）蒋士铨撰

清道光、咸丰年间广州

【丛书题名】蒋氏四种

【收藏机构及索书号】

美国哈佛大学哈佛燕京图书馆：9117 4448（39-40）

1052　李龙寻妻 二卷

清同治年间广州学院前富经堂

22 厘米

【收藏机构及索书号】

美国加州大学伯克利分校东亚图书馆：5717.32.4015

1053　秦琼表功张松献地图 二卷

清同治十年（1871）广东学海堂

书名上题"普天乐班本"。与张松献地图合订一册。

【收藏机构及索书号】

美国加州大学伯克利分校东亚图书馆：5717.32.5151

1054   夜送寒衣 二卷

清同治年间广州进文堂

封面题签书名为"周天乐班本夜送寒衣"。

22 厘米

【收藏机构及索书号】

美国加州大学伯克利分校东亚图书馆：5717.32.0330

1055   正字南音三娘汲水全本

程梅庄编辑

清光绪二十六年(1900)香港五桂堂

其他题名：三娘汲水，新选三娘汲水智远全传，正字三娘汲水

全本。

18 厘米

【收藏机构及索书号】

美国普林斯顿大学图书馆：PL2579.N2 S36 1900

1056   正字南音朝上莺歌全本

清光绪二十六年(1900)香港五桂堂

【收藏机构及索书号】

美国普林斯顿大学图书馆：PL2579.N2 C53 1900

丛

部

1057　格致镜原甲种 一百卷

（清）陈元龙辑

清康熙五十六年至乾隆年间（1717—1795）广东陈元龙讳"弘"及"玄"。存卷二十四。有雍正十三年（1735）陈元龙"格致镜原序"，言康熙间抚粤时刻书及雍正乙卯补序事。24 厘米，框 17.2 厘米×11.4 厘米，11 行 21 字，黑口，左右双边，双黑鱼尾，版心中镌书名、卷次及类目名称。

【收藏机构及索书号】

美国普林斯顿大学图书馆：C348/154

1058　格致镜原乙种 一百卷

（清）陈元龙辑

清康熙五十六年至雍正十三年（1717—1735）广东陈元龙刻本

存卷十二 26 厘米。框 16.8 厘米×11.2 厘米，11 行 21 字，黑口，左右双边，双黑鱼尾，版心中镌书名、卷次及类目名称。

【收藏机构及索书号】

美国普林斯顿大学图书馆：C348/1674

1059　武英殿聚珍版全书

（清）乾隆敕撰

清光绪二十五年（1899）广州广雅书局

27 厘米

【丛书题名】广雅丛书

【收藏机构及索书号】

美国哈佛大学哈佛燕京图书馆：9100 1471b

△**1060**　刘氏遗书 八卷

（清）刘台拱撰

清光绪十五年（1889）广州广雅书局刻本

牌记题"光绪十五年广雅书局刻"。左右单边，半叶 11 行 24 字，黑口，单黑鱼尾。

【丛书题名】广雅丛书

《论语骈枝》一卷；《经传小记》一卷；《国语补校》一卷；《荀子补注》一卷；《淮南子补校》一卷；《方言补校》一卷；《汉学拾遗》一卷；《文集》一卷。

【收藏机构及索书号】

美国加州大学伯克利分校东亚图书馆：9117. 7025 1889

▲1061　海山仙馆丛书五十六种

（清）潘仕成辑

清道光二十九年（1849）番禺潘氏海山仙馆刻本

【丛书题名】海山仙馆丛书

【收藏机构及索书号】

美国加州大学伯克利分校东亚图书馆：9100. 6. 3228

加拿大不列颠哥伦比亚大学亚洲图书馆：AC149. H346 1849

▲1062　番禺陈氏东塾丛书初函四种 附一种

（清）陈澧辑

清光绪年间广州富文斋刻本九册一函

29 厘米；有地图

【丛书题名】番禺陈氏东塾丛书

【收藏机构及索书号】

美国加州大学伯克利分校东亚图书馆：9118. 7931

▲1063　粤雅堂丛书二十集一百二十六种

（清）伍崇曜辑

清道光、光绪间南海伍氏粤雅堂刻本

【丛书题名】粤雅堂丛书

【收藏机构及索书号】

加拿大不列颠哥伦比亚大学亚洲图书馆：AC149. Y875

▲1064　　　粤雅堂丛书续集

（清）伍崇曜辑

清道光、光绪间南海伍氏粤雅堂刻本

【丛书题名】粤雅堂丛书

【收藏机构及索书号】

加拿大不列颠哥伦比亚大学亚洲图书馆：AC149. Y876

▲1065　　　岭南遗书六集五十九种

（清）伍崇曜辑

清道光十一年至同治二年（1831—1863）南海伍氏粤雅堂文字欢娱室
刻本

【丛书题名】岭南遗书

【收藏机构及索书号】

美国斯坦福大学图书馆：9110. 32 2842v. 1－50

▲1066　　　岭南遗书五十九种

清道光、同治间南海伍氏粤雅堂文字欢娱室刻本

【丛书题名】岭南遗书

【收藏机构及索书号】

加拿大不列颠哥伦比亚大学亚洲图书馆：AC149. L564 S. 2

▲1067　　　碧琳琅馆丛书四十四种

（清）方功惠辑

清光绪年间广东巴陵方氏刻本

徐信符印："南州书楼"朱文方印。姚钧石印："姚钧石藏书"朱
文长方印，"蒲坂书楼"白文长方印，民国庚辰"朱文方印"。第一

种《易经解》框 12.6 厘米×9.6 厘米，9 行 21 字，黑口，左右双边，单黑鱼尾，版心中镌 "朱氏易解"，下镌 "碧琳琅馆丛书"，卷末题有 "巴陵方功惠校刊"。

【丛书题名】碧琳琅馆丛书

【收藏机构及索书号】

加拿大不列颠哥伦比亚大学亚洲图书馆：Asian Rare-1 no. 3209

1068　粟香室丛书

（清）金武祥辑

清光绪十五至二十一年（1889—1905）广州金武祥

21 厘米；有插图

【丛书题名】粟香室丛书

【收藏机构及索书号】

美国加州大学伯克利分校东亚图书馆：9100. 7. 1233

1069　晨风阁丛书二十二种

（清）沈宗畸辑

清宣统元年（1909）番禺沈氏晨风阁刻本

【丛书题名】晨风阁丛书

【收藏机构及索书号】

加拿大不列颠哥伦比亚大学亚洲图书馆：AC149. C424 1909

1070　晨风阁丛书二十三种

（清）沈宗畸辑

清宣统元年（1909）番禺沈氏

【丛书题名】晨风阁丛书

【收藏机构及索书号】

美国哈佛大学图书馆：9100 6371

美国加州大学伯克利分校东亚图书馆：9100. 7. 6773

1071　　　学寿堂丛书

（清）徐绍桢编著

清同治三年至光绪二十五年（1864—1899）广州学寿堂

25 厘米

【丛书题名】学寿堂丛书

【收藏机构及索书号】

美国加州大学伯克利分校东亚图书馆：9119.7593

▲1072　　知服斋丛书二十五种

（清）龙凤镳辑

清光绪年间顺德龙氏知服斋刻本

【丛书题名】知服斋丛书

【收藏机构及索书号】

美国加州大学伯克利分校东亚图书馆：9100.8.8703

▲1073　　学海堂丛刻十二种

清光绪三至十二年（1877—1886）广东学海堂刻本

【丛书题名】学海堂丛刻

【收藏机构及索书号】

加拿大不列颠哥伦比亚大学亚洲图书馆

▲1074　　翠琅玕馆丛书第一集

（清）冯兆年辑

清光绪十至十一年（1884—1885）广州刻本

左右双边，半叶 9 行 21 字，黑口。

【丛书题名】翠琅玕馆丛书

《飞鸿堂印人传》八卷，清汪启淑撰；《南汉金石志》二卷，清吴兰

修撰；《九曜石刻录》一卷，清周中孚撰；《钱谱》一卷，宋董逌撰；

《漫堂墨品》一卷，清宋荦撰；《水坑石记》一卷，清钱朝鼎撰；《琴学八则》一卷，清程雄撰；《观石录》一卷，清高兆撰；《红术轩紫泥法定本》一卷，清汪镐京撰；《阳羡茗壶系》一卷，明周高起撰；《洞山岕茶系》一卷，明周高起撰；《南村觞政》一卷，清张惣撰；《桐阶副墨》一卷，明黎遂球撰；《陶说》六卷，清朱琰撰；《小山画谱》二卷，清邹一桂撰；《苦瓜和尚画语录》一卷，清释道济撰；《冬心题画》五卷，清金农撰；《幽梦影》二卷，清张潮撰。

【收藏机构及索书号】

美国俄亥俄州立大学图书馆：PL2455

后　记

本书系"《广州大典》与广州历史文化专题研究重点课题（2016GZZ06）"的最终研究成果之一。2014 年至 2015 年我在多伦多大学信息学院访学期间，有幸得到多伦多大学郑裕彤东亚图书馆主任乔晓勤先生的邀请，有机会参与该馆中文古籍的整理工作。在整理过程中，我深刻地感受到海外东亚图书馆的中文古籍因其馆藏建设的机缘与学校研究旨趣的不同，各自形成了独有特色，而这对于研究华人华侨移民史以及中华优秀传统文化海外传播史而言，是非常独特的观察视角和重要的实物证据。此外，我在求学的过程中，得到导师程焕文教授提供的宝贵机会，在中山大学图书馆特藏部跟随当时的特聘专家韩锡铎先生学习古籍编目，后又参与了原岭南大学图书馆旧藏整理项目和哈佛大学哈佛燕京图书馆首任馆长裘开明档案整理项目，培养了对古籍整理和研究的浓厚兴趣。在这样的机缘和研究兴趣的影响下，我申报了"以《广州大典》为中心的北美东亚图书馆藏广州文献比较研究"这一课题。

课题在 2016 年获得批准后，我带领课题团队成员开始按照研究计划实施对北美东亚图书馆藏广州文献的调研工作。随着工作不断深入，我越来越感受到调研的困难性和任务的艰巨性。在 2019 年完成对北美 7 所具有代表性的东亚图书馆中文古籍馆藏的调研后，课题组完成了《北美东亚图书馆藏广州文献调查与整理研究报告》《北美东亚图书馆藏广州文献书目》。因为自感资历浅薄、课题设计庞大、研究时间有限，所以一直缺乏勇气将研究成果公之于众。本书能够顺利出版，首先要感谢本套丛刊主编谢欢博士一直以来的鼓励、鞭策和督促。

北美东亚图书馆藏广州文献书目调查工作前后进行了 3 年的时间，能够按时结项也有赖于我所指导的本科生和研究生所付出的大量时间和精力。在书目调查阶段，硕士研究生李妍、肖渊，本科生刘婧怡、李智、刘佳燕、王安妮、曾源茜子、李旭颖、覃艺桦等同学全程参与了系统调查。在对调查数据进行整理的阶段，除前述 9 位同学的持续参与，又有博士研究生陈润好、彭嗣禹，硕士研究生武若芸、邝芷雯、付婷、黄恺慧、潘乾、刘逸佳、郎熙、刘嘉燕等 10 位同学的加入。在此一并表示诚挚的感谢。最后我还要衷心感谢本书的策划凤凰出版社韩凤冉老师、编辑张永堃老师，两位老师在出版时间非常紧张的情况下，依旧以专业、细致的态度投入本书的编辑出版工作中，付出了大量辛苦的劳动。

　　本书揭示的文献主要来自对哈佛大学哈佛燕京图书馆、加州大学伯克利分校东亚图书馆、普林斯顿大学葛斯德东方图书馆、俄亥俄州立大学东亚图书馆、斯坦福大学东亚图书馆、多伦多大学东亚图书馆、不列颠哥伦比亚大学亚洲图书馆等 7 所图书馆在线书目检索系统、OCLC FirstSearch、各机构已经出版的中文古籍书目的调查，所统计的广州文献收藏的数量、分布情况以及书目信息均以这些机构著录的情况为依据。由于未对各图书馆的中文古籍馆藏进行原书调阅，加之项目结项于 2019 年，未及根据 2019 年之后各馆出版的中文古籍目录以及馆藏在线书目检索系统的最新数据进行订正，所以本书揭示的收藏情况只是一个大致轮廓，细节方面一定有很多疏漏和讹误，恳请各位专家和读者能够给予指正。

周　旖

2023 年 12 月 16 日